페미니스트 판타지아

페미니스트 판타지아

Feminist Fantasies

초판 1쇄 발행 2023년 08월 30일
초판 1쇄 인쇄 2023년 08월 15일
발 행 인 유지훈
감   수 오세라비
글 쓴 이 필리스 슐래플리©
펴 낸 곳 투나미스
교정교열 편집팀

출판등록 2016년 06월 20일
출판신고 제2016-000059호
주   소 수원 팔달구 정조로 735 3층
이 메 일 ouilove2@hanmail.net
홈페이지 http://www.tunamis.co.kr

ISBN: 979-11-90847-78-0 (03330)

페미니스트 판타지아

필리스 슐래플리 지음 | 유지훈 옮김 | 오세라비 감수

투나
미스

오딜 닷지 스튜어트 어머니와,
불확실한 세상에서
기독교 신앙과 근면과 인내를 바탕으로
힘과 생존력을 가르쳐주신
버타 레이튼 닷지 할머니께
이 책을 바칩니다

저자 소개

필리스 슐래플리는 『레이디스홈저널Ladies' Home Journal』이 선정한 '20세기의 위대한 여성 100인' 중 하나다. 극단적 페미니즘에 거침없이 반격했고, 친가정운동을 이끌며 성평등헌법수정안ERA을 둘러싼 '10년 투쟁'을 승리로 이끌었으나, 실은 1964년부터 줄곧 보수주의 운동의 선봉장을 도맡아왔다.

슐래플리 여사는 정치(『선택하라A Choice Not an Echo』)뿐 아니라, 가족과 페미니즘(『긍정적인 여성의 힘The Power of the Positive Woman』), 핵전략(『키신저를 제자리에 앉히다Kissinger on the Couch』), 교육(『아동을 학대하는 교실Child Abuse in the Classroom』), 육아(『누가 요람을 흔들 것인가?Who Will Rock the Cradle?』), 문해력(『퍼스트 리더와 터보 리더First Reader and Turbo Reader』) 등 다양한 주제로 20종 이상의 책을 저술·편집했다.

또한 변호사로서 레이건 대통령이 임명한 미 헌법 200주년 위원회Commission on the Bicentennial of the U.S. Constitution[1985~1991년] 위원을 역임했고, 헌법과 교육, 국방전략, 외교 정책, 개인정보 보호 및 가족 문제 등과 관련하여 50개 이상의 의회 및 주 입법위원회에서 증언했다. 학력은 워싱턴대학교에서 피베타카파 회원으로 졸업, 동대학 로스쿨에서 법학 박사학위를, 하버드대학교에서는 정부학(Government, 정부의 기능과 구조, 정치체제, 공공정책, 국제관계 등 다양한 주제를 다루며, 정치학과 국제관계학, 공공행정학 및 정치철학 등을 포함한다—옮긴이) 석사학위를 취득했다.

그녀는 칼럼니스트 겸 라디오 방송 평론가로도 활약하며 1967년부터 『필리스 슐래플리 보고서The Phyllis Schlafly Report』라는 월간 뉴스레터를 집필했고, 500개가 넘는 대학 캠퍼스에서 강연과 토론에 참여하는가 하면, 전국으로 송출되는 텔레비전 토크쇼에도 거의 빠지지 않고 출연했다. 끝으로, 여섯 명의 자녀를 둔 슐래플리 여사는 1992년 일리노이주에서 올해의 어머니로 선정되었다.

추천의 글

추천사를 쓰려니 왠지 롤링스톤스the Rolling Stones 음악에 앞서 연주하는 워밍업 밴드가 된 듯한 기분이 든다. 우리 세대 여성 중에서 보수주의자라면 으레 슐래플리에 빗대긴 하지만 우리 모두를 합해도 이 경이로운 여인이 이룩한 업적에 어깨를 나란히 할 사람은 없을 것이다. 슐래플리가 20세기의 MVP 중 하나라는 것은 의심할 여지가 없다. 여성 중에서 굳이 꼽으라면 마거릿 대처Margaret Thatcher 총리만이 그럴듯한 경쟁상대가 될 듯하다.

필리스 슐래플리가 여권 신장을 주장하는 단체와 철천지원수라는 사실은 페미니즘의 실체를 적나라하게 밝히고, 요즘 사람들이 슐래플리의 업적을 전혀 모른다는 사실은 거대 언론의 현주소를 여실히 보여준다.

슐래플리는 명석하고 미모도 출중하고 신념도 강하고 화술도 뛰어나며, 지칠 줄 모르는 데다 무엇보다도, 아주 용감하다. 이 책에서 입증한 바와 같이, 그녀는 항상 옳다. 지금껏 틀린 적이 없었고 앞으로도 그럴 것이다.

아, 잠깐, 말을 좀 바꿔야겠다. 틀린 적이 한 번은 있다. 1977년 「머브 그리핀 쇼Merv Griffin Show」에서 조이스 브라더스 박사Dr. Joyce Brothers가 열변을 토할 때 슐래플리는 하버드 로스쿨이 늦어도 1945년 이후에는 여성 입학이 허용되었다고 주장한 적이 있다. 사실, 하버드 로스쿨은 그 후에도 몇 년은 여성을 받지 않았다. 물론 1945년에는 당국이 필리스 슐래플리를 입학시키기 위해 예외 규정을 두었을지도 모르지만 말이다.

피베타카파(ΦBK, 미국에서 가장 오래된 명예 학술 협회로 종종 오랜 역사와 학문으로 가장 명성이 높은 협회—옮긴이) 회원인 그녀는 하버드에서 8개월이라는 짧은 기간에 정치학 석사학위를 취득했다. 학점 인플레가 생기기 오래전에 헌법과 국제법 및 행정학은 A를, 근대정치론은 A마이너스를 받았다. 하버드 로스쿨은 여성 입학이 불가했음에도 슐래플리를 가르친 교수들은 학교에 남아 로스쿨에 입학하거나 박사학위를 취득하라고 설득했다(그녀가 하버드에 남아 교수가 되었다면 요즘 교직원 회의가 어떻지 상상해보라!).

하버드가 명문대였던 시절인 터라 그러는 편이 더 의미가 있었을지도 모르겠다. 슐래플리의 하버드 교수들은—전공은 랩 뮤직 CD 제작이 아니라 헌법학 같은 전문 분야다—그녀가 '명석하다brilliant'고 생각했다. 슐래플리를 지지하고 나선 벤저민 라이트 교수는 저명한 헌법사학자였다(이 분야에서는 꽤 정평이 나 있는 학자였지만 요즘이라면 하버드에 원서를 낼 기회조차 없었을 것이다).

몇 년 후 슐래플리가 성평등헌법수정안ERA 반대 운동을 벌일 당시 페미니스트 언론은 그녀가 변호사 자격이 없다는 점을 조롱거리로 삼곤 했다. 그녀는 칼럼을 쓰고 성취도가 높은 자녀 여섯을 기르며 ERA를 무력화시키는 동안 워싱턴대 로스쿨(세인트루이스 소재)에 다녔다. 최상위권 성적으로 졸업할 때는 행정법상도 수상했다.

슐래플리는 ERA를 폐기했다는, 기적에 가까운 경이로운 공로로 명성을 얻었다고들 생각하지만 실은 40년간 폭넓은 정치적 논란의 선봉에 서왔다.

1964년 그녀가 집필한 『선택하라A Choice Not An Echo』은 무려 300만 부가 팔려나갔다. (논픽션은 평균 5,000부 정도 팔린다) 이 책으로 공화당이 아주 달라졌다. 이때 슐래플리는 숱한 전쟁을 선포했을 성싶다. 첫째는 공화당을 정복해야 했고, 그래야만 국민의 마음을 정복할 수 있었을 것이다.

널리 알려진 속설에 따르면, 『선택하라』은 배리 골드워터Barry Goldwater가 대통령 후보로 지명되는 데 크게 기여했다고 한다. 골드워터가 대선에서 크게 패하긴 했지만 공화당에는 변화의 바람이 일었다. 그가 후보로 지명된 후 공화당의 원칙을 배신한 북동부 록펠러 당원들(국가를 망가뜨리고 싶어 했지만, 민첩성은 민주당보다는 약간 떨어졌다)이 후퇴하기 시작한 것이다. 슐래플리와 책이 없었다면, 골드워터가 출마를 선언하지 않았다면 로널드 레이건은 대통령에 당선될 수 없었을 것이다.

1964년 말, 그녀는 체스터 워드Chester Ward 제독과 함께 『무덤을 파는 사람들The Gravediggers』을 저술하기도 했는데, 이 책은 엘리트 외교정책 지도층이 군전력의 우위를 의기양양하게 소련에 팔아넘긴 행각을 비판했다. 판매량은 약 200만 부를 기록했다.

또한 슐래플리의 저서 중 사회에 엄청난 반향을 일으킨(800페이지에 이를 만큼 내용도 길다길다) 『키신저를 제자리에 앉히다Kissinger on the Couch』는 키신저의 외교정책을 조목조목 비판했다. 때를 같이한 ERA 반대 운동처럼 이 책도 사회적 통념을 뒤집었다는 평가를 받는다.

그전까지 키신저가 애지중지한 전략무기제한협정SALT을 공격한다는 것은 종교적으로는 교황 앞에서 그리스도의 신성에 이의를 제기하는 것과 같았다. 문득 이런 생각도 든다. 여성에게 '동등한 권리'를 부여한 헌법수정안에 감히 도전하는 격이었달까. 결국 슐래플리는 옳은 결단을 내렸고 설득력을 발휘하여 여론을 뒤집었다.

사실, 미국의 외교정책과 군사문제를 다룬 책도 다수 집필한 슐래플리는 미사일방어체제를 일찌감치 지지한 1인으로, 미국혁명의딸(the Daughters of the Amerian Revolution, 독립 전쟁의 정신을 대대로 계승하려는 여성 단체—옮긴이)에서 국방위원장직을 수년간 역임했다. 대륙간탄도미사일ICBM과 방어협정에 대해 쓴 내용도 아주 방대했다. 하지만 페미니스트들은 립스틱을 바르느냐 마느냐를 두고 열띤 토론을 벌였다.

슐래플리가 지인의 권유로 국방정책을 벗어나 페미니스트의 숙적이 되었다는 것은 실로 행운이었다. 1970년대 초, 데리언 소스 도서관Source Library 은 매달 정치토론을 개최했고 이는 라디오 전파를 탔다. 방송은 두 명이 찬반 토론을 벌이고 학생 패널이 질문하는 식으로 진행되었는데 당시 고교 재학 중이던, 필자의 큰오빠가 패널 반장을 도맡았다.

1971년 12월 어느 날, 도서관 주최측은 ERA(성평등헌법수정안)를 토론 주제로 정했다. 하지만 반대편 토론자를 찾을 수 없었다는 것이 문제였다. 결국에는 한 지인이 슐래플리에게 등판을 권했다. 그녀는 "ERA에는 거의 관심이 없으니 국방 관련 토론회가 있으면 그때 연락을 달라"며 이를 거절했다. 지인은 수정안만은 꼭 읽어보라며 사정했다.

헌법수정안을 읽은 슐래플리는 적잖이 충격을 받아 토론 주자를 자처하기에 이른다. ERA 반대 운동은 그렇게 태동했다. 소스 도서관이 슐래플리에게 ERA 토론을 종용한 것은 한 소녀가 링컨 대통령에게 보내는 편지에 "턱

수염을 길러보라"고 쓴 이후 가장 역사적으로 의미가 깊은 우연이었다.

이 사건을 기억하는 사람은 거의 없겠지만, 슐래플리가 ERA에 눈을 돌렸다면 누구라도 이를 "멈출 수 없으리라unstoppable" 단단히 일러두었을 것이다. 상원은 84대 8로, 하원은 354대 23으로 통과시킨 바 있다. ERA는 비준을 위해 각 주의회에 제출된 지 1년 후 30개 주가 이를 승인했다. 이제 8개 주만 남은 상황. ERA가 차기 수정헌법이 되는 건 기정사실과도 같았다.

물론 ERA가 필리스 슐래플리와 대면하기 전에는 그랬다는 이야기다. 9년 후에는 그녀와 이글 포럼(Eagle Forum, 1972년 슐래플리가 창설한 보수주의 단체로, 여성의 역할과 가치를 강조하며 주로 공화당 정책에 영향을 주기 위해 조직되었다—옮긴이)의 활약에 힘입어 5개 주만 이를 비준했지만, 결국에는 다섯 주도 기존의 비준을 철회해 '비준 득실 0건'으로 ERA는 무산된다.

슐래플리의 배경을 감안해 볼 때 그리 놀라운 일도 아니었다. ERA를 반대하는 근거 중 결정적인 쟁점은 여성의 군 면제권이 박탈될 수 있다는 것이었다. 수정법안을 찬성하는 쪽은 이를 비웃었지만, 틀린 말은 아니었다. 법학 교수들도 『예일법학저널Yale Law Journal』에서 이를 지적했다. ERA 반대 운동을 둘러싼 슐래플리의 활약상은 본문에 다 있으니 짧게라도 언급하진 않으련다. 어쨌든 ERA의 폭거를 멈추게 할 수 있는 주장이라면 뭐든 자명한 증거가 될 수 있을 것이다.

간단히 말해, 슐래플리의 논증은 양당뿐 아니라, 공화당·민주당 대통령과 영부인 및 할리우드 스타(이를테면, 알란 알다Alan Alda와 캐롤 버넷Carol Burnett, 말로 토머스Marlo Thomas, 필 도나휴Phil Donahue 및 진 스테이플턴Jean Stapleton 등)의 환심을 얻었다. 그녀의 말마따나, 정치인들은 스타로부터 정치 후원금을 받고 우리는 유권자를 확보한 셈이다.

필자 같은 X세대라면 슐래플리가 인터넷도 없이 수많은 여성을 동원하는 데 성공했다는 점은 가히 상상조차 할 수 없는 업적일 것이다. 토머스 페인(Thomas Paine, 『상식Common Sense』을 통해 미국 독립의 정당성을 주장한 인물—옮긴이) 이후 "가장 위대한 팸플릿 제작자pamphleteer"라는 별명을 얻은 것도 근거가 아주 없진 않다. (하지만 페인과는 달리, 영향력이 퇴색한 적은 없었다)

슐래플리의 비화를 다룬 전기 『필리스 슐래플리Phyllis Schlafly: The Sweetheart of the Silent Majority』는 귀감을 주는 그녀의 저력을 훌륭하게 그려냈다. 이 책을 저술한 캐럴 펠젠탈Carol Felsenthal은 1977년 신문 칼럼에서 그녀를 공격하고도 전기를 쓰게 된 경위를 밝혔다.

페미니스트이자, ERA를 지지했던 펠젠탈은 『시카고 트리뷴』 칼럼에서 슐래플리의 여덟 번째 책 『긍정적인 여성의 힘The Power of the Positive Woman』을 꼬집었다. "합리적이지도 못한 데다 모순투성이에 생각도 모자라다"며 깎아내린 것이다. 이때 묘한 사건이 벌어졌다.

"이틀 후, 항의 편지가 오기 시작하더니 끊이질 않더군요. 필리스 슐래플리를 지칭하던 '구세주'와 '원더우먼'을 모욕했다는 데 불만을 품은 사람들이 쓴 겁니다. … 『시카고 트리뷴』 편집자는 '독자 편지' 코너를 따로 게재하진 않았는데도 그들은 내 소신과 관점을 바꿔주겠다는 일념 하나로 편지를 보냈더라고요."

펠젠탈은 전부터 수백 건의 칼럼을 썼지만 "독자를 발끈하게 만든 편지는 다섯 손가락 안에 들 정도로 적었다"고 한다. 결국 그녀는 지지층의 열정을 일깨워준 여성에게 각별한 관심을 갖게 되었다고 한다. 펠젠탈이 세심하게 연구하며 쓴 필리스 슐래플리의 전기가 바로 그 결정체였다. 사실, 슐래플리는 자신의 전기를 쓰겠다는 제안에 겸허히 손사래를 쳤다고 한다. 그녀의 마음을 돌리는 것이 가장 힘들었다고 하니 새삼 흐뭇해진다.

슐래플리의 막대한 영향력을 두고는 필자와도 관련된 일화가 있다. 1995 년에서 97년까지 상원에서 근무할 당시 공화당은 40년 만에 처음으로 의회 다수당을 차지했다. 한창 분주할 때였다. 이른바 (결국에는 실패했지만) "공화 당 혁명(Republican revolution, 1994년에 치른 중간선거에서 공화당이 1952년 이후 42년 만에 미국 상하원을 장악한 사건을 지칭하는 말―옮긴이)"의 시초였기 때문이다. (대 다수는 슐래플리가 줄곧 전투를 벌이던 리버럴liberal "공화당원"이긴 하지 만 '공화당 혁명'이 내가 만든 명칭은 아니다)

각 일선에서 열정과 활약이 대단했다. 하지만 시간이 지나자 독특한 현 상이 벌어졌다. 가슴이 따뜻해지는 보람과 코미디가 동시에 연출된 것이다. 이를테면, UN 아동권리협약에 강력히 반대한다는 서신이 각 상원 사무실 로 줄기차게 밀려든 적이 있었다.

아동에게 국제법상의 '권리'를 부여하여 집안일이나 심부름도 거부할 수 있도록 손을 쓰겠다는 건데 단연 어처구니가 없는 협약이었다. 클린턴 정부 는 비준을 위해 이를 의회로 보냈으나, 다행히 제시 헬름스 상원의원의 '수 신함' 맨 밑자락에 깔렸다.

헬름스 의원이 협약을 상원외교위에서 다룰 가능성은 희박했다. 물론 더 정신 나간 법이 통과된 적도 전혀 없진 않았으니 어쨌든 대중의 압도적인 반대만이 협약이 통과되는 것을 막을 수 있었다.

협약에 단호히 반대한다는 편지가 상원 사무실에 나날이, 다달이 밀려들 며 차곡차곡 쌓이기 시작했다. 의회 사무실로 오는 편지는 순전히 사리사 욕을 채우기 위한 것이 대부분인데(예컨대, 정부 보조금으로 사는 사람들이라면 직장 인 납세자의 세액을 깎으려는 정책에는 강력히 반대할 공산이 크다) 정부의 혜택에는 관 심이 없는, 저 나름대로 배울 만큼 배운 사람들이 국제 협약은 원칙상 찬성할 수 없다며 줄줄이 편지를 보낸 것이다. 그렇다면 협약은 어떻게 알았을까? 알고 보니, 필리스 슐래플리가 칼럼에서 이를 소개하자 편지가 쇄도했다는 사실이 밝혀졌다.

지난 40년간 슐래플리의 영향력—강력하고 건강에도 유익하다—이 드러나지 않은 국가적 쟁점은 없었다. 『선택하라』을 집필한 후에도, ERA를 폐기한 후에도, 그 밖의 숱한 업적에도 성취감에 안주할 수도 있었지만, 그러지 않은 데 대해서는 미국이 감사해야 할 것이다.

슐래플리가 섭렵하는 이슈의 폭은 경이로울 정도로 넓다. 현존하는 사람 중, 그렇게나 다양한 주제를 심도 있게 다루는 건 불가능하다고 본다. 공인들은 대부분 한두 가지 이슈에 주안점을 두고 이를 파헤치지만 슐래플리는 그러지 않았다. 또한 예리한 분석이 반격에 무너진 적도 여태 없었다. (슐래플리의 '신공'을 발휘하는 사람이 좌파에 있었다면 공적을 한도 끝도 없이 들었을 것이다)

이 책에서 저자는 여성폭력방지법과 성희롱금지법 등, 필자의 전공과 관련된 법적 이슈를 숱하게 다루었다. 문제의 중심부에 열추적 미사일을 투하해 괴물 같은 법안을 명쾌한 논리력으로 분쇄했달까. 그녀가 출격하면 '누워서 떡 먹기'처럼 쉽게 풀리는 것 같지만 실은 그렇지가 않다! 올림픽 출전 선수처럼 슐래플리에게도 수월하게 적을 물리친 듯한 인상을 주는 힘이 있기 때문이다.

그녀가 페미니스트에 대한 분석력을 계발할라치면 공정한 게임은 거의 물 건너가겠지만(분석력이 워낙 탁월해 페미니스트들은 상대도 되지 않는다는 뜻—옮긴이), 페미니스트들은 주류 언론을 쥐락펴락하는 주도권hegemonic control을 통해 진실과 도리와 2차원적인 사고방식의 부족한 점을 벌충하곤 했다.

뭐, 그래도 괜찮았다. 슐래플리는 전문가로서 '모두'의 일관된 생각이라고 선전하는 고만고만한 오피니언 리더에게 주눅 들지 않았다. 이슈를 차근차근 훑고 나면 학계도 지지하기 어려운 입장을 취하곤 했다. 대다수가 인정하는 여론과 배치되는 시각이었기 때문이다.

그녀는 점잖은 사람이라면 입 밖으로 내뱉기가 곤란한 논점도 가차 없이 강조하곤 했다. 선동가들은 군중의 감성은 지지하지만 얽히고설킨 구체적 사건이나 사실 따위는 생각조차 하기 싫어했다. 때문에 슐래플리는 ERA가 남녀의 분리된 탈의실과, 동성애, 낙태, 입양, 과부급여, 이혼법 및 군대 문제에 어떤 영향을 줄지 의문을 제기했다. 좌익이 내세우는 넌센스nonsense의 복잡다단한 실타래를 풀어낼 재간이 있었던 것이다.

이 책에는 세상을 바꾼 쟁점 중 일부가 담겨 있다. 필자는 "초록은 동색이다(2부)"를 가장 좋아한다. "진보성향의 여성은 남성을 돼지로 생각하는데, 소위 진보라는 남자들이 돼지라서 그렇다"는 말은 항상 '참'이라고 생각했다. 슐래플리는 진보주의 선각자들—이를테면, 마르크스와 사르트르, 루소, 피카소, 입센 및 헤밍웨이 등—의 사생활을 구구절절 인용했다. 전체주의와 여성 혐오는 서로 떼려야 뗄 수 없는 관계였다.

이건 말 안 하려고 했는데, 페미니스트들의 독보적인 명언도 실은 슐래플리가 창안해낸 것이다. 1970년 하원의원에 출마할 당시, 상대 후보는 "집에서 애나 보라"며 그녀가 여성이라는 점을 쉴 새 없이 물고 늘어졌다. 이때 슐래플리는 "후보님은 여성이 집home에 있어야 한다지만 제 남편은 '대문자로 시작하는 집House'에 있어야 한다는군요!"라고 맞받아쳤다(House는 연방하원the U.S. House of Representatives을 가리킨다—옮긴이).

어떤 페미니스트의 티셔츠에 "여성이 있을 곳은 하원과 … 상원이다

A Woman's place is in the House ⋯ and Senate"라는 문구가 적혀있다면 이 사실을 꼭 전해주길 바란다.

프로필 맨 마지막 줄을 보면 슐래플리가 페미니스트를 상대하는 자세를 한 줄로 요약해 놓았다. 전통적인 어머니 역할에 진심이라는 점은 이해하지만, 한편으로는 페미니스트들이 이를 보면 광분하리라는 점을 악마처럼 즐긴다는 생각도 무리는 아닐 것이다. 어쨌든 수많은 업적을 요약하고 나면 프로필은 이렇게 마무리된다.

"여섯 명의 자녀를 둔 슐래플리 여사는 1992년 일리노이주에서 올해의 어머니로 선정되었다."

앤 코울터*

---

* 앤 코울터^{Ann Coulter} 변호사 겸 베스트셀러 작가이자 미국 최고의 여성 보수논객으로 방송 활동에 적극 참여하고 있다.

추천의 글

페미니즘은 외친다. '여성이여, 일을 해서 돈을 벌어라.' 그 목소리에 이끌려 많은 여성들이 일터로 나갔다. 그래서 그들은 행복해졌을까? 익명 커뮤니티에 올라온 여성들의 속마음은 결코 그렇지 않았다. 심지어 비교적 좋은 직종인 여의사 중에도 '남자 잘 만나 집에서 노는 것'을 꿈꾸는 분들이 제법 많았다. 이게 나쁜 일일까? 여성이 의사가 되는 길이 막혀 있다면 모르겠지만, 환자 보는 일에 시달리기보단 좀더 편한 삶을 살고픈 욕망도 존중돼야 하는 것 아닐까? 그런데도 페미니스트들은 '성공한 기업가는 대부분 남성'이라는 통계가 '세상이 여성을 억압하는 증거'라며 다음과 같이 외친다. '여성해방 꼭 이룹시다!'

여성이면서 성차별금지법[ERA]에 반대하는 슐레플리는 『페미니스트 판타지아』를 통해 "기계적인 성평등이 여성의 특권을 침해하고 가족의 구조를 약화시킨다"고 말하는데, 이 책을 다 읽고 나면 다음과 같은 사실을 깨달을 수 있다. 공산주의가 그런 것처럼, 페미니즘도 이제 수명이 다했다는 것.

서 민

(단국대 의대 교수)

해제

필리스 슐래플리, 보수주의 여성운동 롤모델을 제시하다

현대 보수주의 정치운동 트리거가 되다

존경하는 필리스 슐래플리의 저서가 국내 최초로 번역 출판되었다. 한국에도 진즉 알려졌어야 함에도 뒤늦게나마 출판되어 이렇게 해제까지 쓰게 되어 개인적으로도 무척이나 영광이다. 슐래플리는 역대 미국 여성 리더 중 가장 영향력 있고 성공한 사람 중 하나다. 미국 정치사에 있어 보수 진영 남녀 통틀어 슐래플리가 이룬 업적에 필적할 인물은 드물다. 이 책의 추천사를 쓴, 타의 추종을 불허하는 여성 신진 보수논객 앤 코울터의 표현대로 여성 중에 꼽으라면 마거릿 대처만이 그럴듯한 경쟁상대로 여길 정도다.

그는 1950년대 초 정계에 발걸음을 디딘 즉시 공화당의 빼어난 전략가로 두각을 나타냈고 미국의 현대 보수주의 정치운동을 촉발시킨 인물이다. 무엇보다 탁월한 군사정책 전문가인 그의 첫 저서 『선택하라A Choice Not An Echo』는 300만부 이상 팔렸다. 이 책은 보수주의 정치의 정강정책이 되어 1964년 배리 골드워터가 공화당 대통령 후보로 지명 받는데 크게 기여했다. 그리고 이후 그의 보수주의 정치관이 담긴 작은 정부, 감세, 도덕심, 반공주의 기치는 로널드 레이건이 대통령이 당선되는데 결정적 역할을 했다.

슐래플리는 의회 진출을 위해 세 차례 선거에 출마하였으나 정계 입문은 실패했다. 하지만 탁월한 정치 전략가 및 평론가로 공화당 군사정책과 강령을 제시하며 더욱 빛을 발하는 인물이 되었다. 그의 논점은 언제나 공화·민주 양당을 이겼다. 시민운동가로써 여섯 아이를 키우며 변호사가 되었으며, 위대한 시사평론가라는 명성을 얻었다.

급진 페미니즘 성혁명을 저지하다

60년대 말 불어 닥친 급진 페미니즘 혁명은 전통적인 여성상과 어머니 관점을 가진 슐래플리로 하여금 페미니스트 군단과 대격돌하게 만들었다. "모성은 중요하지 않다"라고 외친 시몬 드 보부아르를 필두로 베티 프리던, 글로리아 스타이넘 등 급진 페미니스트들이 내건 슬로건의 핵심은 여성해방, 즉 성해방(성혁명)이다.

슐래플리는 급진 페미니스트 진영이 부르짖는 여성해방, 성해방의 낙원은 어떤 것인가에 대해 묻는다. 결혼과 가정, 남편, 자녀로부터 해방되는 것이 여성의 자아실현인가? 그래서 행복한가? 엄마의 가치, 친가족주의가 폄훼되어야 하는 가치인가? 라고 말이다.

1970년대 페미니즘은 민주당 및 리버럴 세력은 물론이요, 일부 공화당까지 지지하는 운동이었다. 그러나 페미니스트식 도그마와 대적할 수 있는 인물은, 단 한 사람 슐래플리 혼자면 충분했다. 1972년, 급진 페미니즘 운동의 정점에 바로 페미니스트들이 오랫동안 연방의회 비준을 준비한 성평등헌법수정안(ERA: Equal Rights Amendment)이 등장했다.

민주당은 물론이요, 공화당까지 초당적 지지를 받던 ERA 수정안은 당연히 통과될 것으로 믿었다. 그때까지만 해도 국방전략 전문가였던 슐래플리는 ERA수정안을 검토한 결과 심각성을 절감하게 되었다. 그는 'STOP ERA'단체를 설립하여 반대 운동에 나섰다. 반ERA운동 중심부에 그가 1972년에 설립한 '이글 포럼Eagle Forum'이 있다. '이글 포럼'은 오늘날까지 보수주의 가치에 근거한, 여성의 역할과 친가족주의 활동을 하는 보수단체로 자리매김하고 있다.

슐래플리는 ERA 수정안에 대해 당시 아무도 언급하기 꺼리던 이슈에 대해 당당하게 외쳤다. ERA가 통과된다면 동성애 합법화, 낙태 찬성, 이성애 파괴와 결혼하지 않는 풍조가 만연할 것이며 결국 여성이 누리던 법적 권리를 박탈할 뿐 아니라 새로운 권리를 부여하지 않을 것이라 설파했다. 단도직입적으로 말해 여성에게 오히려 손해로 돌아올 것이라는 판단이었다.

가톨릭교도이기도 한 그녀는 'STOP ERA'운동에 최초로 보수 기독교, 가톨릭 종교계 여성을 비롯해서 보수진영 전체 여성들을 대중적 정치운동으로 이끌어냈다. ERA 수정안 비준을 위해 민주당 카터 대통령은 1982년까지 ERA 비준 시한을 연장하였으나 10년 만에 결국 폐기되었다. 승리의 북소리를 울리던 페미니스트들을 결정적으로 패배시키는 법적 승리를 했던 것이다. 슐래플리는 급진적 페미니즘의 위세에도 굴하지 않고 페미니즘은 가정과 미국 사회를 파괴시킬 것이라는 신념으로 활동한 당당한 안티페미니스트였다.

페미니즘에는 행복한 롤모델이 없다

『페미니스트 판타지아Feminist Fantasies』는 2003년에 출판되었다. 독자들이 이 책을 읽어보면 알겠지만 슐래플리의 예리한 통찰은 한국사회에 2015년부터 발발한 신페미니즘운동이 야기한 갖가지 갈등과 문제들이 마치 거울현상처럼 겹치고 있다는 사실을 알게 된다. 슐래플리가 다루는 포인트는 현재 우리나라에서 발생하는 이슈와 상당부분 일치한다.

예컨대 유리천장론과 여성할당제가 잘못된 이유, 여성 군 입대, 전통적인 가족의 가치, 페미니스트들의 결혼과의 전쟁, 페미니즘 이데올로기와 육아, 교육, 이혼문제, 남자다울 권리에 대한 페미니스트들의 공격, 남녀 임금차이의 진실, PC주의, 데이트 강간 등 우리 사회가 겪는 당면한 현실에 대해 직설적으로 페미니즘의 이중잣대와 모순을 파헤친다. 그리고 간명한 해법을 제시한다.

슐래플리는 페미니즘의 근본적인 결함을 지적한다. "여성해방운동은 미국 사회에 지대한 영향을 미쳤다. 이혼율이 치솟고 낙태 건수가 2,000만을 기록하고 성별이 해체되는가하면, 문란한 성관계와 비혼주의가 인정되기도 했다." "여성해방과 성해방이 한 세대의 이성과 감성을 훔쳐 수백만 명의 남성과 여성을 결혼과 그 책임으로부터 '해방'시킨 것이다." 슐래플리는 페미니즘 이데올로기가 만든 참혹한 대가를 현 세대는 물론이요, 다음세대가 치를 것이라고 일찌감치 경고했던 것이다. 한국사회에도 해당되지 않는가?

페미니즘은 가족의 가치, 여성의 행복과 사랑을 노래하지 않는다. 온통 부정적이고 불만 가득한 내러티브만 존재한다. "페미니즘에는 행복한 롤모델이 없다"는 슐래플리의 진단은 폐부를 찌른다. 미국식 모델인 급진 페미니즘 이론과 실천방식과 문화를 여과 없이 받아들인 한국의 좌파 여성계가 주도한 페미니즘 운동의 현주소를 냉정히 평가하는 데 이 책은 더없이 요긴한 레퍼런스다.

페미니즘 통념을 박살낸 이 책은 더 일찍 출판되었어야 했다. 하지만 2015년을 기점으로 한국사회를 휩쓴 페미니즘운동 이후에 대해 평가와 성

찰이 부재한 상황을 비춰본다면 지금이야말로 시의적절하다. 페미니스트이든, 안티페미니스트이든 말이다. 자, 이제 슐래플리의 빛나는 혜안 속으로 들어가보자.

슐래플리에 대한 사랑과 존경을 담아

2023년 8월

오세라비
(『그 페미니즘은 틀렸다』 저자)

차례

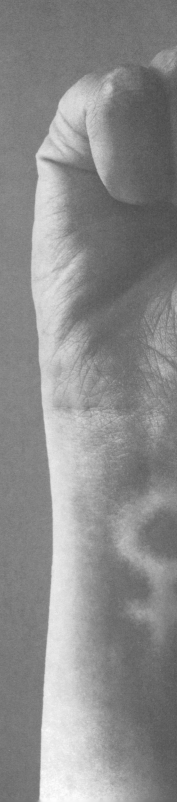

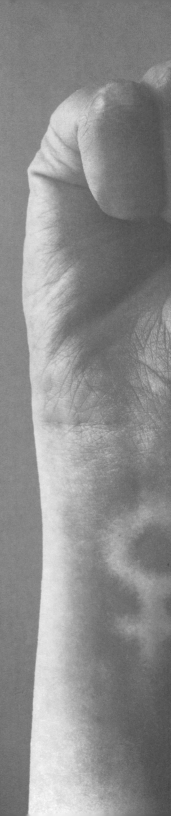

4부 군대가 성중립 지대인가?

잠시만요,
제 말씀 좀 들어보세요

— 『헛소동』 중에서 —

일러두기

* 리버럴liberal은 '자유주의자'나 '진보주의자progressivist'로 옮기기에는 오해의 소지가 있어
  음역했다. 유럽과는 다른 미국 리버럴은 환경보호와 성소수자의 권리, 성평등 정책 등
  을 지지한다.

1부 혁명은 끝났다

오, 어리석은 자여, 생각이 너무 많구려
그러면 정작 선택해야 할 때는 오판하고 말 것이오

— 『베니스의 상인』 중에서 —

남편만 얻으면 된다

1982년 중반, 페미니즘으로 널리 알려진 여성해방운동은 돌연 퇴색하기 시작했다. 페미니즘 운동은 1960년대 중반 베티 프리던Betty Friedan이 쓴 『여성의 신비The Feminine Mystique』가 출간되면서 태동하여 1972년에서 1982년까지 미디어와 대학 및 여성 잡지를 통해 유행했다.

1982년에는 페미니스트 성향의 신문과 잡지에서도 흐름이 바뀌었다. 같은 해 10월, 『시카고 트리뷴』에 기고한 어느 페미니스트는 "현실을 직시하자. 혁명은 끝났다. 이제 서른한 살이 되고 나니 남편만 얻으면 되겠더라"며 운을 뗐다.

30대 페미니스트들은 '베이비 헝거(baby hunger, 아기를 몹시 갖고 싶어 하는 마음—옮긴이)'를 솔직히 인정하기 시작했다. 베이비 헝거란 오늘날 해방된 여성이 나이 서른이 되고 난 후 엄마가 될 수 있는 시간이 얼마 남지 않았다는 사실을 깨달았을 때 느끼는 정서적 트라우마를 일컫는다.

1982년 10월 17일, 『뉴욕타임스』에는 한 페미니스트가 쓴 「포스트페미니스트 세대의 목소리Voices From the Post-Feminist Generation」가 커버스토리로 실렸다. 그녀는 남사친이 '페미니스트가 아닌 여성'과의 데이트를 주선해 달라고 부탁한 일화를 술회했다. "그런 여자는 모른다"고 대꾸하자 그는 "그럴 리 없다"며 젊은 여성들에게 한번 물어보라고 했다고 한다.

30대인 페미니스트 작가는 이를 계기로 똑똑한 20대 여성들을 인터뷰해 많은 것을 배웠다. 예컨대, 그녀에 따르면, 20대 여성들 사이에서 "페미니즘은 저열한 말이 되었다"고 한다. 페미니스트는 "불행하고," "괴롭고," "분노하고," "피곤하고," "지루하다"는 인상을 주는 탓에 행복과 열정을 누리는, 여유로운 여성은 페미니스트가 아니라는 것이 20대 여성들이 내린 결론이라는 이야기다. 작가는 젊은 여성이 페미니즘에 거부감을 느끼는 이유로 "격렬한 반감incredible bitterness"을 꼽았다. 그녀 역시 "페미니즘이 어찌어찌하다 보니 레즈비어니즘(lesbianism, 여성 간의 사랑 혹은 이와 관련된 급진 페미니즘의 사상을 일컫는 말—옮긴이)과 동일한 개념이 되었다"는 점을 인정했다.

『월스트리트저널』은 관리·전문직에서 임신 붐이 일자 기업과 법률 회사가 심각한 혼란을 겪었다는 기사를 게재했다. 고위직에 진출한 여성이 증가한 탓에 임신 관련 휴직이 심각한 문제를 초래했다는 것이다. 지난 8년간 30세를 넘긴 여성의 출산 건수는 약 두 배 증가했다.

광고회사인 배튼·바턴·더스틴 앤 오스본Batten, Barton, Durstine & Osborne이 실시한 연구에 따르면, "전업주부는 일자리를 찾으라는 사회적 압박 속에서도 자신이 선택한 집안일을 충실히 감당할 수 있는 능력과 자기 자신에 만족하는, 행복한 여성"이라고 한다. 전업주부는 전통을 따르는 여성다운 사람일 뿐, 페미니스트는 아니다.

페미니즘 이데올로기는 여성이 태초부터 학대를 당해왔고, 미국에서도 여성은 가혹한 남성 중심사회에서 차별을 받고 있다고 가르친다. 반면, 정치운동 관점에서 보면 페미니즘은 남성과 여성을 달리 대우하는 관행이 아무리 합리적인 것이라 하더라도 정의로운 사회는 노소를 막론하고 남녀를 동등하게 대우해야 하며 성별을 어떤 의사결정의 기준으로 적용해서는 안 된다고 가르친다.

경제운동으로서의 페미니즘은 여성의 진정한 자아실현과 해방이 제한·반복적인 노동보다는 보수를 받는 직장에서 성취되며, 육아가 경력에 걸림돌이 되어서는 안 된다고 주장한다. 한편 심리적 관점에서 페미니즘이 바라보는 인생은 근본부터가 부정적이다. 여성이 아무리 노력해도 거의 성공할 수 없을 만큼 확률이 심각하게 낮다고 역설하기 때문이다.

페미니즘은 '여성답다는 것feminine'과는 아무런 관련이 없다. 여성답다는 것은 남성과의 미묘한 차이를 만들어내는 여성의 속성을 강조한다. 여성다운 여성은 여성으로 살아갈 권리를 누리며 삶을 긍정적으로 본다. 그녀는 저 나름의 정체성을 가진 사람으로서 전통적인 아내와 엄마의 역할뿐 아니라, 자신이 선택한 직장에서 성취감을 누릴 수 있다는 것을 의식하고 있다.

1982

여성해방이라고?

"사랑과 성공, 둘을 다 가질 수 있을까?" 『글래머Glamour』 잡지에 실린 기사 제목이다. 페미니스트가 남긴 답변이 부제에 큼지막한 활자로 적혀있다. "젊은 나이에 성공한 여성들은 '그렇다'라고 말한다. 포부를 억누르는 것이 사랑을 얻기 위한 대가는 아니다."

기사는 자신의 커리어에서 성공한 고소득 전문직 혹은 비즈니스 여성의 열정이 묻어나는 사례로 시작한다. 하나는 변호사요, 하나는 의사(차량 번호판 넘버는 MS MD D)이며, 또 하나는 대기업 부사장이었다.

더할 나위 없이 완벽해 보이지만 실은 뒤 페이지에 조그맣게 적은 글을 보면 '대가'가 여실히 드러난다. 조사에 따르면, 연봉이 5만 달러 이상인 여성의 이혼율은 전국 평균의 4배에 달하고, 연소득 2만 5천 달러 이상인 여성의 이혼율은 전체 여성의 평균치보다 2배가 넘는 것으로 나타났다. 또 다른 조사에서 연봉 중간값이 2만~2만 5천 달러인 전문·관리직 여성 중 미혼은 46퍼센트이고, 이혼 또는 별거는 19퍼센트, 자녀가 없는 경우는 58퍼센트로 모두가 전국 평균보다 훨씬 높다고 한다. 한편 대학원에 진학하는 여성은 대학 4년을 마치고 학업을 중단한 여성보다 이혼율이 더 높다는 조사 결과도 있다.

1982년에 발행된 『사이칼러지 투데이Psychology Today』 11월호는 「실제로 남편은 아내보다 수입이 적지는 않다」는 기사를 통해 비전통적인 직업을 가진 여성의 이혼율이 전통적인 일을 하는 여성보다 2배 높다는 연구 결과를 솔직하게 보도했다. "부부생활에 대한 리스크는 심각하지만 그렇다고 극복이 불가능한 수준은 아니다"라는 것이 결론이었다.

사랑과 성공의 문제를 둘러싼 현실적인 답은 무엇이든 가능하겠지만, 둘을 동시에 얻으려는 여성이 있다면 그것이 리스크가 큰 삶이라는 점을 미리 알고 대가를 치를 준비가 되어 있어야 한다는 것이다.

20세기까지만 해도 여성은 남성 못지않게 농장에서든 공방에서든 항상 노동 인구에 포함돼왔다. 입에 풀칠하려면 남편과 아내, 그리고 부득이한 경우에는 자녀까지도 생산 노동이 필요했기 때문이다. 19세기 산업혁명이 미국 전역을 휩쓸었을 때는 여성도 남성처럼 공장에서 일했다.

미국의 경제체제가 이룩한 성과 중 하나는 1차 대전이 끝날 무렵 생산성이 크게 향상되고 일반 노동자의 임금이 넉넉해진 덕에 아내가 공장이나 광산, 혹은 밭에서 일할 필요가 없었다는 것이다. 당시 '여성해방Female emacipation'은 노동력의 굴레에서 벗어나 가정에서 더 나은 삶의 질을 누리자는 의도를 뜻했다.

지난 10년 동안 인플레이션과 높은 세금으로 근로자의 평균 수입이 크게 감소하자 수백만 명의 여성이 가정에서 공장으로, 심지어는 광산으로 밀려나고 있다. 이제 미국은 기혼 여성의 절반가량이 노동 인구에 속한다. 페미니스트들은 이를 "해방"이라고 주장한다. 그들은 노동시장에서 여성의 비율이 점점 높아지는 현상을 자랑스럽게 생각한다.

여성을 적극 고용한다는 조치의 근거는, 어느 고용 범주에서든 여성이 50퍼센트 미만인 까닭은 여성에 부정적인 사회풍토와 기업 차별, 그리고 가정 내에 만연한 구시대적 고정관념 때문이라는 데 있다. 여성 우대정책은 특히 '비전통적인nontraditional' 직업군에서 고용주에게

27

연방·재정 페널티를 적용함으로써 여성의 취업 비중을 끌어올리는 데 목적을 두고 있다.

루이스 해리스·제너릴 밀스 어소시에이츠가 전국적으로 실시한 제4차 『아메리칸 패밀리 리포트American Family Report』는 여성 대다수가 풀타임 노동full-time labor force을 인생의 목표로 삼지 않았다는 증거를 다수 확보했다. 조사에 따르면, 여성의 9퍼센트는 재택근무를, 14퍼센트는 자원봉사만 선호하는 것으로 나타났다. 구직을 원치 않는 여성은 총 53퍼센트를 차지했다. 시간제 일자리를 원하는 여성은 32퍼센트로 결국 정규직 노동을 원하는 여성은 12퍼센트에 불과했다.

"맞벌이하는 트렌드가 대체로 가정에 긍정적인 영향을 주었을까요, 부정적인 영향을 주었을까요? 아니면 아무런 영향도 주지 않았을까요?"라는 물음에 미국인 52퍼센트는 "대체로 부정적인 영향을 주었다"고 답했다.

연방정부가 고용을 적극 규제하기 전에는 1인 남성의 임금으로도 아내와 가족을 부양할 수 있었다. 하지만 지금은 높은 세금과 인플레이션 탓에 처자식을 먹여 살리려면 주당 80시간은 족히 일해야 할 듯싶다. 이는 발전이 아니라 19세기 경제체제로 회귀하는 것일지도 모른다.

1982

필리스 슐래플리의 애국가

1982년 10대 록 음반 중에는 '샬린Charlene'이 부르고 모타운 레코드에서 발매한 「나에게 가본 적은 없네요I've Never Been To Me」가 있다. 이 노래에는 이데올로기와 타이밍, 사회적 트렌드와 검열을 둘러싼 놀라운 이야기가 담겨 있다.

처음 발표한 해는 1976년. 타이밍이 어긋났는지 인기는 별로였다. 그러던 1982년 초, 어느 날 밤, 한 디스크자키가 노래를 틀자 전화가 폭주하기 시작했다. 하룻밤 새 센세이션을 일으킨 것이다.

샬린은 처음 두 소절에서 전 세계를 다니며 성적 쾌락을 즐기는 자신의 이국적인 삶을 노래한다. 그녀는 해방된 지상 '낙원'에 살고 있었다. 미국에서 '갈 곳도, 찾아갈 지인'도 없을 때 '자유를 누려야 했기에' 그리스와 몬테카를로로 떠났다. 아울러 "왕들이 내 옷을 벗기고 여성은 보기 힘든 물건을 보았다"고도 했다.

그러나 성적으로 해방된 '낙원'에서도 그녀는 행복하지 않았다. 이제는 외톨이가 되었고 "나를 완벽한 존재로 만드는, 뱃속의 아이를 생각하며 울고 있다"고 한다. 이때 후렴구가 나온다. "낙원에는 가봤지만 정작 나에게 가본 적은 없네요."

이 곡은 아직 체감하지 못한 흥분된 삶을 꿈꾸는 '불만 가득한 엄마와 규칙적인 전업주부'에게 샬린의 조언을 들려준다. 그녀는 '거짓말'에 속아 젊음을 낭비하기 전에 누구라도 진정한 사랑에 대한 진실을 일러줬으면 좋았을 뻔했다고 말한다.

대도시 신문'과 전국 각지에 배포되는 매거진의 「라이프스타일」 섹션을 본 사람이라면 전업주부가 '대세'라는 사실을 직감할 것이다. 특히 자신의 나이와 덧없는 세월을 의식하고, 인생에는 '신의 직장' 취업이 전부가 아니라는 진리를 터득한 30~40대라면 특히 더 그럴 성싶다.

하지만 이 음악은 훨씬 더 강력한 메시지를 전달한다. 즉, 여성이 '완전체가 되려면complete' 아기를 가져야 한다는 암시를 두고 하는 말이다. 더 충격적인 대목이라면 진정한 '진리'는 아기를 낳는 것뿐 아니라 한 남자와 사랑하며 사는 데 있다는 메시지일 것이다.

수년간 십대 여학생들은 정반대의 가르침을 받아왔다. 또래끼리의 모방을 비롯하여, 성교육과 19금 영화, 선정적인 텔레비전 프로그램, 소프트 포르노 문학 및 록 음악 등을 접하면서 마음이 내키면 누구와의 섹스도 허용되는 한편, 주부는 의미 없이 지루하게 삶을 허비하고 여성의 자아실현은 가정과 남편과 자녀로부터의 해방을 뜻한다고 배운 것이다. 그러나 지금은 록 음악을 통해 남편과 자녀가 주는 희열을 듣고 있다. 시대가 확실히 변했다.

잠깐, 이야기는 여기서 끝이 아니다. 「나에게 가본 적은 없네요」가 히트곡으로 선정되자 리버럴liberals과 페미니스트들은 이 곡의 친가정적 메시지에 위협을 느껴 재갈을 물리기 시작했다.

칼럼니스트인 리처드 코헨Richard Cohen은 엄마의 가치가 퇴보해 분노한다는 글을 『워싱턴포스트』에 기고했다. 이 곡은 "필리스 슐래플리의 국가national anthem"라 해야 마땅하며 노래의 인기는 페미니즘 운동에 대한 '반응이 시작되었다'는 방증이라는 것이다. 그는 페미니즘이 "고정관념을 깨뜨리고" "여성을 해방시킨" 까닭에 이를 지지해왔다.

이 '모성애 찬가motherhood song'를 둘러싼 일화 중 가장 흥미로운 대목은 지금부터다. 이 곡이 인기를 얻고 뚜렷한 메시지가 전파되자 모타운 레코드는 검열된 버전의 「나에게 가본 적은 없네요」를 발표, 리버럴의 입장을 수용한다. 물론 모타운과 라디오 방송국은 '검열'이라는 말은 쓰지 않고 '편집 버전edited version'이라 포장했다.

1982년 상반기에 성인 록 방송을 청취한 사람이라면 두 시간 내에 이 노래를 들을 수 있었다. 일부 방송국에서는 원곡 버전을, 일부에서는 검열된 곡을 들려주었는데 검열된 곡의 중간 소절에는 해방된 삶을 잃었다고 생각하는 주부에게 가수가 직설하는 대목이 나온다. "이봐요, 낙원이 뭔지 아나요? 그건 우리가 마음대로 꾸며낸 거짓이자 환상입니다. 그럼 진실은 뭘까요? 그건 당신이 안고 있는 아기이고, 오늘 아침에는 다투었지만 밤에는 사랑을 나눌 그 남자랍니다. 그것이 진실이고 사랑입니다."

'검열'은 친가족 운동가—교과서와 텔레비전 프로그램에서 음란과 외설, 신성모독, 몰도덕 및 폭력에 반대하는—를 위협하는 리버럴들의 '시크한chic' 슬로건이다. 리버럴은 남에게 손가락질하며 "그만해라, 이 도둑놈아!"라고 외치지만 정작 자신의 범죄는 숨기는 도둑이요, 엄마의 역할에 반대하는 이익단체는 가장 무자비한 검열 집단이다.

1982

---

*대도시 신문metropolitan newspapers
대도시 독자에게 도시 생활과 관련된 정보와 이슈 등을 제공하며, 다양한 섹션과 부록을 포함한다. 예컨대, 미국의 『뉴욕타임스』와 『워싱턴포스트』, 영국의 『가디언』과 『더타임스』, 한국의 『조선일보』와 『동아일보』 등이 대표적인 대도시 신문으로 알려져 있다.

엄마도 일을 해야 할까?

미 ABC방송사와 바버라 월터스Barbara Walters는 부모가 아닌 정부가 육아의 책임을 감당해야 한다며 로비 활동을 벌이고 있다. ABC 「20/20(당시 바버라 월터스가 진행한 심층 보도 프로그램―옮긴이)」가 1986년 2월 6일에 방송한 「엄마가 취직해야 할 때When Mom Has To Work」를 보면 이런 결론을 유추해 낼 수 있다.

바버라는 엄마도 대부분 취직을 해서 돈을 "벌어야 하기" 때문에 "엄마가 일을 하느냐, 마느냐를 둘러싼 논쟁은 더 이상 적절치 않다"고 엄정히 밝혔다. 전업주부의 비율은 10퍼센트에 불과하며 맞벌이가 필요한 가정이 대다수를 차지한다는 것이다. 하지만 바버라는 객관적인 사실을 세심하게 확인하진 않았다. 최근 통계에 따르면, 2세 미만의 자녀를 둔 엄마 중 절반만 직장에 다니는 것으로 나타났다. 나머지 절반은 전업주부인데도 바버라는 전업주부가 마치 딴세상 사람인 것처럼 둘러댔다.

ABC 「20/20」에는 미취학 자녀가 둘인 직장인 부부 세 쌍이 등장한다. 바버라는 육아에 따른 인건비와 엄마가 느끼는 죄책감(바버라는 이를 깊은 정서적 갈등에서 오는 '고통'이라고 했다), 찬밥신세가 된 듯한 남편의 심정, 장시간의 고된 노동과 부부생활에 대한 부담 등에 대해 그들을 위로했다.

이 프로그램은 엄마가 출근하기 전, 부부가 새벽 5시 30분이나 6시에 자녀를 깨워 아침을 먹이고 어린이집에 데려다주는 과정을 보여주었다. 비정상적인 일정을 어쩔 수 없이 받아들여야 하는 아이들의 언짢은 표정은 안타깝기 그지없었다. '취직이 필수인 엄마'에 대한 동정심을 불러일으키기 위해 기획된 프로그램이었지만 실은 빨랫감처럼 매번 데려다주고 데려오는 미취학 아동에 대한 연민이 더 크게 느껴졌다. 문득 한 아이의 말에 가슴이 먹먹해진다. "엄마, 일 안 하면 안 돼? 매일 힘들어하잖아."

여성해방운동은 남편이 아내의 경력을 지지하고 집안일과 육아를 절반씩 분담해야 한다는 주장을 수년간 거듭해왔다. 실제로 방송에 출연한 세 남편은 배우자를 응원하고 배려했다지만 바버라가 시간을 합산해 보니 세 아내는 직장 업무 외, 매일 7시간을 가사 노동에 쏟은 반면, 남편들은 4시간만 한 것으로 나타났다.

아내들은 수면 시간이 너무 적고 스트레스가 많아 부담을 토로했으나, 세 남편은 오후 8시가 되면 지친 몸을 이끌고 기진맥진한 채 침대에 쓰러지는 아내의 모습에 자신을 '홀대한다'는 느낌을 받았다. 그들은 아내가 로맨스를 나눌 시간도, 의욕도 없다는 불만을 조심스레 털어놓았다.

바버라는 젊은 세 가정의 사생활을 낱낱이 침해하고는 관련된 모든 사안에 대해 마땅히 생각해야 할 방향을 일러주었다. 우선, 그녀는 미국을 가리켜 "육아정책 없는 유일한 산업국가"라 질타한 뒤 야심찬 프로그램을 제안했다.

그녀는 이런 부부에 대한 지원을 우리가 "국가적 우선순위"로 삼아야 한다고 주장했다. 여기서 '우리'는 누구일까? 바버라는 납세자가 유아와 미취학 아동을 위한 양질의 종일 돌봄서비스를 제공하고, 학교 또한 부모가 아이를 데리러 오는 저녁까지 학생을 위한 보육서비스를 시행하길 바랐다. 아울러 정부는 고용주가 유급 출산 휴가를 보장하고 아이를 둔 여성에게는 '유연' 근무를 허용해야 한다는 것이 바버라의 소견이었다. 즉, 고용주가 아닌 자신이 근무 시간을 선택해야 한다는 것이다.

바버라 월터스가 시청자들에게 밝히지 않은 것이 하나 있다. 세 부부의 연 소득이 각각 5만 달러에서 5만 7천 달러(환율을 감안하면 현재 가치는 최소 1억 이상이다—옮긴이) 사이라는 것. 이 중요한 사실은 엄마라면 마땅히 취직을 "해야 하고" 납세자나 고용주가 육아를 지원"해야 한다"는 주장을 일거에 무너뜨린다.

페미니즘 운동은 젊은 여성들에게 육아를 비롯한 모든 가치보다 경력을 우선시해야 한다며 전업주부로 살기에는 세월이 너무 아깝다고 가르쳤다. 참으로 안타까운 일이다. 세 엄마는 자유 사회의 권리 차원에서 스스로 경력을 선택했을 뿐이다. 납세자나 동료 직원이 그 선택에 돈을 보태야 한다고 요구할 권리는 없다.

1986

남자아이는 원래 총이라면 사족을 못 쓴다

최근 어느 왼손잡이 작가는 사회가 수 세기에 걸쳐 왼손잡이에게 가한 불합리하고 무정한 차별 행태를 조목조목 정리했다. 그는 1930~1940년대에 뉴욕 공립학교에 다니며 오른손으로 글을 쓰라고 강요하는 교사에게 여러 차례 매를 맞았다고 털어놓았다.

작가는 서구 문명의 언어에도 왼손잡이에 대한 편견이 자리 잡고 있다는 점을 일깨워주었다. 이를테면, 왼쪽을 뜻하는 라틴어 '시니스테르sinister'는 '악evil'을 뜻하는 영어 '시니스터'로 둔갑했고, 프랑스어 '고슈gauche'는 영어로는 '조악하다crude'거나 '서툴다awkward'는 뜻이다.

학교가 왼손잡이 교정에 발 벗고 나서야 한다는 그릇된 믿음이 마침내 '사이비 심리학'이라는 쓰레기로 전락하자 미국 통계연보에서 놀라운 사실이 밝혀졌다. 1932년부터 1970년까지, 왼손잡이 인구가 전체 인구의 2퍼센트에서 10퍼센트로 증가했다는 것이다. 실제로 왼손잡이 비율이 그렇게 대폭 증가했다는 사실은 믿기 어려운 일이었다. 추정하건대, 왼손잡이들이 자신이 다르다는 점을 시인하려는 의지가 표출되었거나, 오른손잡이처럼 왼손잡이도 정상이라는 점을 인정하는 관료들의 의지가 반영되었거나, 혹은 둘 다일 수도 있다.

현대 과학과 의학 및 심리학은 이제 교사가 왼손잡이에게 "오른손잡이가 되라"고 강요하는 것을 신체·정신적으로 잘못된 교육이라고 가르친다. 그렇다면 수십 년 후, 작가들이 남아에게는 소년다움을, 여아에게는 소녀다운 본성을 버리라고 강요하는 페미니스트의 독특한 교육열을 두고도 겸허히 목소리를 낼지 자못 궁금해진다.

교육 트렌드에 뒤처진 사람들은 이런 교육열의 실태를 알게 되면 충격을 받을 것이다. 게슈타포 검열관처럼 작전을 수행하는 페미니즘 조직은 초등 독서교재와 학교 교과서 및 진로 안내자료 등을 샅샅이 뒤져 청소년의 타고난 성적 특징을 언급한 글을 삭제해 버렸다.

1970년대 후반, 맥밀런Macmillan과 맥그로우힐McGraw-Hill 등, 교과서를 발행하는 대형 출판사들은 '성차별 철폐를 위한 가이드라인'을 발표, 향후 모든 교과서에서 검열·삭제될 어구와 삽화와 개념을 조목조목 규정해 두었다. 이 뻔뻔스럽고도 졸렬한 관행은 교자재를 통해 아무런 견제 없이 질주했다.

예컨대, 여자아이가 뱀을 갖고 놀고, 사내아이가 헤어스프레이를 쓰는 사진을 보여줌으로써 성 정체성을 모호하게 만들고, 심지어는 학생에게 '3인칭 남/녀he/she(s/he)'를 모두 포괄하는 중립형 대명사를 강요함으로써 언어를 왜곡하려는 시도에도 인간의 본성이 변하고 있다는 증거는 없다. 성 정체성을 바꾸려는 노력은 되레 청소년을 혼란에 빠뜨리고 어른에게는 좌절감을 키울 뿐이다.

『워싱턴포스트』에 실린 「남자아이는 원래 총이라면 사족을 못 쓴다Boys Just Want to Have Guns」라는 기사가 좋은 예다. 글을 쓴 사람은 평화주의자 겸 페미니스트이자 여피족(yuppie, 고등교육을 받고 도시 근교에 살며 전문직으로 고소득을 올리는 젊은이들로서 1980년대 젊은 부자를 상징한다—옮긴이) 친구와 함께 각각 자신의 아들을 성중립형 인간으로 키우기 위해 안간힘을 썼지만(장난감 총과 텔레비전도 없이, 단 「세서미 스트리트Sesame Street」는 보여주었다) 억누를 수 없을 만큼 천성이 사내였다고 한다. 즉, '보이시boyish'한 데다, 성격도 까칠하고 총이라면 사족을 못 쓴다는 점을 인정했다는 이야기다.

작가는 볼멘소리를 이었다. '버클리 좌파the Berkeley left'의 딸들은 손에 트럭과 비행기 장난감을 쥐여 주었지만, 여전히 인형을 좋아하고 보석으로 치장한다면서 말이다. "사내아이들은 서로 주먹다짐을 하고 공주님은 손톱에 물감을 칠하죠. 이건 다 어디서 난 걸까요?"

어린아이들만 성중립 시도에 반기를 드는 것은 아니다. 한때 『워킹우 먼Working Woman』은 「신여성은 정말 신남성을 원하는가?」라는* 기사 를 실었는데, 이 페미니스트 잡지의 판단은 "아니다"였다. 기자에 따르 면, 신남성은 소유욕도 없지만 그다지 헌신적이지도 않다고 한다. 그 러니 신여성은 '백마 탄 왕자님'은 찾지 못하고 결국에는 여성의 생활 력energy으로부터 도움을 얻고 그녀의 주도권을 따르는 남성에게 만 족해야 할지도 모른다는 이야기다. 이때 기자는 안타까운 어조로 글 을 맺는다. "가장 무거운 책임은 혼자가 될 가능성이 높다는 것이다."

연하장 업계도 이를 깨달았다. 매장에서 판매 중인 카드에는 페미니 즘 주제곡의 가사를 낭송하는 여성의 사진이 담겨 있다. "나는 천하 무적의 강인한 여자요 …." 나머지 문구는 카드 안에 적혀있다. "하지 만 혼자랍니다."

1986

* 신남성과 신여성

미국에서 1970년대에 떠오른 용어로, 성별 역할의 변화와 관련하여 나타난 개념. 신남성New Man 은 전형적인 남성적 특징에서 벗어나 감정을 표현하고 가정에서의 역할을 더욱 공평하게 분담 하는 등, 좀더 포용적이고 열린 관점을 가진 남성을 가리킨다. 신여성New Woman 또한 전형적인 여성적 특징에서 벗어나, 경력을 중시하고 가정과 직업을 모두 균형 있게 유지하는 등, 자립적 이고 진보적인 여성을 가리킨다.

오페라를 공연한 밤

비제Bizet의 「카르멘Carmen」을 감상하기 위해 처음이자 마지막으로 뉴욕 메트로폴리탄 오페라하우스를 찾았다. 학수고대했던 공연이었고 평생 잊지 못할 추억이었다.

짧지 않은 저녁 공연에서 가장 기억에 남는 대목은 유명한 아리아가 아니었다. 자정이 가까운 시간에 펼쳐진 커튼콜 무대였다. 우아하게 차려입은 미모의 관객들이 야구 경기를 관전하는 성난 팬처럼 야유하는 모습을 보고 있으려니 정말 말문이 막혔다.

그들은 마리아 유잉Maria Ewing이 연기한 카르멘에 야유를 보냈다. 무엇보다도, 그랜드 오페라 중 가장 인기 있는 작품을 연출한 감독과 관련 책임자들도 조롱거리가 되었다. 비교적 저렴한 좌석에 앉은 관객 절반은 이미 현장을 떠나 집으로 돌아간 지 오래였으나, 100~200달러짜리 좌석에 앉은 관객들은 끝까지 자리를 지키며 사방에 들리도록 불만을 성토하는 희열을 만끽했다.

메트로폴리탄이 신작을 무대에 올리려면 최소 50만 달러가 소요된다. 새로운 오페라를 공연하든, 기존 오페라에 무대와 의상을 바꾸든 막대한 돈이 들게 마련이다. 「카르멘」의 주제곡은 필자가 가장 좋아하는 작품인데, 오케스트라 연주도 완벽했고 세트도 배경과 분위기를 잘 살렸으며 배우의 가창력도 뛰어났다.

그러나 관객은 지루해하거나 "이미 들어본 노래"라며 성토하는 데 그치지 않고, 온 힘을 다해 열렬히 야유를 보냈다. 약 100년간 오페라 공연은 말할 것도 없거니와, 쇼맨십을 발휘하고 관객을 수용해 온 메트로폴리탄 오페라하우스가 어떻게 이런 괴작을 무대에 올릴 수 있었을까? 이번 카르멘 제작팀에서는 인간의 본성을 이해하지 못하는 사람들이 연출과 의상을 맡았다는 점 말고는 딱히 설명이 안 된다. 남자가 여자에게 끌리는 원인, 그리고 둘 사이에 튀는 '케미'를 이해하지 못한 것이다.

「카르멘」은 꿀에 파리가 꼬이는 것처럼, 남자를 끌어당기는 난잡한 집시 여인 이야기다. 그녀는 노래와 춤으로 병사를 유혹하고 그녀를 열렬히 사랑한 돈 호세Don Jose와 어울리다 어느 멋진 기마 투우사에 반해 그를 차버리고 만다. 비제가 설정한 플롯은 현실적으로 인간의 본성을 충실히 묘사했다. 카르멘은 남자를, 어떤 남자라도, 아니 모든 남성을 유혹할 줄 알지만, 줄에 달려 조종을 당하는 꼭두각시 인형처럼 고분고분한 남성이 아닌 진짜 사나이를 찾는다. 스페인 세비야 사회에서 진짜 사나이는 다름 아닌 투우사였다.

1986년 메트로폴리탄 오페라 「카르멘」을 연출한 피터 홀 경Sir Peter Hall은 이 화려한 여인을 거칠고 음침하고 우울한 데다 칙칙한 여성으로 둔갑시켰다. 필자 뒤에 있던 한 남성은 "조울증 환자가 따로 없다"고 중얼거렸다.

카르멘의 보디랭귀지는 어색했다. 고개를 떨구고 구부정한 자세로 모든 사람에게서 등을 돌리는가 하면 남자처럼, 뭔가 자연스럽지 않게 몸과 팔다리의 자세를 취했다. 카르멘의 의상도 어울리질 않았다. 어둡고 초라하고 괴상했다. 한 막에서는 모자를 쓴 탓에 앞줄에 앉은 몇 명만 얼굴을 볼 수 있었다. 주인공은 『뉴욕타임스』의 말마따나 "어떻게든 사람의 환심을 사지 않기로 결심한 삐딱한 십대"를 연기했다. 확실히 연기는 탁월했다. 한편 카르멘이 사망하는 장면에 대해 『뉴욕타임스』는 "주인공이 죽었는지 살았는지는 관심을 두기 어려웠다"고 덧붙였다.

공연의 수준이 향상되고 훌륭하다면 연극이나 오페라에 혁신을 가미한들 아무런 문제가 되진 않을 것이다. 지저분하고 칙칙하고 사내 같은 여성 캐릭터를 연출한 것이 잘못도 아니다. 하지만 그런 캐릭터가 남성에게 거부할 수 없는 여인이 되기란 어려울 듯하다. 별로 끌리질 않으니까.

대학에 강연을 다니며 젊은 남녀 수백 명을 만나는데, 그들은 이성과 성숙한 관계를 맺고 싶지만 방법을 모른다고 하소연한다. 수많은 젊은 여성들은 남성이 스스로 남성다운 면모를 느낄 수 있게 하는 여성다운 인격을 함양하지 못했고, 젊은 남성들 역시 여성을 잘 이해하지 못하고 어떻게 처신해야 할지 모르는 데다, 의사도 쉽게 결정하지 못하는 탓에 여성이 여성답게 생각하기가 어려운 것이다.

문학과 엔터테인먼트 및 교육 분야에서 중성 트렌드가 판을 치다 보니 20~30대 젊은 미국인 상당수는 배우자의 환심을 사고, 부부 관계와 가정에 헌신하는 방법을 모른다. 그들이 인생의 희락을 놓치고 있으니 안타까울 따름이다.

1986

『미즈』, 인간의 본성을 발견하다

고백하건대, 라과디아 공항에서 셔틀에 탔을 때 항공사에서 무료로 제공하는 잡지가 아니었다면 이를 읽지 않았을 것이다. 필자는 이륙을 기다리는 동안 글로리아 스타이넘(Gloria Steinem, 미국의 페미니스트 운동가, 저술가 겸 언론인—옮긴이)의 『미즈Ms.』를 넘기면서 마지막으로 접한 이후, 잡지가 크게 달라졌다는 데 충격을 받았다.

14년 전만 해도 『미즈』에는 남편이 설거지와 기저귀를 절반씩 담당한다는 혼전 계약서를 비롯하여, 주부가 집안일에서 독립한다는 선언문이 실렸다. 요즘 지면에는 푸념할 남편이나 아기가 없었다.

첫 기사가 눈길을 사로잡았다. 「37세에 썸타는 요령 배우기Learning to Flirt at 37」는 좋은 직장에, 자가 아파트까지 갖춘 성숙한 페미니스트의 고백을 술회한 기사였다. 그녀는 1960년대에 썸을 탄다는 것은 "성혁명의 중심에 선 빅토리아 시대 사람"이라고 믿었단다. 혼자 꽃을 사고, 혼자 문을 열고, 혼자 영화를 보고는 직접 저녁을 요리해 먹던 그녀는 마침내 현지 신문에 실린 광고—'썸타는 요령을 배우세요'—를 보고 업체에 연락했다.

광고에 적힌 번호로 전화를 걸자, 썸 전문 강사는 페미니스트도 검증된 기술을 쓰면 썸을 탈 수 있다고 설득했다. 이를테면, 다리를 꼬고, 풀고, 다시 꼬되 팔짱은 끼지 말고, 드라마에서 봄직한 고혹적인 눈빛을 흉내 내되 '독성 폐기물 처리' 같은 주제는 피하라는 등의 간단한 요령을 가르쳐 주었다.

다음으로 동거하던 남친과 이별한 지 1년이 지났지만 여전히 슬픔에 잠긴 친구를 위로하는 여류작가의 눈물겨운 글도 있었다. 2년간의 연애를 아무렇지 않게 끝낸 남친은 "만나는 사람이 생긴 게 아니라 어쩌다 보니 이렇게 '쫑'이 났다며 너무 기분 나빠하지 말라"고 친구에게 전했다더라.

기자는 동거 연인과 결별한 피해자victims 87명을 인터뷰했고, 혼외 관계의 평균 기간이 2년이라는 것을 발견했다. 대개는 남자가 이별을 원할 때 헤어지는데, 남자는 이별을 통보하지 않고 '애정이 식었다the thrill is gone'는 눈치를 주면서 이별 결정권은 여자의 몫으로 남긴다고 한다.

이젠 「스타워즈Star Wars」라는 기사에 시선이 꽂혔다. 아쉽게도, 로널드 레이건 대통령의 미사일 방어체제를 다룬 글은 아니었다. 여성의 경력이 남성보다 신속히 가파르게 성장할 때 남성이 위기의식을 느끼는 과정을 쓴 기사였다. 삽화를 보면 여성은 가방을 들고 외출하는 반면 남성은 청소기를 들고 있는데, 얼굴에 번진 우울한 표정은 그가 집에는 오래 머물지 않을 거라는 확실한 신호였다.

다른 기사를 보니 출세한 여성의 주요 화두는 "부족한 남자man shortage"라고 한다. 기자는 내키지는 않지만 "15년 이상이나 의식을 고취시키고, 일반을 상대로 페미니스트식 지옥훈련을 실시했음에도 싱글이자 이성애자heterosexual인 중산층 여성은 대부분 자신보다 소득과 지위가 훨씬 높은 남성만을 배우자로 찾고 있다"고 시인했다.

페미니스트들은 1970년대부터 성중립적인 사회를 만들고 성역할을 뒤엎기 위해 노력해왔다. 페미니스트의 이념은 정형화된 교육과,

가혹한 남성 중심사회에서 비롯된다는 관념에 근거를 둔다.

그런 까닭에, 남성과 여성이 선천적·생물학적으로 다르다는 사실을 인정하는 기사―「디자이너 유전자Designer Genes」―는 신선한 감동을 주었다. 이를테면, "저명한 생물학자로 구성된 위원회"가 "유전자 조작을 통해" 인간의 본성을 바꿈으로써 남녀의 성취동기와 욕구와 섹스의 쾌락을 똑같이 느낄 수 있게 하자는 것이다.

심지어는 다이아몬드와 약혼반지, 화장품, 투명 팬티스타킹 광고도 눈에 띄었다. 3년 전, 『뉴욕타임스 매거진』이 선언한 「포스트페미니스트 세대의 목소리voices from the post-feminist generation」가 『미즈』에까지 스며든 것 같다.

1986

성혁명의 패배자들

어휴! 1986년 7월 30일, ABC가 방영한 장시간 다큐멘터리 「성혁명 이후After the Sexual Revolution」를 보고 필자가 성혁명의 당사자가 아니었다는 게 천만다행이라고 생각했다! ABC방송은 남편·자녀와의 관계가 소원한 탓에 일은 더 열심히 하지만, 인생의 즐거움은 덜 느끼는 불행한 여성을 3시간씩이나 지루하게 보여주었다.

그들은 카메라를 보며 차례로 불만을 토로했다. 출세한 전문직 여성들은 늘 일이 우선이다 보니 출산능력이 저하돼 가정을 이룰 기회를 놓쳤다는 사실을 뒤늦게 깨달았다고 입을 모았다. 한 여성은 딴 여자와 혼인한 남성의 아이를 낳아 이런 딜레마에 대처했고, 다른 여성은 남편 없이 인공수정으로 아이를 낳았다고 한다. 심지어는 두 번이나 이혼한 남성을 선택해 기성 가정을 꾸린 여성도 있었다.

30대 후반의 한 여성은 "여성혁명도 좋지만 누군가와 사랑을 주고받고 싶다"며 애써 눈물을 참았다. '홀로된다는 두려움'과 아울러, 외로움과 소외라는 문제를 수익 창출로 발전시킨 5,000개의 데이트 서비스도 방송을 탔다.

페미니즘 이후의 전형적인 블루칼라 부부—지하철을 관리하는 아내와 가사를 전담하는 남편—이야기도 들었다. ABC방송 관계자님, 죄송하지만 지역편파주의가 눈에 거슬리는군요. 그런 라이프스타일은 피오리아(Peoria, 일리노이주 중북부—옮긴이)에서는 절대 통하지 않을 겁니다.

잘 나가는 사업에, 남편과 자녀가 딸린(인생에서 두 번째로 중요하다고 솔직히 시인했다) 여성조차도 실적을 위해 싸우고, 감정도 억눌러야 했다며 불만을 털어놓았다. 성공한 남성도 마찬가지일 거라는 사실은 생각지도 못했다고 한다. 어느 여성은 승진하면 근무 시간은 늘지만 점심시간이 없어 승진은 원하지 않았다.

1970년대 페미니즘 운동이 열렬히 추진했던 '이혼 간소화법'의 피해자도 등장했다. 사실, 기혼 남성들은 간단해진 이혼절차 덕분에 20년 지기 조강지처를 버리고 더 젊은 여자와의 로맨스를 즐길 수 있었다.

직장에 복귀한 중년 여성은 일과가 끝나면 너무 피곤한 나머지,

남편을 잘 달래거나 면박을 줘 그가 집안일을 분담하도록 했다. 하지만 남편은 냉동된 음식을 종이상자(!)에 넣어 해동시키는 데다 세탁기 버튼도 뭐가 뭔지 모른단다!

스탠퍼드대학 교수의 주장에 따르면, 여성은 노동시간이 늘고 더 열심히 일하기 때문에 경제적인 형편이 1959년 때보다 더 나아지질 않았다고 한다. "여성은 경력이 쌓일수록 이혼할 확률도 높아진다"는 것이다.

ABC는 '설교할' 기회를 마다할 리 없었다. 당시 피터 제닝스(Peter Jeninngs, 캐나다 출생, 「ABC 월드 뉴스 투나잇」의 간판 앵커—옮긴이)는 여성해방 운동 이전에는 미국 사회가 "여성의 열등한 지위에 근간을 두었다"는, 그릇된 페미니스트식 도그마로 운을 뗐다. 벳시 애런Betsy Aaron의 성혁명 설교는 특히 불쾌했다. 그녀는 "처녀성에 대한 낡은 생각"은 사라지고 "이혼은 이제 꺼림칙한 말이 아니며," "전업주부는 역사의 뒤안길로 사라지고 있다"고 역설했다. 또한 그녀는 "평생 한 번뿐인 결혼보다는 결혼과 이혼을 반복하는 경우가 많다"며 이를 "연쇄 결혼serial marriages"이라고 했다.

이처럼 정서적 혼란에 빠진 여성을 위해 ABC가 내놓은 해결책은, 세금이 지원되는 기관이 아이를 수용하여 엄마의 고용을 유지하는 국가의 정책을 정부가 모방해야 한다는 것이었다. ABC는 소련과 동독, 루마니아, 헝가리, 불가리아, 중국 및 니카라과 등, 우리가 본받아야 할 정책을 집행하는 국가의 목록을 화면에 띄웠다.

ABC 다큐멘터리는 성혁명이 "앞으로도 계속된다"는 점을 거듭 일깨워주었다. 하지만 더 많은 여성이 이 방송을 시청해야 성혁명 시대의 종말은 더 가까워질 것이다. 불행한 여성들의 증언은 성혁명에 동참하려면 감당해야 할 대가가 너무 버겁다 성토하고 있기 때문이다.

1986

포스트페미니스트 커리어 우먼

언론은 미국의 사회 구조가 엄마는 직장에 출근하고, 아이는 어린이집에 맡겨지는 계층화가 굳어졌다고 매일같이 떠들어대지만, 신문을 주의 깊게 읽어보면 이런 현상이 만족스러운 패턴은 아니라는 증거를 적잖이 찾을 수 있다. 이유는 둘이다. 엄마도 싫어하고, 아이도 이를 싫어하기 때문이다.

예컨대, 시카고 지역 신문이 게재한 TV 앵커, 수전 앤더슨Susan Anderson의 특집기사를 보자. 두 자녀와 함께 오순도순 살겠다며 직장을 그만둔 수전은 자신의 이름으로 쓴 기사에서, 직장과 자녀를 두고 했던 고민과, 가정을 선택하게 된 경위를 술회했다.

수전 앤더슨은 국내에서 가장 큰 시장 중 하나인 대형 방송국에서 15년간 화려한 경력을 쌓았다. 억대 연봉을 포기한다면 생활수준은 크게 떨어질 게 불 보듯 뻔했다. 원래 방송이 치열한 경쟁에, 젊은 층이 주요 대상인 비즈니스라는 것도 모르는 바는 아니었다. 20대 중반에 취업하는 것도 상당히 어려웠으니 40대 중반에 일을 그만두면 재취업은 훨씬 더 힘들어질 터였다.

든든한 남편은 가족과 좀더 시간을 보내기 위해 배려 차원에서 변호사 일을 줄일 의향이 있었다. 그는 수전이 어떤 결정을 내리든 흔쾌히 따를 생각이었다. 이때 그녀는 미래를 내다보며, 자녀와 어울린 시간이 짧아 못내 아쉬워했던 사람들을 떠올렸다. 임종을 앞둔 사람이 "사업에 좀더 힘쓸걸"이라며 한탄하던가?

글의 요지는 이렇다. "거의 본능적인 감정을 떨쳐버릴 수는 없었다. 직장 여건이 허락하는 것 이상으로 아이들에게 내가 필요했다기보다는, 내가 아이들과 함께 있기를 더 바랐다는 생각이 들었다."

반면, 『미의학협회저널Journal of the American Medical Association』에 실린 「한 켠의 마음piece of my mind」을 보라. 수전과는 반대의 길—진료를 포기하지 않았다—을 선택한 의사가 쓴 글인데, 물론 그녀는 자신의 결정에 만족하지 못했다.

마거릿 레비 박사Dr. Margaret Levy는 "의대를 다닐 때만 해도, 하고 싶은 건 다 할 수 있다고 믿을 만큼 순진했다"고 털어놓았다. 그녀는 자신이 선호하는 의학 분야에서 그럴듯한 경력도 쌓고 가정도 꾸리려고 노력했다. "체력도 안 되거니와, 심적으로도 불가능한 일이라는 점을 단호하게 말씀드리고 싶네요. 제 말씀을 믿으세요." 레비 박사의 말이다. 전문직 여성이 자식을 위해 무슨 준비를 하든 "엄마만 아니면 다 괜찮다"는 것이다.

레비 박사에게는 어린 두 아들이 있다. 그녀는 지인의 '어린이집 아이들'—박사는 "시설이 아무리 좋아도 애처롭기 그지없다"고 한다—을 볼 때마다 다른 대안이 필요하다고 생각했다. 이때 남편은 수입이 더 높은 '외과의'라는 전문직이 근사한 라이프스타일을 보장한다는 생각에 8년간 육아 전담을 자처했다.

그러나 박사의 불만은 여태 해소되지 않고 있다. 여느 직장인 엄마와 마찬가지로, 그녀 또한 피로와 실망이 여전하다는 것이다. 무엇보다도, 그녀는 아이와 놀아줄 시간이 있는 남편이 "부럽다"고 시인했다. 레비 박사는 자신의 처지를 이렇게 하소연했다. "저는 해방된 여성이 아닙니다. 브롱크스의 한 아파트에서 11명의 자녀를 키우던 증조할머니가 상상했던 것보다 훨씬 더 복잡다단한 세상과 라이프스타일에 갇혀 있습니다."

페미니즘 이데올로기를 지지하는 『월스트리트저널』은 "아이를 어린이집에 맡기는 맞벌이 부부가 늘고 있는데, 일부 연구자들은 너무 어린 아이를 어린이집에 맡기면 심리적인 피해를 줄 수 있다고 경고했다"는 기사를 실었다.

『월스트리트저널』은 펜실베이니아주립대의 심리학자 제이 벨스키 Jay Belsky 교수를 인터뷰했다. 그가 최근 실시한 연구에 따르면, 어린이집은 아이의 "신뢰감과 안정감 및 세상의 질서에 대한 감각"을 저해하는 것으로 나타났다. 그러나 이 사실을 알고 있던 수백만의 엄마보다 벨스키 교수가 더 뉴스거리가 된 이유는 1970년대 어린이집이 대개는 아이 양육에 보탬이 된다는 학술적 합의를 이끌어내는 데 기여했기 때문이다.

1985년 벨스키 교수는 미 소아과학회 회의 석상에서 자신의 소견을 바꾸었다고 했다. 그는 복수의 연구 결과를 인용, 어린이집에 맡긴 영아는 9~10세가 되면 불안감이 높고 공격성과 과잉행동을 보이는가 하면 자주 울고 비행을 저지를 가능성이 크다고 한다.

1987

성폭행범, 영웅이 되다

20년 전 페미니스트들에 따르면, 강간은 섹스와는 무관하며 남성이 여성을 증오해 그들을 공격한다는 증거이자, 폭행이라는 이론을 발전시켰다. 어쩌면 이 괴이한 개념 탓에 강간범을 영웅으로 미화한 드라마를 보고도 페미니스트들이 항의를 하지 않았을지도 모르겠다.

솔직히 필자는 드라마를 즐겨 보지 않기 때문에 이 문제를 모르고 있었다. 실은 『TV 가이드』에서 찾아낸 것인데, 슈퍼마켓에서 계산을 마치고 나오던 중 잡지가 눈길을 끌었다. 「성폭행범을 영웅으로 미화하진 맙시다Let's Stop Turning Rapists into Heroes」라는 기사가 처음에는 『내셔널 인콰이어러(National Enquirer, 미국 주간지로 1926년에 창간, 주로 가십성 화제를 풍부하게 수록한 잡지—옮긴이)』식의 선동이 아닐까 싶었다. 하지만 아쉽게도 기사는 사실이었다. 기자는 강간범이 범행 후 영웅이 된다는 드라마 몇 편을 소개했다. 필자가 꾸며낸 이야기가 아니라는 것을 알 수 있도록 구체적인 내용을 일러드릴까 한다.

첫 번째 성폭행범은 10년 전, ABC의 「종합병원General Hospital」에서 얼굴이 공개된다. 드라마를 보면 루크가 로라를 강간했지만 결국에는 로라가 그를 사랑하게 되면서 둘이 결혼식을 올린다는 것이다. 이

런 막장 시나리오는 수년 전 애인 랜드Ayn Rand의 소설 『파운틴헤드
Fountainhead』에서도 봤는데 줄거리가 어떻게 전개될지 빤하겠다 싶어 더
는 읽지 않았다. 성폭행은 단연 범죄이고, 마땅히 범죄로 규정해야 하
지만 「종합병원」은 이를 사랑처럼 보이도록 연출했다. 심지어 로라는
성폭행을 "우리가 처음으로 사랑을 나눈 사건"으로 미화하더라. 해
당 장면이 방송되었을 때 여성들의 반발이 아주 없진 않았겠지만 최근
몇 년은 성폭행·로맨스rape-romances에 대해 이렇다 할 항의는 없었다.

ABC의 「다이너스티Dynasty」에서는 아담이 커비를 강간하고 나서
다음 시즌에는 그녀에게 청혼한다. 여성이 성폭행범과 백년가약을 맺
는다는 것은 터무니없을 뿐 아니라 위험하기 짝이 없는 발상이다. 이
는 '강간에 대한 통념rape myth'—여성이 남몰래 강간을 당하고 싶어
한다는 개념—에 다큐드라마의 진정성을 심어주었다. 지금은 종영된
「라이언의 희망Ryan's Hope」에서는 로저가 매기를 강제로 침대에 눕히
려다 미수에 그치지만 마침내 두 사람은 2년 후에 결혼하고 만다.

ABC에서 방영한 「올 마이 칠드런All My Children」에서는 아버지의
약혼녀 나탈리를 술김에 강간한 로스라는 인물이 등장한다. 그는 범
행으로 투옥되는데 여기까지는 아주 좋았다만, 즉시 감옥을 빠져나
온 그는 영웅이 되어, 훗날 '영웅의 일탈'을 그린 방송에 주인공을
도맡게 된다. CBS의 「세상이 변하면(As the World Turns, 1956년 4월~2010년
9월, 다양한 연령층의 삶과 사랑, 결혼 등을 다룬 드라마—옮긴이)」에서는 강간범에서
영웅으로 변신한 조쉬를 동정한다. 조쉬는 피해자와 결혼하지 않는
다. 대신 피해자의 동생이 조쉬와 눈이 맞아 피해자와 그녀의 어머니
가 둘의 관계를 받아들인다는 것이다.

앞서 소개한 스토리라인 탓에 시청자들은 성폭행 범죄에 둔감해졌다. 강간을 성공과 만족스런 성관계로 가는 길 정도로 묘사하기 때문이다. 이러한 저질 드라마에 종지부를 찍고, 여성의 인권에 반하는 '쓰레기'를 폐기하자는 캠페인은 페미니스트에게 더할 나위 없이 좋은 프로젝트가 될 것이다. 모욕적인 성차별일 뿐 아니라 사회적으로도 혐오스러운 짓이니 말이다. 하지만 페미니스트들은 '성차별'을 왜곡된 시각으로 정의하기 때문에 필자가 마냥 기다리질 못하는 것이다. 아내를 존경하고 여왕처럼 떠받드는 남편을 그들은 "성차별주의자sexist"로 매도하며 공세를 계속 이어갈 것이다.

1989

행운은 '트로피 와이프'의 손을 들어준다

『포춘Fortune』은 커버스토리—「CEO의 두 번째 아내The CEO's Second Wife」—를 통해 합의이혼을 사회적인 선으로 미화하려는 음모에 동참했다. 이 기사는 조지 길더George Gilder의 대표 저서인 『남자와 결혼Men and Marriage』에서 작가가 "성혁명의 유일한 승자는 권력을 쥔 남성이며, 성해방 체제하에서는 남성 일부가 모든 남성의 원대한 꿈을 이룰 수 있다"고 밝힌 내용을 입증했다.

해당 기사는 수십 년간 동고동락해온 아내와 이혼한 후, 섹시하고 날씬한 아가씨, 이를테면, 부자 및 지역 유지와 어울리며 돈을 쓸 때 얼굴마담 역할을 하는 여인과 재혼한 대기업 CEO를 줄줄이 소개했다. 40쌍의 CEO와 그들의 두 번째(세 번째, 혹은 네 번째) 아내의 이름과 나이를 조목조목 열거한 것이다. 『포춘』에 따르면, 필수조건은 일단 날씬해야 하고 비싼 돈을 들여 치장해야 하며 자신만의 경력이 있어야 한다는 것이다.

『포춘』 기사가 편견이 아주 없는 보도는 아니다. 예컨대, 1980년 대에는 "이혼도 섭섭지 않게 존중해야 한다"는 사설과 아울러, "늙은 현모양처를 둔 CEO는 괄시를 받게 마련이다. 이미지에는 도통 신경을 쓰지 않는데 왜 이것밖에 안 되는가?"라는 식이다. 전도유망한 CEO는 죄책감을 느낄 필요가 없으며 두 번째 아내를 '트로피(전리품)'로 삼는 것이 '대세'라고도 했다.

"혼인 계약도 지키지 않는데 왜 다른 약속은 믿어야 할까?"라는 의문은 기사 어디에도 없다. 어떤 기자도 아내를 승용차처럼 취급하는—아내가 싫증 나면 젊은 모델로 갈아치우는—신뢰할 수 없는 untrustworthiness 남성을 비판하지 않는다. 아니, 『포춘』은 '트로피 아내trophy wife'로 욕망을 채우는 CEO의 관행을 되레 정당화한다. 회사 전용기처럼 성공의 특권 중 하나라는 것이다.

심지어 『포춘』은 미덥지 않은 남편이 양심의 가책을 더는 데 일조하기도 했다. 이를테면, 아내를 버리고 젊은 여성과 결혼하더라도 "사려 깊은 관리자가 될 수 있다"는 글을 큼지막한 활자를 써서 보도한 적도 더러 있었다.

『포춘』 기자들은 고급 의상을 걸친 후처들이 다른 기혼 남성을 상대로, 자녀 없이 "새로운 인생을 설계하는 법"을 귀띔해줄 때 그들을 스스럼없이 인터뷰하거나 촬영한 것으로 보인다. 실제로 후처 중 일부는 CEO를 '가스라이팅'하는 비결을 공개하기도 했다.

조지 길더는 앞선 사회관습의 결과를 다룬 에세이에서, 이런 짓을 벌이는 부유층 및 권력자는 "하렘(harem, 일부 회교 국가에서 부유한 남자의 아내나 첩을 가리킨다—옮긴이)을 거느리는 것 못지않은 일부다처주의자일 것"이라며 정곡을 찔렀다. 1970년대 여성해방운동의 압박으로 채택된 이혼 간소화법 탓에 기혼자는 배우자의 동의 없이도 (이슬람 율법이 허용하듯) "당신과 이혼하겠다"는 말을 세 번 반복하면 다른 짝과 자유롭게 살 수 있게 되었다.

이 제도의 피해자는 남편에게 버림받아 홀로 늙어가는 아내다. 남편은 아내 곁을 떠나 재혼할 가능성이 크다. 통계를 보더라도 35세에서 65세 사이에는 이혼·별거 중인 여성이 남성보다 50퍼센트 더 많은 것으로 나타났다. 여성이 중년 이후에 젊은 남성과 재혼하는 사례는 많지가 않다.

길더에 따르면, "사회는 본디 하나의 유기체"이므로 수백만 명의 여성을 가족 공동체에서 추방해 버리고, 남편을 젊은 아가씨와 재혼시킨 다음 아무 일도 없었다는 듯 조용히 업무에 복귀시킨다는 건 어불성설이라는 이야기다. 또한 그는 "트로피 아내는 사회 시스템이 크게 파열되어 어디서든 이를 감지할 수 있게 된 관행"이라고 덧붙였다.

1990

「워킹 걸」, 페미니스트의 통념을 박살내다

페미니스트들의 고뇌에 찬 신음과 불평에 시나리오 작가들이 다시금 반격에 나섰다. 방송사의 뉴스부와 논설위원 및 의회 의원은 눈치채지 못했더라도 (고객을 극장으로 유인해야 하니 문화 트렌드의 최첨단을 달리는) 시나리오 작가는 우리가 탈페미니스트 시대post-feminist era에 살고 있다는 것을 알고 있다.

1987년, 작가들은 「위험한 정사Fatal Attraction」에서 성취감과 정서적 안정을 모두 누리는 전업주부를 여주인공으로 내세운 한편, 빌런은 위력을 행사하며까지 남자를 가지려는 40대 커리어 우먼이었다. 이어 같은 해에 개봉된 「베이비 붐Baby Boom」에서는 여성 임원이 자택을 본사로 삼고 남편과 아기와 주방을 중심으로 일하는 삶을 위해 빠른 출세가도를 포기하는 모습을 그려냈다.

1988년에 상영한 「워킹 걸Working Girl」은 페미니스트들의 꿈과 망상을 깨뜨렸다. 예컨대, 비즈니스 세계에서는 여성도 남성만큼이나 냉혹하며, 일부 출세한 여성 임원 또한 의혹이 제기돼온 남성 못지않게 여성 부하직원을 무자비하고 가혹하게 다룬다는 것이다.

페미니즘 이데올로기는 비즈니스 및 전문직 세계가 성차별주의를 표방하는 남성들이 지키는, 사내만의 영역이라고 가르친다. 즉, 과거의 베를린 장벽만큼 뚫리지 않는 차별적 방어벽을 세워 경계를 보호한다는 이야기다. 페미니스트 이론에 따르면, 재능도 있고 유능한 여성이 어떻게든 경쟁대열에 합류하더라도 '유리천장(glass ceiling, 페미니스트들이 여론전을 위해 지어낸 개념)'에 부딪쳐 정상에 오르지 못한다고 한다.

물론 이것이 전부는 아니다. 페미니스트 신화는 여성이 직장에서 중요한 권력을 잡으면 비즈니스 환경이 송두리째 달라지는 이른바 "혁명이 온다"고 주장한다.

그러나 「워킹 걸」은 그렇지 않다는 것을 보여준다. 아이비리그 경영 대학원을 졸업, 맨해튼이 내려다보이는 사무실에 들어온 여성은—명품 옷을 걸친 채 귀족적인 태도로—페미니즘 동화에나 나올 법한 남성처럼 거만하게 허세도 좀 부리면서 여성 부하직원을 끔찍이 갈군다.

페미니스트의 가슴을 더 헤집는 대목은 이렇다. 가난한 동네 출신에, 학비 저렴한 전문대학을 다니며 자립을 위해 애쓰는 직원에게 도움의 손길을 건네는 사람들은 죄다 출세한 남성이라는 것! 그들은 비서직에서 벗어날 수 있는 일생일대의 기회를 준 은인인 셈이다. 그런 기회가 없다면 매일 상사에게 커피를 뽑아줘야 하는 모욕을 겪을 게 뻔하다.

「워킹 걸」 제작 측은 1988년 6월 26일자 『뉴욕타임스 매거진』에 게재된 「페미니즘이 실패한 이유Why Feminism Failed」라는 폭로성 기사를 인정했다. 대도시의 유력 신문사인 『로스앤젤레스 헤럴드이그재미너Los Angeles Herald-Examiner』 편집장이 된 페미니스트 언론인 메리 앤 돌런Mary Anne Dolan은 '여성'의 자질이, '남성 중심의 비즈니스 모델을 무너뜨리는' 경영 환경을 이루어낼 거라며 페미니스트의 포부를 밝혔다. 『헤럴드이그재미너』는 그녀의 지휘하에 미국 최초로 발행인란masthead의 남녀 비율이 50대 50으로 구성되었다. 사설 편집인 및 스포츠 칼럼니스트 등, 선망의 대상이 되는 직책은 대부분 여성이 차지했다.

제럴딘 페라로(Geraldine Ferraro, 미국 역사상 주요 정당의 첫 여성 부통령 후보 였던 정치인—옮긴이) 부통령 후보를 열렬히 지지한다는 고백으로 자신의 정치적 소신을 드러낸 돌런은 당시 상황을 생생히 술회했다. 5년 후 여성들은—유감스럽게도—"으레 승진이라면 사족을 못 쓰던 남성의 가장 추악한 행태"를 보였다고 시인했다. 발행인란에 이름을 올리자 마자 권력 쟁탈전이 시작되었다는 돌런은, 기용하고 보니 "명석하고 철이 들었다" 싶던 여성들이 실은 "융통성도 없고 교활한 데다 권력 에 눈이 먼 고집불통"이었다는 것이다.

돌런은 이런 구태가 조만간 바뀔 거라고 낙관하진 않는다. 젊은 나이에 암으로 세상을 떠난 친구 기자의 장례식에 지인이 모두 모였 을 때, 그녀는 막강한 권력을 움켜쥔 페미니스트가 "신문사의 전·현 직 발행인 남성을 양쪽에 앉혀두었다"고 강조했다.

늘 그랬다. 페미니즘은 인간의 본성을 폐기하고 재구성하려는 의 도에 근간을 두기 때문에 실패할 수밖에 없다.

1990

오지라퍼와 울보족

뉴스거리가 별로 없던 주week라 우연의 일치겠지 싶다. 1992년 『타 임』이 「오지라퍼와 울보족_미국인의 품격은 왜 추락하는가?Busybodies & Crybabies: What's Happening to the American Character?」를 커버스토리에 싣자, 페 미니스트들도 같은 주에 '유리천장'이라는 언론 캠페인을 개시한 것이다.

『타임』은 PC주의를 수호하는, 자칭 기고만장한 파수꾼인 '오지라퍼'가 어떻게 미국 사회에 악성 편견을 감염시키는지 밝혔다. 『타임』에 따르면, 자신의 문제를 두고도 정작 저는 쏙 빼고 남 탓만 한다는 '울보족'—매번 피해자 코스프레하는—이 오지라퍼와 쌍벽을 이룬다고 한다.

'죄를 전가하는 피해자학victimology'이라는 신규 산업으로 먹고사는 사람들은 열악한 환경이나 고충, 혹은 이따금씩 마시는 고배를 가리켜 개인의 노력으로는 해결할 수 없는 사회적인 문제라고 주장한다. 피해자의 '가장 큰 재능'은 죄책감을 전파하는 능력인데, 실제로 그들은 의사소통과 법적 수단을 총동원하여 능수능란하게 책임을 전가한다고 『타임』은 덧붙였다.

울보족은 최근 어느 젊은 여성이 『뉴욕타임스』 논평 페이지op-ed에 기고한 글을 보면 실체를 잘 알 수 있다. 그녀는 "젊고 유능한 데다 전문 지식과 문학적인 소양까지 갖추었으며 착실하고 명석하고 미모도 떨어지지 않지만" 아직도 취직을 못 했다며 투덜댄다. 실은 일자리가 차고 넘친다는 사실은 알지만, 성에 차지 않는 직종(이를테면, 타자수 등)을 선택해야 한다는 현실이 너무 '어처구니가 없기' 때문에 실직한 친구와 그녀는 "수표가 부도나더라도 옥스퍼드 셔츠와 앤 테일러 정장은 포기하지 않았다"는 것이다. 그녀는 "성과에 대한 보상을 받고 이를 인정해주길 바랄 뿐"이라고 말을 이었다.

오지라퍼와 울보족은 목표를 성취하기 위해 서로 협력한다. 정부의 권력을 이용, 민생을 통제하려는 오지라퍼 관료주의자들은 규제 영역을 확대하고 세금의 추가 투입을 합리화하기 위해 또 다른 희생자 그룹을 찾는 한편, 울보족은 정부가 그들을 피해자로 지정해주는 것을 항상 반겼다.

'유리천장 캠페인'은 오지라퍼와 울보족이 어떻게 상부상조하는지 잘 보여준다. 울보족은 못해도 『포춘』이 선정한 500대 기업의 부사장 정도는 돼야 체면이 산다는 페미니스트들이고, 오지라퍼는 이들을 그 자리에 앉히기 위해 우대조치affirmative action를 이용하려는 지인들로, 현재 언론과 정부에 자리를 잡고 있다.

페미니스트들은 '인위적인 장벽'이 직장에서의 성공을 방해한다고 성토한다. 하지만 가장 큰 장벽은 인위적인 것이 아니라 여성이 스스로 선택한 결과다. 얀켈로비치 설문조사Yankelovich survey에 따르면, 여성 56퍼센트는 돈을 벌지 않아도 먹고 사는 데 지장이 없다면 굳이 직장은 다니지 않겠다고 한다. 여론이 전년에 비해 사뭇 달라졌다.

1990년대 여성은 대개 고속 출세가도가 아니라 '마미트랙the mommy track'을 꿈꾼다. 30~40대 여성의 출산과 재택근무의 붐이 한창인 이유가 여기에 있다. 대기업 상류층까지 오르려면 20~30년간 주당 60~80시간씩 근무하고 의욕도 출중해야 할 뿐 아니라, '직장에 뼈를 묻겠다'는 헌신이 필요하다. 하지만 여성 대다수는 이를 선택하지 않는다.

1992

페미니스트의 정체성 위기

페미니즘 운동은 1977년 11월 연방정부의 지원을 받은 '국제여성의해(이하 IWY)' 위원회 전국회의에서 규정되었다. 이때 영부인 3인—로잘린 카터와 베티 포드 및 레이디 버드 존슨—이 연단에 섰다. 여성해방운동의 선봉장도 모두 참석했다. 이를테면, 벨라 앱저그 의장을 비롯하여, 글로리아 스타이넘과 전미여성기구NOW 대표, 여성정치코커스 대표, 성평등헌법수정안(이하 ERA) 로비 단체인 ERA아메리카 ERAmerica 대표, 동성애 태스크포스 대표, 상하원 ERA 후원자 등이 동참했다. 의원들이 자주 착용하는 배지에는 "남자 없는 여자는 자전거 없는 물고기와 같다(A woman without a man is like a fish without a bicycle, 글로리아 스타이넘이 만든 글귀로, 여성은 남성 없이도 자신의 삶을 스스로 결정하고 행복을 찾을 수 있는 존재라는 점을 알리는 메시지—옮긴이)"라는 문구가 적혀있다.

연방기금 500만 달러를 집행할 수 있는 이번 회의에서는 25개의 행동지향결의안action-oriented resolutions이 통과되었다. 4대 '핫 버튼hot button' 이슈(『뉴스위크』 용어)는 ERA 비준과 정부의 지원을 받는 낙태, 남편·아내와 동등한 존엄성을 인정받는 레즈비언 권리, 보편적 연방 보육서비스(타임은 매년 250억 달러가 투입될 것으로 추산했다)였다.

전국 언론이 페미니스트의 사치스러운 행보에 쏟아부은 홍보는 역효과를 낳았다. 페미니스트를 눈으로 보고, 그들의 목소리를 자주 들으면 들을수록 대중의 호감도는 떨어졌기 때문이다. 페미니스트 집단은 IWY 이후에도 ERA 비준에 실패했다. 의회 표결 및 국민투표로 최소 25번이나 부쳐졌는데도 말이다.

페미니스트들은 1992년 힐러리 로댐 클린턴이 "의미있는 정치 politics of meaning"를 외칠 때 "여성의 해"라는 기치 아래 새로운 정체성을 찾으려 했다. 그러나 1994년 선거 당시, 양당의 페미니스트 후보들은 고전을 면치 못했다. 낙태합법화에 반대하는pro-life, 보수진영의 아리따운 공화당 여성들이 의회에 입성했다. 지난 20년 동안 가정 회복 운동이 꾸준히 부상하자 페미니즘은 극심한 정체성 위기를 겪었다. 페미니즘에는 행복한 롤모델이 없다. 이데올로기는 무미건조하고 이를 대변하는 '스피커'는 불만이 가득하다. 1990년, 『타임(가을 특집호)』은 「여성이 나아갈 길Women: The Road Ahead」에서 "페미니스트라는 꼬리표는 경멸과 경각심을 불러일으키고, 글로리아 스타이넘의 이름은 욕으로 쓰인다"고 밝혔다.

　1990년대 신문에는 「집으로 간 슈퍼우먼Superwoman goes home」이라든가, 「워킹맘, 가정과 가족 위해 사표 쓴다Working mothers jilt their jobs for home and family」, 「직장 아닌 결혼 택한 여성들Young women trade jobs for marriage」, 「외벌이 가정이 뜬다Return of the sole breadwinner as fastest-growing family unit」 등의 헤드라인이 봇물을 이루었다. 현재 미취학 아동 3분의 1이 오지·해리엇 가정(Ozzie-and-Harriet family, 1950년대 미국의 대표적인 가족 모델 중 하나로 TV에서 방영된 동명 드라마에서 비롯된 말—옮긴이)에 살고 있다.

　1989년, 『하버드 경영리뷰Harvard Management Review』에서 펠리스 슈워츠Felice Schwartz가 제시한 '마미트랙(mommy track, 주부의 역할과 일을 동시에 고려한 일종의 유연 근무제—옮긴이)' 개념은 페미니스트의 비난거리가 되었지만, 이제는 현명한 여성이 선택하는, 부끄럽지 않은 경력이 되었다. 로버트 하프 에이전시The Robert Half employment agency에 따르면, 전문직 여성의 82퍼센트는 근무 시간이 유연하고, 승진 속도가 더딘 직장을 선호한다고 한다. 또한, 재직 중인 엄마는 52퍼센트인 반면, 취업을 희망하는 엄마는 13퍼센트에 그쳤다.

인구통계학자들은 이 같은 변화의 원인을 두고, 낮은 주택대출 금리와 소득세 증가, 부업 유지비(차량, 의상, 식비 등), 어린이집의 유행병 및 가족끼리의 소통 기회 등을 꼽는다.

인간의 본성도 원인일 수 있다. 예컨대, 1970년대 어리석은 페미니즘에 사로잡힌 불행한 여성을 제외하면 대다수는 가정과 남편, 가족 및 자녀에게서 해방되기를 원치 않는다.

『프로비던스저널Providence Journal』은 세 페이지에 걸쳐 「퇴색해가는 어떤 운동The Fading of a Movement」을 공개했다. 이 글은 로드아일랜드 페미니스트들의 합의문을 인용, "여성도, 운동도 많지 않다"고 역설한다. 나이가 지긋한 페미니스트들은 젊은 커리어 우먼이 "페미니스트"를 못마땅해 한다는 사실에 불만을 토로했다. 이른바 "페미니스트"는 고집불통에, 입씨름을 좋아하는 데다 화도 잘 내고 유머감각도 없다는 인상을 주기 때문에 이를 거부하겠다는 이야기다. 젊은이들의 주장은 이렇다. "너무 오래 기다려 가임기를 놓쳤고, 피임약을 너무 오래 복용해 아기를 가질 수 없게 되었으니 이게 다 선배들 책임이다. 애당초 다 가질 수 있다고 했지만 이제야 그럴 수 없다는 걸 깨달았으니 말이다."

1970년대 초, 페미니스트들은 여성을 피해자로 규정, 남성에게 죄의식을 심으며 보복을 선동하는 식으로 운동을 개시했다. 그들은 서로 모여 남자가 자신을 모질게 대했다는 괴기담을 나누는 '의식

고취기법'을 통해 전열을 구축했다. 불만은 잡초와 같아서 물을 주면 잘 자라게 마련이다. 페미니스트가 키우면 사소한 불만도 큼세 원통한 불만으로 확대될 것이다.

그러나 사람을 항상 속일 수는 없으며, 미국인들은 이 과정에서 자신의 의식 수준을 높여왔다. 즉, 페미니즘 운동이 사회를 파괴하고, 자신의 기대에 어긋나는 점이 더러 있다는 사실을 깨달은 것이다. 『타임』과 CNN이 공동실시한 여론조사에 따르면, 여성의 64퍼센트는 자칭 '페미니스트'를 원치 않는다고 한다.

언론을 잘 살펴보면 페미니즘의 오류를 과감히 지적하는 뉘앙스도 읽을 수 있다. 이를테면, 『뉴요커』에 실린 만화에는 칵테일 파티에 참석한 젊은 아가씨가 남친에게 "이제는 나를 '걸girl'이라고 해도 괜찮다"며 수줍게 고백하는 장면이 나온다.

페미니스트가 정체성의 위기를 겪고는 있지만 그들이 조용히 사라지리라는 기대는 금물이다. 페미니스트 중 상당수가 세금의 지원을 받아 페미니스트 슬로건을 계속 홍보할 수 있는 지위를 차지하고 있기 때문이다. 그들은 정부와 언론 및 학계에서 높은 연봉을 받고 있으며 심지가 굳은 운동가 몇몇이 여기서 오만가지 '장난질mischief'을 칠 것이다.

1994

백악관 농장의 주인

빌 브래들리Bill Bradley 전 상원의원은 빌 클린턴에 대한 소견을 묻자 영어에서 가장 어울리는 단어를 선택했다. 클린턴의 행태*를 "구역질이 난다disgusting"고 꼬집은 것이다.

『스타보고서(The Starr report, 케네스 스타Kenneth W. Starr 특검이 빌 클린턴 대통령의 성추문 사건을 다룬 공식 보고서―옮긴이)』에 인용된 모니카 르윈스키의 발언―"한 번 쓰면 버려질 사람인데 이미 손을 댔으니 더는 쓸모가 없는 것 같다I feel disposable, used and insignificant"―을 보면 평소 클린턴이 여성을 어떻게 취급했는지 알 수 있다. 그는 여성 학대가 사회 문제인 척 연기하며 페미니즘 법과 정책을 추진하는 전형적인 남성의 탈을 쓰고 있지만, 실은 그렇지가 않다. 여성이 "열등하다second class"거나 종속적인 존재로 취급하는 것은 여성을 인격체가 아닌 물건으로 취급하는, 빌 클린턴 같은 인간이 저지르는 범죄다.

스타를 동경하며 클린턴을 스토킹했던, 야심찬 여성은 그가 자신을 "사람"으로 대해주길 간절히 바랐으나, 뜻대로 되진 않았다. 클린턴은 딕 모리스Dick Morris 고문을 비롯하여, 의원들과 국책사업을 논의하는 와중에도 르윈스키를 성노리개로 썼다. 그녀가 하찮은 존재였던 것이다. 따지고 보면, 수백 명과도 불륜을 저질렀다고 하니 르윈스키 역시 그들과 다를 바 없는 1회용이었을 뿐이다.

---

* **모니카 게이트**(혹은 지퍼 게이트)_인턴 직원으로 백악관에 입사한 모니카 르윈스키와 빌 클린턴 전 대통령의 부적절한 관계를 제3자가 폭로한 사건

클린턴이 베티 커리Betty Currie(당시 개인 비서)를 농락한 추태는 모멸 감마저 느끼게 했다. 백악관 농장의 주인행세를 한 클린턴은 베티 커리에게 성적 만남을 돕는 조력자 역할을 주문했다. 베티는 매춘부를 집무실로 안내하고 다음 약속까지 남은 시간을 보고하는가 하면, 돌발사태가 벌어지더라도 발각되지 않도록 손을 쓰기도 했다. 베티도 한 번 쓰고 버리는 하찮은 존재였던 것이다. 클린턴을 지지하겠답시고 징징거리는 푸념과는 달리, 모니카 게이트Monicagate는 '단순한 성관계'도 아니었거니와, 클린턴이 "사생활"이란 변명으로 대충 넘어갈 수도 없었다. 여느 직장 상사나 군대 상관이었다면 진작 해고되었음직한 직장 내 범죄였기 때문이다. 이는 세금으로 운영되는 직장에서, 세금으로 월급 받는 부하직원에게 저지른 범죄이자, 세금으로 월급 받는 비서가 방조하고, 세금으로 월급 받는 수석 비밀경호국이 밀회를 은폐하고, 세금으로 월급 받는 대변인이 떠밀려 언론과 대배심 앞에서 거짓 증언을 하고, 세금으로 월급 받는 변호사가 변론하는 가운데 벌어진 범행이었다.

클린턴은 어떤 여성도 동등한 인격체로 대하거나 존중하지 않았다. 그는 아내를 모욕했고, 연약한 여성(모니카 르윈스키, 폴라 존스, 캐슬린 윌리)을 성적 노리개로 삼았으며, 비서(베티 커리)를 도우미로 이용하는가 하면, 주변에 몇 안 되는 유력여성(매들린 올브라이트, 도나 샬랄라, 앤 루이스)을 전면에 내세워 거짓말을 유포하기도 했다.

물론 페미니스트의 신뢰가 추락하고, 그들이 민주당의 급진좌파 중 일부였다는 사실이 폭로되었다는 점은 모니카 게이트의 바람직한 결과였다. 이때 진보 진영을 비롯한 모든 언론이 그들의 위선과 '이중 잣대double standards'를 비웃었다. 여성의 인권을 지키겠다는 가식이 벗겨지자 인권은 언제든 팔 수 있는 저열한 집단으로 전락한 것이다. 그럼에도 페미니스트인 에리카 종Erica Jong은 9월 29일 CNBC에 출연, 페미니스트들이 클린턴을 포기하지 않는 이유를 이렇게 해명했다. 부분분만식낙태partial-birth abortion 금지에 거부권을 행사하고 페미니스트인 루스 베이더 긴즈버그를 연방대법관에 임명했기 때문이란다.

1998

힐러리 클린턴은 페미니스트의 영웅인가?

힐러리 로댐 클린턴이 페미니스트의 영웅인 까닭은 남편이 그들을 배신하지 않도록 손을 썼기 때문이다. 그러나 클린턴은 아내를 비롯한 모든 사람을 배신했다. 예컨대, 그가 의료보험개혁에 찬성할 때는 교조적 리버럴doctrinaire liberals을 배신했고 혼인보호법(the Defense of Marriage Act, 남녀의 혼인만 인정하는 법—옮긴이)에 서명할 때는 성소수 유권자를 배신했으며 범죄자의 권리를 제한, 시민권을 지지하는 유권자를 배신하는가 하면, 제 안위를 위해 거짓말을 시켜 각료까지 배신했지만 부분분만식낙태처럼 자신에게 득이 될 때는 페미니스트에 대항한 적은 없었다. 그는 '낙태 찬성 리트머스 시험지'를 써서 연방대법관을 지명하고, 골수 페미니스트로 행정부를 채웠다.

페미니스트가 힐러리에게 감사해야 할 이유는 여기서 끝이 아니다.

힐러리가 남긴 유명한 발언은 그녀가 페미니스트의 단짝이라는 점을 일깨워주기 위해 계산된 것이었다. 1992년 클린턴과 제니퍼 플라워스Jennifer Flowers의 관계를 '취재'한 CBS 「식스티 미니츠60 Minutes」와의 인터뷰에서 힐러리는 "태미 위넷(Tammy Wynette, 「스탠드 바이 유어 맨Stand by Your Man」을 부른 컨트리 가수—옮긴이)과는 달리, 클린턴의 편을 들어주는 소심한 여자가 아니다"라고 당당히 밝혔다. 그녀는 수백만의 컨트리 음악 애호가를 소외시키면서까지 페미니스트식 메시지를 전달했고, 이를 위해 오랫동안 고통받아온 아내의 역할을 연기하기도 했다.

우리가 모니카 주연의 막장 드라마를 어렵사리 '시청했던' 해에 힐러리는 줄곧 부인해온 캐릭터—클린턴의 편을 들어주는 소심한 여자—가 본인이었다는 점을 확실히 입증했다. 페미니스트다운 행동은 아니었지만 목적(클린턴의 대통령직을 유지)이 옳으면 비페미니스트적non-feminist 수단도 정당한 것이었다.

힐러리의 인격과 이데올로기는 1992년 선거 유세에서 "쿠키나 굽는다baking cookies"는 계산된 발언으로 더욱 분명해졌다. 그녀는 자신의 로펌과 남편의 주지사직 간의 이해충돌을 둘러싼 질문에 즉답을 피하며 "집에서 쿠키나 굽고 차나 마실 수도 있었겠죠"라고 대꾸했다. 이는 단순한 실언이 아니라 전업주부의 문화·경제적 지위를 깎아내리는 페미니스트식 세계관을 여실히 드러낸 대목이었다.

힐러리는 1974년 『하버드 교육리뷰Harvard Educational Review(4분기호)』에서 결혼에 대한 소견을 이렇게 밝혔다. "의존 관계에 있는 사람[이를테면, 아내]의 권리를 박탈하는 기본 근거는 각자가 자기관리에 대한 자격이 없거나 이를 행사할 능력이 없기 때문에 지위를 보호하기 위해서는 특별히 설계된 사회제도가 필요하다는 것이다. 이를 보여주는 과거·현재의 사례는 가족과 아울러, 혼인과 노예제 및 인디언 보호구역 등이 있다."

남편에 의존하는 아내는 2류 시민이요, 결혼을 하면 아내는 더러운 기저귀와 식기에 시달리는 하녀로 전락하므로 진정한 자아실현을 꿈꾸는 여성이라면 바깥 직장에 취직해야 한다는, 1970년대 페미니즘 이데올로기는 구시대적 발상이다.

힐러리 클린턴은 교육을 받지 못해 그저 쿠키나 구워야 하는 엄마보다는, '마을village'이 아이를 기르고 통제해야 한다는 견해를 밝혔을 때도 같은 사고방식을 드러냈다.

따라서 힐러리 여사는 페미니스트의 영웅은 맞지만 롤모델은 아니라고 본다. 사실, 그녀는—기분이 나쁘더라도 용서하시라—평범한 주부일 뿐이다. 단지 빌 클린턴과 결혼했다는 이유만으로 전국적인 셀럽이 되었으니, 결혼이라는 구태의연한 방식으로 돈도 벌고 소위 '경력'도 쌓은 셈이다. 이를테면, 엘리자베스 돌이나 웬디 그램, 진 커크패트릭, 케이 베일리 허친슨, 다이앤 파인스타인, 도나 샬랄라, 매들린 올브라이트 및 제럴딘 페라로처럼 자수성가한 이력은 없었다. 힐러리가 로즈 로펌에서 쌓은 경력과 수입은 아칸소 주지사로 재직하던 남편이 그녀의 사건을 담당하는 판사와 정부 관리를 임명했다는 정치적 사실에서 근간을 찾을 수 있다.

그녀는 페미니스트 커리어 우먼으로 보이기 위해 안간힘을 썼다.

1992년 대선 유세 때는 "공동 대통령직co-presidency"을 내걸었다. "남편을 찍으면 나도 덤으로 백악관에 간다는 일석이조의 특별한 기회"라고 홍보한 것이다.

이듬해 1월, 힐러리가 백악관에 입성하자 언론계에 포진한 페미니스트 집단은 그녀가 스스로 경력을 쌓고 남편보다 수입이 더 많은, '모던 와이프modern wife'의 모델이라는 점을 인정하라며 목소리를 높였다. 그녀는 영부인이 아니라, 자신의 정체성과 정책 결정 권한 및 백악관 참모라는 역할을 총동원하여 '대통령의 파트너'가 되리라는 점을 분명히 밝혔다. 힐러리가 바버라 부시 같은 구세대 영부인—이제는 무용지물이 된 듯하다—과 교대하는 경비병 같다는 세간의 평이 들려왔다.

힐러리는 1960년대 캠퍼스를 누비며 성년을 맞이했다. 1969년 웰즐리 칼리지Wellesley College에서는 졸업 연설 중 "우리의 인간성을 수용하고, 현실과 실체적·비실체적 현실authentic reality, inauthentic reality을 이야기"하기 위해 "좀더 신속하고immediate 열광할 수 있는ecstatic, 아울러 널리 확산된penetrating 삶"을 찾고 있다고 밝혔다.

1993년 4월 6일, 힐러리는 텍사스대학교에서 영부인 자격으로 연설할 때까지도 여전히 "현실을 수용하지" 못했다. 횡설수설하는 연설은 마치 남녀공학 기숙사에서 밤새 이어지는 잡담처럼 들렸다. 당시 그녀는 "의미가 위기에 처했다"고 역설했다. "정부 기관은 무엇을 뜻하며, 오늘날의 삶은 무엇을 의미하는가? … 금세에 인간이 된다는 것은 무엇을 뜻하는가?"라며 연신 의문을 제기한 것이다.

필자라면 "힐러리 여사님이 직접 답변해 보라"고 대꾸했을 것이다.

삶에 의미가 없다는 건 사회가 아니라 개인의 문제이며, 우리 중 대다수는 의미를 찾는 것이 어렵지가 않으니 힐러리 여사께서는 백악관에 들어갈 때 이미 의미를 찾았어야 했다. 텍사스대 연설에서 그녀는 "의미 있는 새로운 정치a new politics of meaning"를 요구했지만 실언이 아니었나 싶다. 그녀는 정치의 새로운 의미a new meaning of politics를 물으려 했을 것이다.

힐러리는 삶의 의미에 대한 이해 및 대처에 어려움을 겪었음에도, "20세기에 인간의 의미를 재정의하여 사회를 재구성해야 한다"고 믿던 1960년대 캠퍼스 급진파와, 1970년대 당시 브래지어를 불태우던 페미니스트들의 철없는 오만을 결코 벗어나지 못했다. 1993년 8,500억 달러 규모의 의료업계를 재설계해 이를 장악하려 했던 만용이 바로 여기서 비롯된 것이다. 그녀는 당시 프로젝트를 잘못 처리해 1994년 공화당 의회의 일등공신이 되었다.

힐러리는 의료 이슈를 장악한 후 전형적인 페미니스트식 처세를 보여주었다. 까다로운 질문을 꺼리는 중년 의원들에게서 극진한 예우와 존경을 받으며 영부인의 지위를 이용해 법을 어긴 것이다. 미국 내·외과의사협회the Association of American Physicians and Surgeons가 제기한 소장에 따르면, 그녀는 이해충돌이 입증될 만한 관계자의 신원을 은폐하기 위해 의료 태스크포스TF 및 실무 그룹을 비밀리에 운영하여 연방법을 고의로 위반한 것으로 나타났다. 대통령 뒤에 숨지 않았다면 웹스터 허벨Webster Hubbell 등과 함께 워싱턴을 떠났을 것이다.

모니카 르윈스키와의 스캔들이 터지자 힐러리는 피해자 코스프레를 비롯하여, 은폐를 주도하고 전선에 요원을 배치하는가 하면 '우파의 거대 음모론'이라는 프레임을 짜기도 했다. 페미니스트식 용어를 빌리자면, 그녀는 죄를 전가하는 피해자학victimology과 강력한 권력, 그리고 복수심에 불타는 욕망을 기묘하게 조합한 '마초 페미니스트macho feminist'가 된 것이다.

힐러리를 두고는 여태 이해할 수 없는 의문점이 하나 있다. "우파의 거대 음모"를 비난할 때 어째서 필자와 지인들이 1967년부터 패용해 온 것과 똑같은 독수리 핀을 달고 다녔을까?

2000

테러리즘, 페미니즘을 만나다

2001년 9월 11일, 세계무역센터를 겨냥한 테러 공격은 미국을 성 중립 혹은 중성 사회로 바꾸려는 페미니스트의 희망을 무참히 짓밟고 말았다. 의도치 않은 결과였다. 뉴욕 소방관들은 화염이 솟구치는 세계무역센터 계단을 과감히 뛰어올랐다. 사망한 소방관은 남성 343명에, 여성은 한 명도 없었다.

대혼란 속에서도 수천 명을 무사히 대피시킨 그들의 용기와 노하우를 증명하는 대목이다. 3,000명 미만의 직장인들은 대부분 폭발지점 위에 갇혀 있었기 때문에 어떤 상황에서도 대피는 불가능했을 것이다.

페미니스트들은 여성이 신체검사를 통과할 수 없는데도 소송을 통해 뉴욕 소방서의 성통합을 거듭 시도해왔다. 심지어는 판사를 설득하여 상체 근력은 소방 업무와 크게 관련이 없다는 판결을 이끌어 내기도 했다. 1991년, ABC에서 다큐멘터리 「남녀는 다르다Boys and Girls Are Different」를 방송할 때 진행자 존 스토셀John Stossel은 로스앤젤레스 소방서 공채에서 불합격한 여성의 영상을 공개했다. 카메라 인터뷰에 등장한 글로리아 스타이넘과 벨라 앱저그가 "여성도 소방관으로 채용돼야 한다"는 페미니스트식 구호를 외치는 모습은 지금 보면 좀 우스꽝스럽게 보일 것이다.

9·11 테러 사태는 강인한 남성이 발휘할 수 있는, 남자의 체력이 필요했다. 즉, 소방관의 업무는 소수자우대법이 적용되는 여성이 아니라, 진짜 남자가 해야 하는 역할이라는 것이다.

조지 W. 부시 대통령은 특수부대를 아프가니스탄의 험준하고 외딴 산악지대와 동굴로 파병해 테러리스트를 사살·생포했다. 탈레반과의 전투는 진짜 사나이가 감당해야 할 몫이다. 국내 언론이 미국 해병 대원들을 인터뷰할 때 혹자는 "여기보다 더 좋은 곳은 없다"고 말했다. 다행히 미국은 전사 문화the warrior culture가 30년간의 페미니스트식 환상을 극복해왔고, 일부 남성은 아직도 세상의 나쁜 놈들과 교전을 벌이며 죽일 기회를 즐길 만큼 마초다운 기백을 과시하고 있다.

텔레비전에서 전쟁 사진을 보면 우리는 「하이눈High Noon」에 출연한 게리 쿠퍼Gary Gooper 보안관이나, 평원을 달리는 존 웨인John Wayne을 떠올리기 십상이지만 현실은 그렇지가 않다. 페미니스트는 영화 「블랙 호크 다운Black Hawk Down」을 보고 소말리아에서 남성이 해낸 임무를 여성은 할 수 없었으리라는 사실을 반성해야 할 것이다.

페미니스트들은 수십 년에 걸쳐 육·해·공군 각 부처의 '진급 명부 career advancement'에서 여성을 배제하는 차별을 철폐하라고 요구했다. 백병전은 한물간 유물일 뿐, 이제 모든 전쟁은 방아쇠를 당기고 버튼을 누르면 그만이라는 것인데 도로가 없는 곳에서 지뢰와 울퉁불퉁한 자갈을 밟으며 전장을 누비는 장병들에게도 똑같이 말해보시라.

1980년대와 90년대에는 남자다운 남자가 될 권리에 대한 페미니스트의 공격이 점차 거세졌다. 예컨대, '신사gentleman'라든가 '남성적인masculine' 혹은 '남성답다manly' 등의 어구를 사전에서 삭제해야 한다는 주장은 단순한 의미 논쟁이 아니었다. 페미니스트들은 논쟁에 그치지 않고 진지하게 대응하고 있다.

그들은 남자다운 남자가 될 권리—이를테면, 여성을 구출하기 위해 화염에 휩싸인 건물에 뛰어들거나 오사마 빈라덴을 찾기 위해 아프가니스탄 동굴을 수색하는, 씩씩하고 굳센 기백으로 무장할 권리—를 공격했다. 페미니스트들은 군대를 위협하여, 성별과 관계없이 기회를 주는 시험을 마련하고 공로상보다는 '노력상'을 수여하며 장교 계급에서 여성이 '소수에 그치지 않도록underrepresented' 관리하는 훈련 체계를 장려했다. 여성에게 적용되는 이중잣대나 특혜에 대한 이의 제기가 금지된 것도 어처구니가 없지만, 이에 대해 거짓말을 부추긴 것은 정말 치욕적인 일이 아닐 수 없다.

페미니스트들은 정보와 법원을 이용해 남성다움의 성체인 버지니아 군사학교를 친여성기관으로 바꾸었다. 평등이라는 미명 하에 여성 입학 금지 정책을 폐지하고 여성을 수용하기 위해 훈련 강도를 약화시켰다. 학교는 매달 체력시험을 요구하지만 생도가 이를 꼭 통과해야 할 의무는 없다. 행여 '브라더 랫(Brother Rat, 버지니아 군사학교에서 생도들이 서로를 부르는 별칭—옮긴이)'이 임신했다는 사실이 밝혀지더라도 놀랄 이유는 없었다.

페미니스트는 남성다운 면모를 범죄로 몰기 위해 법원을 악용하기도 했다. 예컨대, 페미니스트 변호사들은 성차별의 법적 정의를 성희롱까지 확대하기 위해 판례법을 처음 도입했고 지금은 남성의 행위가 아니라 여성이 느끼는 감정을 근거로 성희롱을 고발하고 있다.

대학에서는 남자다울 권리를 놓고 페미니스트들의 공격이 한창이다. 페미니즘은 폴리티컬 코렉트니스(political correctness, 정치, 사회, 문화적 견해나 언어 등에서 소수 그룹을 차별하거나 모욕하지 않도록 하는 노력, 이를 맹신하는 사상을 'PC주의'라고 한다—옮긴이)의 주된 교리로, 여성 교수진은 언론 강령 speech codes을 예의주시하는 감시견이다. 여성학 강좌와 숱한 사회학 강의는 여대생에게는 페미니스트 이데올로기를 주입하고 남성에게는 집단·개인할 것 없이 죄책감을 심어주는 수단이다. '사상경찰(thought police, 전체주의 또는 권위주의 정권에서 사람들의 생각과 말을 통제·검열하는 가상의 집단 또는 기관을 일컫는다—옮긴이)'이 학문적 자유를 널리 장려해버린 탓에 페미니스트의 우매한 짓도 비난의 대상이 되어서는 안 되는 것이다.

페미니스트들은 교육차별금지법(Title IX, 1972년 제정된 법률로 교육기관 및 스포츠협회 등에서 성별에 따른 차별을 금지하는 법—옮긴이)을 여성에게 평등한 교육 기회를 보장하는 수단이 아니라 남성이 우월한 스포츠를 절단하는 마체테(machete, 길쭉한 칼—옮긴이)로 활용한다. 결국 1981~82학년도에 레슬링 대표팀을 지원한 대학은 428개였지만 98~99년에는 257개로 감소했고 같은 기간, 남자 체조 프로그램 수는 82개에서 26개로 크게 줄었다.

심지어 페미니스트는 남아가 될 권리에 반대하는 투쟁까지 벌이고 있다. 이를테면, 미국 초등학교에서 쉬는 시간이 급속히 사라지고 있으며, 얌전한 여아처럼 굴게 하려고 향정신성 약물로 '치료'를 받고 있다는 아이들도 놀라우리만치 많다. 게다가 관용을 모르는 백치들은 아이들 사이에서 유행하는 경찰·강도 게임에 빠졌다는 이유로 소년을 처벌하고 있다.

물론 대장부다운 남성성을 없애버린다면 타이태닉호Titanic에 승선한 그들처럼, 숙녀를 보호하고 지켜줄 신사도 아울러 사라지게 되는 것이다. 당시 생존자 중 1등석은 94퍼센트, 2등석은 81퍼센트가 여성이었다.

2001

꼭대기가 다 행복한 건 아니다

20세기 말에는 여성 임원들이 기업에서 정상에 올랐다. 예컨대, 휴렛팩커드의 CEO 칼튼 피오리나Carleton Fiorina는 "유리천장은 없다"고 주장하며 8,000만 달러 계약으로 이를 입증했다. 엑소더스 커뮤니케이션스Exodus Communications의 엘런 M. 핸콕Ellen M. Hancock을 비롯하여, 에이본 프로덕츠Avon Products의 안드레아 정Andrea Jung도 여성 CEO이다.

그러나 친페미니스트 언론은 여성이 아직도 불리하다고 입을 모은다. 2001년 6월 24일자 『뉴욕타임스』에서 기자는 4단 기사의 헤드라인에서 '그래서 기업인 남편은 다들 어디 계실까?So Where Are the Corporate Husbands?'라며 불만을 토로했다. 그가 장황한 기사를 쓰게 된 까닭은 "여성운동이 시작된 지 30년이 넘은 데다, 『포춘』이 기업인 아내(corporate wife, 남편이 직장 일에 집중할 수 있도록 가사를 전담하는 전업주부를 일컫는다—옮긴이)의 종말을 예언한 지 17년이 지난 지금까지도 국내 최고 기업의 CEO는 대부분 남성인 데다 전업주부를 둔 기혼 남성"이라는 현실 때문이었다.

『뉴욕타임스』는 이 페미니스트의 불만을 계속 이어가면서 "남성은 최고경영자 자리를 꿰차면 대부분 아내를 이용한다"고 보도했다. '이용한다make use of'에서 흘러나오는 페미니스트의 가시 돋친 어조에 주목하라. 기사는 "반면 여성은 기업을 운영하더라도 '아내가 전담하는 일wife chores' 중 상당수를 직접 하고 나머지 업무는 처리하지 못해 승진에 누가 될 수도 있다"고 덧붙였다. 그러나 기업인 남편은 눈에 띄더라도 "기업인 아내만큼 성실히 해내진 못한다"는 것이다.

혁명을 일으킨 페미니스트들은 여성을 사다리 꼭대기로 끌어 올릴뿐 아니라, 사다리 자체를 다시 설계('기업인 아내의 종말'을 초래하는)할 계획도 세웠다. 물론 현실의 벽에 부딪혀 사라진 환상에 불과했지만 말이다. 설상가상으로, 인구조사국은 2000년에 1세 미만의 영아를 둔 여성의 노동력 비율이 59퍼센트에서 55퍼센트로 감소했다고 발표했다.

1970년대 여성해방운동이 언론에 등장했을 때 그들이 민중을 향해 외친 메시지는 노동시장에서 성차별을 철폐하라는 요구였다. 그러나 동일노동에 대한 동일임금은 페미니즘 운동이 진행되기 몇 년 전인 1963년에 이미 법으로 제정되었다. 1977년 루스 베이더 긴즈버그는 노동시장에서 여성을 차별한다는 연방법을 분석한 보고서—『미법전에 나타난 성편견Sex Bias in the U.S. Code』—에서 이에 해당하는 법을 단 한 건도 인용하지 못했다.

동일노동·동일임금에 대한 불만은 페미니스트의 진짜 목표를 감추는 허울에 불과했다. 그들은 빅브라더 정부에 달려가 소수자우대 조치라는 역차별과, 페미니스트 주도형 '비교가치comparable worth' 위원회의 임금 통제도 모자라, '유리천장' 탓에 진출할 수 없다는 고임금 직종에 페미니스트를 낙하산으로 꽂아 넣으려 했다.

페미니스트들은 1970년대와 80년대 내내 '페미니스트가 아닌 여성'이 될 권리를 두고 사악한 공격을 퍼부었다. 징집이나 전투에서 면제될 권리나, 아내가 남편의 도움을 받을 권리는 페미니스트의 권리 목록에 포함되지 않았다.

그들은 전업주부라면 으레 사회적인 멸시와 경제적인 불이익을 당하는 대상이 되도록 헐뜯고, 기존의 법적 보호망을 제거함으로써 전업주부의 역할을 없애기 위해 안간힘을 썼다. 이때 언론의 페미니스트 동업자들은 전통적인 혼인 문화를 끊임없이 공격하며 오지·해리엇 라이프스타일은 가고 연쇄 결혼의 시대가 도래했다고 선전했다.

페미니스트의 목표는 사회를 완전히 재구성하고 태도와 행동을 바꾸는가 하면, 성역할을 폐지하고 남녀관계를 재편하는 것이다. 하지만 대형 언론Big Media이 적극적으로 지원한들 인간의 본성을 바꾸는 것은 여전히 능력 밖의 목표일 것이다.

2001

2부 미디어, 트렌드의
거울인가, 선구자인가?

이야기를 더 나누다가는 뇌가 감염되겠소이다

— 『코리올라누스』 중에서 —

「크레이머 대 크레이머」

「크레이머 대 크레이머Kramer v. Kramer」는 페미니즘이 어떻게 부부 관계를 파괴하고, 자녀를 포함한 주변 사람을 '루저'로 전락시키는지 잘 보여주는 영화다. 줄거리가 매우 음울하고 딱히 귀감을 주지도 않는데 그럼에도 흥행에 성공한 까닭은 작품이 요즘 사회의 가장 민감한 곳을 건드렸기 때문일 것이다.

크레이머 내외의 부부생활에 일반적인 가정 문제는 없었다. 이를테면, 바람을 피운다거나, 술고래가 된다거나, 가정경제가 어렵다거나, 혹은 물리적인 학대를 가한 적도 없었다. 바로 페미니즘이 유일한 문제였다. 크레이머 부인은 자신이 '온전한 사람'이 아니라 '그저only' 아내이자 엄마일 뿐이라는 비관론에 사로잡히기 시작했다. 자존감을 상실한 것이다. 급기야 자신의 정체성을 찾겠다며 남편과 아이를 버리기로 결심한 그녀는 결국 남편과 아이를 떠나고 만다.

결혼생활에서 해방되어 남편보다 연봉이 높은 직장에 취직한 후, 그녀는 다시 아이가 보고 싶어졌다. 이때 그녀는 으레 엄마에게 손을 들어주는 법원의 편견을 무기로 삼았다. 중년 판사는 그녀가 결혼을 포기한 당사자임에도 아이의 양육권을 인정했다. 영화를 본 관객이 판사라면 남편이 승소했을 것이다.

영화는 크레이머 내외의 불행한 모습으로 막을 내린다. 무엇보다도, 부모를 사랑하지만 엄마와 살게 된 아이는 가장 비참한 1인이 되고 말았다. 부부생활은 파탄이 났고, 그 원인은 페미니즘이 만들어낸 심리적 문제뿐이었다.

「크레이머 대 크레이머」는 교훈을 주는 영화다. 페미니즘이 가정을 반대하고 이혼의 원흉이라는 것을 보여준다. 영화는 여성해방운동의 진정한 피해자가 아이라는 사실도 입증했다. 여성해방운동이라면 벨라 앱저그만 떠올리는데 메릴 스트립(「크레이머 대 크레이머」에서 주연을 맡았다―옮긴이) 같은 사람도 더러 있다.

1982

아기와 남편이 감당할 수 있을까?

NBC 뉴스에서 기획한 '여성·직장·아기Women, Work and Babies'라는 부제를 단 「화이트 페이퍼(white paper, 백서)」 프로그램은 토론 주제로 중요한 이슈를 제시했다. 당시 미국에서 쌍둥이를 키우고 있는 취업 여성 중 유명세를 탄 제인 폴리Jane Pauley가 정규직 엄마들을 "미국이 감당할 수 있을까?"라며 의문을 제기한 것이다.

이 프로그램은 홀로 자녀를 부양하는 편부모 가정을 조명한 것이 아니라, 아내가 ① 자아실현을 위해 전문직을 바라거나 ② (휴가 등에 쓰려고) 여윳돈을 벌고 싶거나, ③ 집에서 아이를 보지 않고 다른 곳으로 떠나고 싶다는 맞벌이 부부를 다루었다.

유능한 변호사라면 질문을 잘 구성해야 판사나 배심원에게서 원하는 평(判)결을 유도해 낼 수 있다는 사실을 잘 알 것이다. 여기서 문제는 "미국이 감당할 수 있을까?"가 아니라 "아기가 감당할 수 있을까?"나, "남편이 감당할 수 있을까?"이다.

NBC는 페미니스트의 관점에서 문제를 제기하고 예상대로 리버럴 liberals 관점에서 해결책을 제시했다. 프로그램을 검토한 『뉴욕타임스』는 「화이트 페이퍼」의 이념적 편향성을 두고 "공짜 점심을 위한 탄원a plea for free lunch"이라고 표현했다. 이 메시지는 '사회'가 세금을 투입해 어린이집을 늘리고, 고용주가 재정을 지원하여 엄마를 위한 일자리와 특혜를 제공해야 한다는 것이었다. 『뉴욕타임스』는 그것이 아이의 '문제'를 '해결'하는 방법이며 '맞벌이 부부의 성공과 시장에서의 자아실현을 성취할 수 있는' 길이라고 결론지었다.

솔직히 따져보자. 사회나 정부, 혹은 기업이 육아에 드는 직·간접적인 비용을 부담하자는 계획은 납세자와 국민에게 실비를 떠넘기자는 뜻으로, 결국에는 독신을 비롯하여 이미 가정을 이룬 부부와 소득이 낮은 외벌이 부부가 이를 부담하게 될 것이다. 이보다 더 부당한 해법이 있을까?

엄마가 아닌 사람에게 아기를 맡기려면 큰돈이 들게 마련이다. 대다수 어린이집 직원에게 지급되는 최저 임금이나, 열악한 시설 및 관리·감독을 감안하더라도 마찬가지일 것이다.

비용은 어른이 부담하면 되는 문제지만, 아기 입장에서는 어린이집 유행병이 더 심각하다. 독감을 비롯한 전염성 질병이 여러 자녀를 둔 가정에 전파되는 걸 본 사람이라면 기저귀를 찬 아이가 모두 시름시름 앓으며 엄마를 찾아 비명을 지르는 걸 생각만 해도 몸서리를 칠 것이다. NBC 프로그램은 어린이집에 다니는 아기가 집에서 키우는 아이보다 독감에 걸릴 확률이 12배나 높다는 사실을 인정했다.

아기의 관점에서 또 다른 문제는 인력이 계속 바뀐다는 것이다. 아기들은 높은 이직률로 자주 바뀌는 어린이집 교사에 잘 적응하지 못한다.

엄마가 아닌 사람이 아기를 돌보는 시설에서는 아기가 가장 큰 피해를 보는 것이 사실이지만, NBC 프로그램을 보면 남편도 피해를 본다는 것이 분명해진다. 여성이 육아와 직장 일을 병행하면 남편은 우선순위에서 3위로 밀려난다. 아내는 대개 여유가 없지만, 설령 있더라도 일에 치여 아무것도 할 수 없기 때문에 비참한 3위인 것이다.

최근 몇 달 동안 신문 '라이프스타일' 지면에는 20~30대 남성이 결혼을 거부하거나 기피한다는 기사가 더러 실렸다. 의외라고 생각하는가? 사랑하는 여인의 마음속에서 (첫째도 아니고) 3위를 차지할 터인데 군이 경제적·감정적 위험을 무릅쓰며까지 반지를 사고 주택을 담보로 대출을 받겠는가?

남편도 50대 50으로 육아에 동참한다는 평등주의 부부생활은 제인 폴리가 씁쓸히 토로했듯이 현실과는 동떨어진 이야기다. NBC 프로그램은 페미니스트들이 주장하는 바와는 달리, 육아를 분담하는 남편은 13퍼센트에 불과하다고 밝혔다.

제인 폴리는 어린 아기를 둔 직장인 엄마는 "예외가 아니라 보편적인 법rule"이라고 역설하며 전통적인 엄마는 "사양길에 접어든 것 같다"고 예측했다. 이는 자신의 라이프스타일을 정당화하기 위한, 이기적인 비하 발언이었다. 사실, 1,400만 명의 엄마는 가정에서 아기를 24시간 돌보기로 한 까닭에, 자녀를 둔 가정에 부과되는 불공평한 소득세 부담에 시달리고 있다.

1985

매디슨 애비뉴와 모성

수십만 달러를 들여 30초~60초짜리 황금시간대 광고를 제작해야 하는 대행사가 안타깝다. 그들은 자신도 이해하지 못하는 시장에서 거부할 수 없는 광고를 기획해야 하는 과제를 안고 있다. 여성은 대부분 소비재를 구매하므로 광고가 여성의 관심을 끌어야 한다. 하지만 어떻게 해야 고객으로 유치하고 싶은 여성을 일부라도 소외시키지 않고 여성을 주인공으로 부각시키는 광고를 제작할 수 있을까?

고소득 광고인들은 1984년 월터 먼데일Walter Mondale이 제럴딘 페라로를 러닝메이트로 선택할 당시에는 몰랐던 사실을 눈치채고 있다. 즉, 여성은 어필할 수 있는 동일한 태도(영리적으로나 정치적으로)를 보이는, 획일적인 그룹이 아니라는 것이다.

페미니즘 운동은 깨끗한 집안과 일품요리와 가사에 어머니가 자부심을 느끼는 광고를 지난 10년간 연신 비판해왔다. 페미니스트의 관점에서 볼 때, 여성은 '가사가 만족스러운 직업'이라는 고정관념에서 해방되어야 하기 때문이다. 그러나 마케팅 연구에 따르면, '맘들mothers'은 황금시간대 시청자의 60퍼센트를 차지하며 동종 광고비의 75퍼센트가 공략하는 대상이라고 한다. 낮 시간대 방송은 비율이 훨씬 더 높다.

1978년에 방송된 엔졸리Enjoli 향수 광고를 보면 자녀를 둔 여성이 남편에게 말하는 대목이 나온다. "베이컨을 사다 프라이팬에 볶아줄게요. 당신이 남자라는 건 절대로, 절대로, 절대로 잊지 않을 거예요." 그러다 1984년에는 태도가 달라졌다. "베이컨을 사다 프라이팬에 볶아줄 수는 있지만 가끔은 당신이 도와줘야 해요"라며 말을 바꾼 것이다.

『월스트리트저널』은 이 같은 변화를 "매디슨 애비뉴(Madison Avenue, 광고업체가 모여있는 뉴욕 맨하탄 거리로, 뉴욕의 광고업계를 상징하는 지역—옮긴이)가 모성을 따라잡으려는 노력(광고업계가 모성에 대한 사회적 요구와 변화에 뒤처지지 않기 위해 노력한다는 뜻—옮긴이)"이라고 풀이했다. 그렇다면 엔졸리는 향수를 파는 회사일까, 아니면 변화하는 라이프스타일과 여성해방운동을 설득하는 기업일까? 여성의 입에서 무슨 말이 나오든, 베이컨 냄새가 향수의 섬세한 향기를 뭉개버릴 것이 분명해 보인다.

어떤 광고주는 아빠를 길들여 페미니스트의 요구에 굴복했다. 이제 아빠는 앤트 제미마Aunt Jemima 와플을 굽고, 존슨앤존슨 베이비 파우더로 기저귀를 갈고, 슈퍼마켓에서 크래프트 치즈를 사러 간다. 인생이 원래 이런 모습일까? 아방가르드(avant garde, 진보적인 예술·문화 운동을 일컫는다—옮긴이)가 원하는 모습은 아닐까? 앞선 광고는 경력을 지향하는 젊은 여성들에게 그릇된 희망을 심어줄 수 있다.

다수의 광고 대행사는 검열 과정에서 어머니를 걸러내 서로 충돌하는 사회적 트렌드에 대처하고 있다. 최근 250개의 텔레비전 광고를 조사해보니, 자녀를 둔 여성이 등장하는 광고는 고작 9개에 그쳤다. 대다수는 여성을 아주 빼고 남성이나 제품만 등장했다.

최근에는 취업 여성을 등장시켜 제품을 홍보하는 광고가 크게 증가하고 있다. 예컨대, 유나이티드 에어라인스United Airlines는 한 엄마가 출장 중 서류가방에서 가족사진을 보는 장면을 연출했고, 푸르 아키슈(Pour-a-Quiche, 프랑스 요리인 키슈를 가정에서 쉽게 만들 수 있는 제품으로 1970년대 후반과 80년대 초반에 인기를 끌었다—옮긴이)는 직장에서 퇴근한 부부가 함께 승용차를 타고 귀가하는 모습을 보여주었다.

통계에 따르면, 여성의 53퍼센트는 집 밖에서 일하고 47퍼센트는 그렇지 않은 것으로 나타났다. 제품을 판매하고 싶은 기업이라면 광고가 최신 트렌드를 의식하여 시장의 절반에 가까운 소비자의 공감을 저버릴 수는 없을 것이다.

황금시간대 방송이라는 가상 세계는 광고와는 달리, 전통적인 가족을 포기하고 엄마가 거의 등장하지 않는 세상에 뛰어든 것처럼 보인다. 이를테면, 준 클리버June Cleaver와 해리엇 넬슨Harriet Nelson, 루시 리카도Lucy Ricardo를 비롯한 전업주부들은 사라졌다. 그들은 독신 여성과 이혼 여성, 집을 공유하는 여성, 실직한 남편을 둔 여형사로 교체되고 말았다. 자녀를 둔 여성이 전혀 없는 건 아니지만 대개는 사별했거나 이혼했거나, 혹은 미혼이거나 자녀가 극의 주변 인물인 경우가 허다하다.

그러나 현실 세계의 흐름은 페미니즘을 등진 채 모성 쪽으로 가고 있다. 모든 여성에게 아기가 필요한 것은 아니지만 아기에게는 늘 엄마가 필요하다.

1985

더러운 일을 대신 한다는 것

월 로저스Will Rogers의 유머가 윗세대의 배꼽을 움켜쥐게 했듯이, 아트 부크월드Art Buchwald 또한 특유의 유머감각으로 작금의 문화·정치 트렌드를 풍자하는 사회평론가로 자리를 잡았다. 그가 쓴 칼럼—「해방과 자수성가한 여성Liberation and the Self-Maid Woman」—은 사형제도를 다룬 평론과 마찬가지로 유머 이면에 감춰진 진실을 이야기했다.

부크월드는 '해방되었다는liberated' 변호사 라일라Lila와 이야기를 나누면서 "해방된 여성 뒤에는 그녀 대신 더러운 일을 해야 하는 여인도 있다"는 일침으로 끝을 맺었다. (소송에서 상대를 속이고 기만하고 꾀를 부려 승소하는 것보다 아이를 돌보고 식사를 준비하는 것이 더 '더러운 일'이라는, 부크월드의 편견은 논외로 하련다)

그는 라일라의 아이를 돌보고, 식사를 준비하고, 청소하고, 라일라 남편의 셔츠를 수선하는 라틴계 가사도우미 '후애니타Juanita'가 없었다면 로펌(워싱턴 소재)에서 쌓은 라일라의 경력이 불가능했으리라는 사실에 충격을 받았다. 후애니타의 임금은 라일라 월급의 절반이지만 이직률이 높아 거의 8개월마다 새로운 '후애니타'를 찾아야 했다.

대화에서 받쳐주는 역할straight man을 한 부크월드가 가사를 분담하는 남편을 다룬 잡지 기사에 대해 묻자, 라일라는 "그런 남편은 잡지에나 존재한다"고 일축한다. 즉, 남편은 아내가 가사와 육아를 전담할 때만 아내의 해방을 바란다는 것이다.

부크월드는 자신만의 독특한 스타일로 대화를 풍자하지만, 한편으로는 그가 라일라의 딜레마에 공감하고 있다는 점을 미루어 짐작할 수 있다. 그는 라일라가 가정과 직장이라는 두 세계에서 성공을 구가한, 해방여성의 모범 사례라고 생각했다. 하지만 후애니타가 걸레질을 하지 않았다면 라일라는 해방되지 못했으리라는 사실에 충격을 받은 것이다. 그는 "여성이 자유를 찾으려면 대신 일할 노예를 찾아야겠군요"라며 너스레를 떨었다.

여성의 역할이라는 주제에 어마어마한 잉크를 쏟아부은 지난 10년간, 이 민감한 주제의 휘장을 걷어내는 데는 한 희극인의 공이 컸다. 평등한 고용기회는 1963년 이후부터 법제화되어 더는 논란의 여지가 없다. 그러나 고용과 임금 및 승진 측면에서 여성이 절대적으로 평등한 기회를 보장받는 사회를 건설하더라도—젊은 여성이 사업이나 전문직에 몰두하고, 경쟁상대인 남성만큼 초과 근무 시간을 채우며 평생을 노력한다 해도—일반 여성은 남성만큼 업계나 재력에서 성공을 거두진 못할 것이다.

남성은 경쟁상대인 여성에게는 없는 큰 자산—'집사람wife'—이 있기 때문이다. 우리가 익히 아는 세상에서 여성의 아내가 되고 싶어 하는 사람은 그리 많지가 않다. 아내는 출세가도를 달려야 하는 남성에게 엄청난 자산이다. 아내는 자녀를 기르고 가정을 지키며, 정서적으로 안정적인 가정 분위기를 조성하는가 하면, 무엇보다도, 남편이 열심히 일해 성공할 수 있도록 의욕을 북돋워 준다.

미모가 출중한 어느 해방여성은 최근 이혼한 심경을 밝히며 이 문제를 솔직히 털어놓았다. "어느 쪽도 아내가 되고 싶지 않아서" 갈라섰다고 시인한 것이다.

부크월드와 라일라가 알게 된 것은 골수 페미니스트도 한동안은 알고 있던 진실이다. 때문에 그들은 아내와 엄마의 경제적 권리를 박탈하기 위해 안간힘을 쓰고 있다. 이를테면, 페미니스트의 입법 계획에는 사회보장제도에서 아내의 혜택을 없애고, 남편에게 경제적 지원을 받을 권리를 명시한 모든 주 법을 폐지하는 등의 '안티와이프anti-wife'안이 들어있다는 것이다.

　아내의 권리를 박탈한들, 싱글인 취업 여성의 주머니에 들어가는 돈은 단 한 푼도 없다. 안티와이프 계획의 이면에는 라일라 같은 커리어 우먼의 분노가 서려 있다. 비즈니스 세계에서 경쟁상대인 남성은 아내를 둔 이점을 누리지만, 자신의 자녀는 임시로 고용된 '후애니타'가 돌보고 있으니 말이다.

　자아실현을 추구하는 '자아세대(Me generation, 1960년대 후반부터 1970년대까지의 세대, '나 자신'의 이익과 만족을 추구하는 것이 중요하다는 신념을 가지고 있으며 개인주의와 리버럴 및 성해방운동이 특징이다―옮긴이)'는 성역할을 둘러싼 고정관념은 불공평하며, 이를 폐지하기 위해서는 정부의 막강한 권력이 투입되어야 한다고 주장할 것이다. 그러나 엄마가 가정에서 육아를 감당하는 것이 사회적인 선이라고 믿는 사람들은 대대손손 내려온 아내의 권리를 박탈하려는 짓을 더는 묵과하지 않을 것이다.

1986

자유로운 성관계는 누가 원조일까?

대도시 신문의 '라이프스타일' 혹은 '여성'면은 15년 전에 비해 크게 달라졌다. 웨딩드레스를 입은 신부와, 결혼식에서 함께 살기로 맹세한 젊은 남녀의 약혼 사진이 두 페이지를 가득 채우던 시대는 이미 지났다. 이제 신부는 뒷면의 조그마한 사진으로 밀려났고, 익숙한 사진과 헤드라인은 완곡하게는 "또 다른 라이프스타일alternative lifestyles"을 누리는 사람들에게 자리를 내주었다. 독자는 아기는 키우되 아이 아빠는 두지 않겠다는 여성이나 레즈비언 엄마를 취재한 특집기사를 꾸준히 접할 수 있게 되었다.

색다른 특집의 대표적인 사례는 린다 르클레어Linda LeClair와 피터 베어Peter Behr에 얽힌 라이프스타일 기사였다. 1960년대 후반, 베트남전에 반대하는 두 대학생은 뉴모럴(New Morality, 전통적인 도덕 가치 대신 개인주의적인 도덕관을 선호하는 1960년대 후반~1970년대 초에 일어난 문화—옮긴이)의 기준을 제시하는 인물로 역사에 기록될만했다.

아니, 린다는 샐리 라이드 박사(Dr. Sally Ride, 미국 최초의 여성 우주 비행사. 로스앤젤레스 출신으로 스와스모어 칼리지에서 스탠퍼드대학교로 편입하여 물리학 학사에서 박사학위까지 취득했다—옮긴이)와는 달리, 개인의 성취를 바탕으로 사회에 보탬이 되는 일을 하지 않았다. 그런 데다 고위 공직에 선출되거나 임명된 적도 없으며, 사업이나 전문직에서 성공을 구가하거나 자원봉사로 두각을 나타낸 적도 없다. 1968년 바너드대 2학년 때, 남친과 동거하면서 대학 캠퍼스에서 처음으로 부도덕한 짓을 과시한 것이 전부였다.

때문에 이를 취재한 여성은 린다를 여성들에게 신세계를 열어준

민중의 영웅으로 여기는 것 같다. "린다는 진정한 해방을 실현했다 She really liberated things"는 이야기인데, 이 같은 제목의 기사는 캠퍼스에서 남녀공학 기숙사를 도입한 그녀의 공로를 인정한다.

그러나 기사 말미에 나오는 몇 가지 사실로 린다는 롤모델이라는 명성에 흠집이 생기고 말았다. 둘은 동거 사실이 알려진 직후 헤어졌다. 린다는 대학을 중퇴하고 15년이 지난 지금도 학위를 취득하기 위해 공부와 일을 병행하는 미혼 워킹맘이 되었고, 피터는 캐나다에서 마사지 테라피 클리닉을 운영하고 있다. 그는 동종업계 컨벤션에서 만난 여성과 결혼했다.

『TV 가이드』에는 드라마에서 자신의 역할을 솔직히 털어놓은 말로 토머스Marlo Thomas의 기사가 실렸다. 15년 전 자신이 연기한 여성은 남친과 잠을 잔 적이 없다며 대본도 이를 분명히 짚었다고 지적했다. 키스할 때도 침실에 있었던 적은 전혀 없었으며, 이때 남친은 항상 문가에 있다가 밖으로 나가곤 했다는 것이다.

그러나 1980년대 중반 촬영을 시작한 드라마에서는 남친은 아닌 '애인'을 둔 여성 역할을 맡았다고 한다. 말로 토머스는 이제 여주인공의 불륜이 어색하지 않다며, 이는 여성이 "성장"했다는 방증이라고 덧붙였다. 그녀가 보기에 불륜은 곧 해방이며, 텔레비전 방송이 여성의 발전을 반영하고 있다는 것이다.

왜 그렇게 많은 미디어가 '성해방'이 '여성해방'의 일환이라는 메시지를 끊임없이 설득하는 걸까? 성혁명으로 여성들은 난잡한 플레이보이식 라이프스타일을 수용하면서 위험을 대부분 감수해야 했다.

미디어는 대부분 낙태를 여성의 권리라고 말한다. 성행위는 두 사람이 벌이지만 '실수mistake'에 대한 위험, 이를테면 몸이 망가지는 위험과 아울러, 아기를 살해하는 정서적인 트라우마까지 감내해야 하는 쪽은 여성이다. 여성은 착취를 당한다는 괴로움만 남게 될 것이다. 피임약도 대개는 여성해방의 또 다른 표상으로 선전하지만 재차 밝혀두건대, 걱정과 불안, 부작용에 따른 신체상의 위험은 여성이 감당해야 한다.

질병은 어떤가? 여성이 더 많은 진통을 겪는다. 문란한 성생활은 자궁경부암에 걸릴 확률이 높아진다. 난치성 헤르페스(포진)에 따른 궤양은 통증도 심하고 지속기간도 꽤 길다. 또한 성병은 나중에 태어날 아기에게도 피해를 줄 것이다.

지난 15년 동안 '여성해방'의 일환으로 이혼제도가 간소화되었다. 이제는 배우자의 과실을 입증하지 않아도 얼마든 이혼이 가능해졌다. 결국 여성들은 경제적 파탄을 겪었고 이혼은 여성의 빈곤을 초래하는 주된 원인이 되었다. 이혼 후 전남편은 생활수준이 높아져 젊은 아내를 만날 수 있지만 전처는 생활수준이 급격히 떨어져 젊은 남편과 인연을 맺을 가능성은 매우 희박하다.

성해방은 남성이 난잡한 라이프스타일을 즐기기 위해 여성의 리스크를 유도하는 눈속임에 불과하다. 성해방은 여성의 돈과 몸과 마음을 요구한다. 베트 미들러Bette Midler의 말마따나, "자유로운 성관계는 누가 원조일까요? 남성일 겁니다. 여성이 모든 부담을 감당해야 하니까요."

1986

법적 강간과 데이트 강간

　법적 강간이란 법적으로 성적 행위가 가능한 최소 연령(10세에서 18세까지 주마다 다름) 미만의 미성년 소녀와 성관계를 한 남성의 범죄를 일컫는다. 이때 아이가 성관계에 동의했는지는 관계가 없다는 가정에 근거를 둔다. 성경험이 많은 남성이 동의를 유도해 성을 착취할 수 있기 때문이다—남성은 나이도 많고 권위 있는 인물일 공산이 크다.

　1981년 미연방대법원은 강간죄가 성차별이라는 주장에 대해 성범죄 처벌법은 합헌이라는 판결을 내렸다. 대법원은 아내가 아닌 18세 미만 소녀와의 성관계를 중죄로 규정한 캘리포니아 법에 손을 들어준 것이다. 페미니스트들은 이를 가리켜 "시대에 뒤떨어진outmoded" 고정관념에 의거한 성차별법을 두둔하는 것이라며 비판을 쏟아냈다.

　페미니스트 집단은 두 가지 이유로 법적 강간죄에 대한 법을 없애려고 노력해왔다. 첫째는 남성만 강간죄로 기소되고 여성만 피해자가 될 수 있다는 점에서 성중립적인 법체계를 구축하겠다는 목표에 걸림돌이 되기 때문이고, 둘째는 1977년 미국민권위원회the U.S. Comission on Civil Rights가 펴낸 『미국 법전에 나타난 성편견』에서 루스 베이더 긴즈버그의 말마따나, "악한 남성에게서 여성을 보호하기"위해 제정된 법을 통해 "굳어진 (나약하고 무능하고 보호가 필요하다는) 여성의 이미지"가 불쾌감을 주기 때문이다.

　그럼 이번에는 황금시간대 엔터테인먼트 방송이 친페미니스트답게 편집하는 행태를 살펴보자. ABC에서 방영한 「그녀가 거절할 때When She Says No」—러닝타임은 2시간—라는 제목은 어디까지나 '낚시용'

이었다. 여주인공 로즈는 몇 시간 동안 오만가지 방법으로 '허락yes'했고 세 명의 남성을 호텔 방으로 유인했다. 그들은 성인이 합의하에 즐기는 '원나잇' 정도로 생각했지만 이틀 후에는 강간 혐의로 고소를 당한다는 것이다.

이 영화는 남녀의 관점에서 문제를 다루긴 하지만 여성의 입장을 대변하는 듯한 뉘앙스를 풍긴다. 이때 시청자들은 셋이 유죄 판결을 받아 마땅하다는 데 고개를 끄덕였다. 비록 여성이 저녁 내내 그들을 좇아다니며 추파를 던지고, 호텔 방으로 끌어들이고, 스스로 옷을 벗긴 했어도 남성은 합의에 의존해서는 안 되기 때문이다.

돈 후안(Don Juan, 영국의 낭만주의 시대를 대표하는 바이런이 전설에 기초하여 쓴 풍자시의 주인공, 본문에서는 호색한의 대명사로 쓰임—옮긴이)에게서 18세 미만인 여아를 보호하기 위해 만든 법을 거부해온 페미니스트들일진대, 이제는 법이 로즈와 같은 여성을, 속칭 '데이트 강간'으로부터 보호해 주기를 바라고 있다. 하지만 로즈는 어린아이가 아니라 나이 서른인 이혼녀이자 박사학위를 취득한 대학 강사였다.

페미니스트들의 이중잣대가 이 정도일 줄은 몰랐다. 12~13살짜리 아이가 합의하면 성관계를 유도해도 무혐의 처분을 받을 수 있지만, 30세 전문직 여성은 자정에 합의하더라도 이틀 후에 마음이 바뀌면 상대를 고소할 수 있어야 한다니 말이다.

로즈는 강제적인 합의였기 때문에 이를 법적인 '합의'로 봐서는 안 된다고 주장했다. 그러나 물리적인 폭행이 없었는데 강제적인 합의가 성립될까? 페미니스트 변호사의 지도를 받은 그녀는 남성(첫째는 아버지요, 둘째는 남편이며, 셋째는 학부를 담당하는 남자 교수 순으로)의 명령에 따를 수밖에 없는 사회 분위기 탓에 자신의 잘못이 아니라고 역설했다.

하지만 약자라는 시각은 구시대적 고정관념으로, 현대 여성은 여기서 이미 해방되었다고 말하지 않았던가? 페미니즘으로 물든 대학 캠퍼스에서 10년을 보낸 여성이라면 사회가 (로즈도 인정한) '불찰 stupidity'로부터 그녀를 보호해 줘야 할 필요조차 없어야 할 것이다.

ABC 방송은 남성이 힘과 권위를 가진 권력 구조에서 여성은 무력한 희생자일 뿐 아니라, 심리적인 복종이 몸에 배어있다는 그릇된 페미니즘 이데올로기를 영화로 제작해 이를 두둔했다. 사실 로즈는 어떻게든 남자들 관심 좀 끌어보겠다는, 나이 서른의 외로운 여성이었지만 세 남성은 외모도 비호감인 데다 그녀에게 관심도 없었다.

1986

소심한 사나이

『타임』은 표지와 일곱 페이지에 「여성과 사랑Women and love: A Cultural Revolution in Progress」이라는 제목으로 남성을 비난하는 셰어 하이트Share Hite의 글을 널리 알렸다. 그녀는 『플레이보이』와 『위Oui』에서 누드 포즈를 취했던 전직 모델이다. 당시 하이트는 "성학자 sexologist(여성 킨제이로 봄직하다)"를 자처하며, 두 종의 책(1976년과 1981년 발행)에서 여성의 성sexuality에 대한 내부정보를 공개해 수백만 달러를 벌었다. 짐작하다시피, 그녀는 이탈리아 궁전처럼 웅장한 100만 달러짜리 5번가 아파트에 살 만큼 많은 책을 팔며 무료로 홍보해 준 언론의 사랑을 한몸에 받았다.

「여성과 사랑」은 여성 문제의 화근이 모두 남성이라는 논지에서 출발한다. 특히 남성은 '정서적·심리적 추행'을 일삼는가 하면, 여성과는 대화로 가까워질 수 있는 분위기를 조성하지 못한다며 날을 세웠다.

뉴스 잡지와 토크쇼를 관리하고, 하이트의 책을 무상 홍보해주기로 한 남성은 페미니스트들에게 흔쾌히 모욕을 당하고 짓밟혀야 했다. 마조히즘(masochism, 물리적·정신적 고통으로 성적 만족을 느끼는 병적 심리상태─옮긴이)이 아니고서야 페미니스트들이 이렇게까지 분노를 표출한 까닭을 설명할 수 있을까?

하이트는 절망과 환멸을 느낀 여성 4,500명의 소견을 정리한 책을 썼는데, 저들은 자신의 감정적인 문제를 남자 탓으로 돌리며 "남자라면 치가 떨린다"고 성토한다. 이때 하이트는 사적인 하소연을 사회적 문제로 격상시키고 그들의 누적된 불만을 "대규모 문화혁명"이라 불렀다.

하이트에 따르면, 남성은 변덕스런 야만인인 데다, 여성이 종노릇을 도맡아야 한다는 분위기가 사회 전반에 깔려있어 남성이 욕을 먹어도 싸다고 한다. "여성을 대하는 태도가 문제"인 남성은 "걸핏하면 빈정대고 삐딱선을 타기" 일쑤라는 것이다. 한 독자는 편집자에게 보낸 편지에 『타임』 기사를 거론하며 "셰어 하이트"라 쓰고 "쉬어 헤이트(Sheer Hate, 극혐─옮긴이)"라 읽어야 한다고 꼬집었다.

이 같은 태도를 바로잡고, 공장과 사무실, 주방과 침실에서 남녀

평등을 도모하려고 1970년대에 그토록 열렬히 해방운동을 벌이지 않았던가? 하지만 하이트는 평등이 실현되지 않았다고 주장한다. 여성해방과 성혁명에도 여성은 여전히 억눌린 삶을 살며, 아이를 기르고 사랑을 베푸는 역할뿐 아니라 생계도 감당해야 한다는 것이다.

20년 전 베티 프리던이 해방운동을 개시한 이후, 페미니스트 선동꾼들은 성중립형 사회를 설계하고 남성은 마초 이미지를 벗는 동시에, 적어도 절반 시간은 가정주부로 거듭나야 한다고 설파해왔다. 이를테면, 대장부도 눈물을 흘릴 줄 알아야 하고 요리도 할 줄 알아야 하며, 설령 여성이 경력을 중시하고 경쟁심이 투철하며 딴 남자에게 한눈을 팔더라도 그녀를 인정할 줄 알아야 한다는 것이다.

그래서 페미니스트들은 신세대 남성 중 상당수를 죄책감에 빠뜨리고, 허구한 날 남성을 비하하더라도 이를 묵인하는 겁쟁이로 만들어 버렸다. 신新남성은 자신의 역할과 소명은 고사하고, 자신감마저 실종되고 말았다.

이제 신남성은 경제적 지원과 주거에 대한 책임을 느끼지 못할 뿐 아니라(취업한 아내가 주택담보대출금 분담에, 기저귀를 갈고 설거지도 할 테니까), 일편단심으로 아내 곁에 꼭 붙어있어야 할 의무도 없다고 생각한다. 고용주는 호된 비난에 못 이겨, 남자 직원에게는 생각도 않던 특권을 여직원에게 바치고, 목회자들은 성경과 찬송가를 강경 페미니스트의 입맛에 맞게 고치도록 협박을 당하고 있는 실정이다.

여성해방과 성해방의 패러다임인 셰어 하이트는 지레 지쳐 울분을 터뜨리는 여성을 양산하는, 실패한 이데올로기임을 자신의 입으로 입중하고 있다. 그럼에도 이 결과에 대한 책임을 인정하는 남성은 겁쟁이가 틀림없다.

하이트의 책이 속담처럼 낙타의 등을 부러뜨리는 한 가닥의 지푸라기가 된다면(the straw that breaks the camel's back, 사소한 일이라도 한도를 넘으면 파국을 초래한다는 속담—옮긴이) 남성들이 어리석은 페미니스트에게 "질렸다"고 말할 용기를 얻을지도 모르겠다. 그럼 우리도 '찐'남성의 목소리에 귀를 기울일 것이다.

1987

고기는 썬다

페미니스트에게 고난이 찾아왔다. 그들이 추앙하는 위인이 성공하면 할수록, 페미니스트 이데올로기와 동떨어진 언행은 더 눈에 띄게 마련이다.

팻 슈로더Pat Schroeder 의원은 1988년 경선 후보로, 페미니스트들이 뽑은 최고의 희망이었다. 그녀는 50개 시와 30개 주에서 선거 유세를 벌이며 자그마치 80만 달러를 모금했다. 이때 전미여성기구the National Organization for Women는 "달려, 팻, 달려Run, Pat, Run!"를 외쳤다.

페미니스트의 사기가 떨어진 원인은 경선 불출마가 아니었다. 슈로더가 경선 철회를 발표할 때 남편의 품에 안겨 오열하는 모습에 사기가 떨어진 것이다. 페미니스트들은 극도로 당황했다. 슈로더의 감정 연기로 여성 대통령에 대한 군중의 두려움, 이를테면, 대통령직을 감당할 수 있는 '대장부'가 아니라는 사실 대한 우려를 확인했기 때문이다. "슈로더가 고르바초프와 협상할 때 행여 그가 미사일을 포기하지 않으면 어떻게 될까요?" 민주당 자문위원의 말이다.

슈로더는 남편 밥 돌Bob Dole의 대통령 선거 운동을 위해 엘리자베스 돌Elizabeth Dole 교통부 장관(최고위직 공화당원)이 사임한 직후에 불출마를 선언했다. 페미니스트는 성공한 여성의 경력이 뒷전으로 밀리는 것을 용납하지 못한다.

몇 년 전 육군사관학교에서 생도들 앞에서 토론할 때 페미니스트들이 이를 얼마나 고깝게 여기는지 제대로 체감할 수 있었다. 남자 생도에게 남편의 경력을 먼저 생각하는 아내를 선택해야 한다고 말하자, 여성 생도 25명이 항의 차원에서 소란스레 자리를 박차고 일어나 강당을 뛰쳐나간 것이다.

그러나 슈로더와 돌을 둘러싼 일화에서 받은 충격은 두 편의 영화—「위험한 정사」와 「베이비 붐」—가 흥행에 성공하며 갑절로 심각해졌다. 페미니스트들은 경이로운 흥행기록으로 마주하게 된 딜레마를 어떻게 대처해야 할지 고민하느라 밤잠을 설쳤을 것이다.

『워싱턴포스트』에서 일하는 남성 페미니스트 리처드 코헨은 칼럼 (「또 다른 고정관념A New Stereotype: The Crazy Career Woman」)에서 좌절감을 드러냈다. 「위험한 정사」의 화끈한 베드신을 보려고 줄을 선 관객들이 사이코패스인 전문직 여성과, 전업주부지만 차분하면서도 강인한 힘을 보여주는—'명석하고 교육수준도 높은 데다 아주 만족스러운 삶을 누리는'—아내가 등장하는 영화를 보고 있다는 사실에 분노를 금치 못한 것이다.

『타임』도 1면 기사에서 영화에 분노하는 페미니스트를 보도하며, "「위험한 정사」는 미국인의 뇌리에 깊이 각인될 것"이라고 전망했다.

다이앤 키튼Diane Keaton의 영화 「베이비 붐」도 페미니스트에게 도전장을 내밀었다. 이 영화는 예일대 출신으로 하버드 경영대학원MBA 졸업 후, 일류 기업에서 경영 컨설턴트로 일하며 억대 연봉과 명품 옷, 그리고 애인과의 동거생활을 즐기던 여성이 모든 것을 버리고 아기와 남편과 함께 작은 마을에 살면서 이유식을 제조하는 가내수공업에 뛰어든다는 이야기다.

아기가 서류가방을, 재택근무가 『포춘』이 선정한 500대 기업의 이사회실을 대체한다는 것은 페미니스트들의 반감을 부추기는 발상인지라 그들은 「베이비 붐」이 1950년대를 배경으로 한, 실현 불가능한 주제에 근거를 두고 있다는 불만을 공론화해야 한다고 본다.

다이앤 키튼의 인생은 페미니스트에 걸맞은 성공 스토리다. 결혼한 적도 없고 자녀도 없는 데다, 영화 한 편당 100만 달러의 개런티를 받고, 우디 앨런Woody Allen에 워렌 비티Warren Beatty 같은 유명 연예인과 사귀고 있으니 말이다. 물론 벽난로 앞에서 스팍 박사(벤저민 스팍Benjamin Spock 박사는 육아에 관한 책을 쓴 유명 소아과 의사다—옮긴이)의 책을 읽으며 저녁을 보낸 적은 거의 없을 것이다.

남편도, 아이도 없이 나이 마흔이 된 그녀는 '여성의 삶에는 성공한 경력보다 중요한 것이 더 많다'는 점을 암시하는 작품에 출연하기로 했다. 키튼은 카메라 밖에서 "이 영화는 사람이 모든 것을 누릴 수는 없으니 타협이 필요하다"는 교훈을 준다면서, "아기가 태어나면 돌발사태가 심심치 않게 벌어지겠지만 삶은 훨씬 더 윤택해진다"고 밝혔다. 『USA 투데이』는 키튼 자신도 아기를 갖고 싶다는 인터뷰 발언을 인용했다.

페미니즘 운동이 진정한 '여성 인권' 운동이라면 마거릿 대처 총리는 여성도 남성과의 경쟁에서 이길 수 있다는 것을 보여준 대표적인 사례라며 칭송을 받았을 것이다. 페미니스트 운동이 진심으로 '여성 정치인'을 위해 헌신한다면 대처 총리가 성공의 롤모델이 될 것이다.

그러나 '여성 인권'을 외치는 군중의 침묵은 되레 '귀청이 떨어질 정도로deafening' 확연히 드러난다. 페미니스트들은 진 커크패트릭도 지지하지 않겠다는 입장이다. 반미 포럼으로 오해를 받던 UN에서 조국을 위해 목소리를 높인 인재였는데도 말이다.

마거릿 대처는 불끈 쥔 주먹도, 피해자 코스프레나 우대정책도 여성의 성공가도가 아니라는 것을 입증했다. 즉, 남자가 가는 길—근면과 인내, 그리고 건전한 보수적 원칙에 몰입하는 것—과 다르지 않다는 것이다. 1982년 대처는 인터뷰에서 "여성해방에 빚을 진 적은 없다"고 밝혔다. 3선 의원이 되었을 때는 '칼잡이butcher'가 될 거냐는 질문에 여사는(잡화점주의 딸로, 집안에 화장실도 없고 온수도 나오지 않는 집에서 자랐다) "칼을 잘 쓰는 편은 아니지만 고기는 썰 줄 안다"고 대꾸했다.

여성의 롤모델이라는 주제에서 페미니스트를 '썰어내는' 법을 가르쳐준 마거릿 대처에게 감사드린다.

1987

101

논페미니스트 소설

『바람과 함께 사라지다(Gone With the Wind, 혹은 GWTW)』는 50주년을 맞아 숱한 논평과 향수를 불러일으켰지만, 평소 거침이 없던 페미니스트 대변인은 침묵으로 일관해 도리어 눈길을 끌었다. GWTW는 페미니스트가 볼만한 책은 아니다. 페미니스트 이데올로기는 1970년대 여성해방운동 이전에는 여성이 탄압받는 무력한 존재였다고 가르친다. 페미니스트는 정부의 지원을 받지 않고 삶의 고충을 스스로 극복해나가는 여성을 롤모델로 인정하지 않는다.

남북전쟁 당시 여성들은 제복을 입고 참전하진 않았지만, GWTW에 등장하는 여성들은 남부인의 저력을 보여주었다. 예컨대, 남부군이 쳐들어왔을 때 용감한 스칼렛Scarlett은 물론이거니와, 골골대던 멜라니Melanie도 무기를 들고 자신의 가치관과 가정을 지키기 위해 싸웠다.

1930년대 후반에 소설을 읽고 영화를 본 사람은 GWTW이 현실이었다. 스칼렛과 레트, 멜라니와 애슐리는 실존 인물이었고, 타라는 꼭 한번 가보고 싶은 곳이었다. 실제로 애틀랜타를 찾는 사람들은 여느 관광 명소보다 타라로 가는 길을 더 자주 묻곤 한다. 타라가 GWTW 독자의 마음속에만 존재한다는 사실을 깨닫지 못했다는 것이다.

『바람과 함께 사라지다』는 6년간의 대공황으로 엄청난 경제적·사회적 위기에 봉착한 미국 국민에게 큰 감동을 선사했다. 프랭클린 루스벨트 대통령은 "우리가 두려워해야 할 대상은 두려움 자체"라고 말했지만, 이는 실업자가 듣기에는 공허한 수사에 불과했다. 문제는 두려움이 아니라 절망이었다.

GWTW는 주위의 패배에 맞서 이를 거부한 사람들에 얽힌 이야기다. 이를테면, 농작물이 죽어 기근에 시달리고, 가옥이 불타고, 부상으로 통증을 호소하는가 하면, 마취 없이 수족을 절단하고, 비슷한 또래의 젊은이들이 목숨을 잃는 등, 전쟁이 남부에 피해를 끼친 역사(대다수 역사책에는 생략되었다)를 그려냈다. 역사책은 남북전쟁 당시 전장에서 싸운 영웅들의 공로를 기록했지만, GWTW는 도시와 시골 주민들에게 닥친 전쟁에 대처해야 했던 남녀의 일상 속 투지를 다루었다.

프랑스 혁명 이후, 어느 날 지인이 작가에게 "혁명 내내 당신은 무엇을 했는가?"라고 물었단다. 작가의 답변은 단순명료했다. "목숨을 부지했지요." 실제로 생존이 최고의 업적일 때가 있는데, 남북전쟁 전후의 올드 사우스(the Old South, 농업 경제와 노예제가 유지되던 미국 남부를 일컫는다—옮긴이)가 바로 그런 시기였다. GWTW는—재난구호와 장애수당, 복지, 사회보장, 재향군인수당, 실업수당, 푸드스탬프(food stamp, 미국의 저소득층 식비 지원 제도—옮긴이) 및 주거보조금 등이 없는, 한 마디로 정부가 적었던 시절—목숨을 잃지 않고, 순수한 의지와 노동으로 상실된 것을 재건한 사람들의 이야기를 들려준다.

공산주의 정권은 GWTW를 금지했다. 개인은 전능한 국가에 종속되어야 한다는, 마르크스 도그마에 위배되는 주제이기 때문이다. 마거릿 미첼Margaret Mitchell이 공개한 편지에서 밝혔듯이, 공산주의자들은 소설이 "개인의 기업과 용기를 미화하고(이 둘은 공산주의자가 혐오하는 특성이다)," 자유인은 토지와 집을 이른바 '부르주아식으로bourgeois' 사랑하는데, GWTW가 그런 사랑을 숭배하기 때문에 자국에서 작품을 탄압한 것이다.

고교 독서 목록에도 GWTW는 대부분 빠져 있다. 텔레비전에 길들여진 청소년들인지라 1,000페이지가 훌쩍 넘는 책을 감당할 지적 체력이 없기 때문이 아닐까 싶다. 고교생 대다수의 어휘력이 너무 부족해서 단순한 고전에 앞서 나온 책을 소화하기가 버거워서 그럴지도 모르겠다. 그게 아니라면, 담당자들이 패배주의와 절망적인 책을 골라내느라 정신이 없어 정작 영웅담과 희망을 주는 글은 검토할 여유가 없기 때문일 수도 있다.

1980년대 중반, 어느 텔레비전 방송사에서 아서 밀러Arthur Miller의 『세일즈맨의 죽음Death of a Salesman』을 리메이크한 작품을 방영했을 때 논객들은 감동적인 승리를 보여주었다며 찬사를 보냈지만, 닐슨 시청률은 곤두박질하고 말았다. 실패담에는 관심들이 없기 때문이다. 대개는 참담한 역경을 극복하려는 투지와, 세상이 바람과 함께 사라지더라도 살아남는 강인한 의지와, 폐허 속에서 다시 일어나는 사람들의 결연한 의지를 더 선호한다.

『바람과 함께 사라지다』가 사계절 내내 사랑받는 이유가 여기에 있다. 판매량은 2,500만 부로 성경 다음으로 많이 팔렸고, 국내에서는 여느 책과도 비교할 수 없는 깊은 감동을 선사한다. '찐' 교양인 가운데 『바람과 함께 사라지다』를 읽지 않은 미국인은 없다. 위대한 미국 소설이다.

1987

초록은 동색이다

1960년대 중반, 페미니스트 이데올로기가 국민의 의식 속에 파고든 이후, 그들이 남성에 대한 독특한 생각을 어디서 얻었는지가 궁금했다. 시몬 드 보부아르Simone de Beauvoir와 글로리아 스타이넘, 베티 프리던, 케이트 밀렛Kate Millett 및 저메인 그리어Germaine Greer에 따르면 페미니즘 이데올로기는, 남성(특히 남편)은 흉측한 괴물awful creatures이요, 아내는 무보수 식모 겸 정부unpaid servant mistress에 불과하다고 가르친단다. 1949년에 나온 『제2의 성The Second Sex』을 통해 현대 여성해방운동의 창시자로 인정받은 시몬 드 보부아르는 결혼을 "음란한 부르주아 제도"라고 꼬집었다. 대학에서 여성학 강의의 필수 과목이 된 그녀의 책에는 "여자는 태어나는 것이 아니라 만들어지는 존재"라는 둥의 헛소리nonsense로 가득하다.

'내가 아는 신사들은 그렇지 않던데'라는 생각에, 이 모든 쓴소리가 기이한 상상력의 산물이라고 여겼다. 미국인 남성은 대부분 품위가 있고 존경스러운 데다, 처자식을 먹여 살리기 위해 한나절을(야근할 때도 더러 있다) 일한다.

마침 필자는 20세기 최고의 역사가 중 하나인 폴 존슨Paul Johnson의 세심한 연구를 통해 페미니스트들이 어디서 그런 엉뚱한 생각을 갖게 되었는지 알게 되었다. 그가 쓴 『지식인의 두 얼굴Intellectuals』은 지난 200년 동안 좌파 지식인이 실제로 아내와 내연녀를 무급 하녀처럼 취급하고 자녀도 상습적으로 학대했다는 사실을 분명히 밝혔다.

존슨이 공개한 지식인들은 보헤미안 라이프스타일(bohemian lifestyle,

전통과 사회적 규범에 얽매이지 않고 자유로운 삶을 추구한다는 것—옮긴이)로 원래 도덕과는 거리가 멀 거라 지레짐작할 만한 예술계 유명인사가 아니었다. 그들은 사회적 병폐를 진단하고 해결책을 처방하는가 하면 인류는 어떻게 살아야 하고, 사회와 경제는 어떻게 구성되어야 하는지 전 인류에게 알려야 한다는—오만하기 짝이 없는 발상이다—작가들이었다.

그렇다면 저들은 어떻게 살았을까? 대개는 이기적이고 자기중심적인 데다, 잔인하고 포악하고 지저분했으며(대다수는 목욕을 거의 하지 않았다) 여성을 동등하게 대하지도 않았다. 그들은 자신의 이론이 노동자 계급에는 보탬이 될 거라는 거짓말로 명성을 쌓았지만 저들이 아는 노동자 계급이라고는 내연녀뿐이었다.

'진리truth'와 '덕virtue'에 대해 수많은 저서를 남긴, 프랑스 철학자 **장자크 루소**Jean-Jacques Rousseau는 문맹인 세탁부laundress를 33년간 내연녀로 삼아 하녀 취급하면서 숱한 여성들과도 바람을 피웠다. 그녀를 두고는 "어렴풋한 사랑마저 느끼지 못했다. … 내가 만족한 관능적인 욕구는 순전히 성적인 것인지라 그녀와는 무관했다"고 술회했다. 루소는 자녀 양육에 관한 이론가로도 유명하지만, 내연녀의 아기 다섯이 태어나는 족족 보육원 문 앞에 버리도록 강요했으니 양육은 그가 전혀 알지 못하는 주제였다. 아이는 "귀찮은 존재"였고 칭얼거리는 소리가 집필을 방해할 거라는 생각에 다시는 아이를 보지 않았다고 한다. 게다가 부모는 돈을 줄 때만 관심을 보였으며, 적어도 네 번이나 가난에서 구해준 양어머니는 루소의 방치로 빈곤하게 세상을 떠났다(사인은 영양실조일 듯싶다).

퍼시 비셰 셸리Percy Bysshe Shelley(시인)는 자신을 가리켜, 문학의 사회적 목적을 정의하고 시를 통해 사회적 행동을 일으키기 위해 노력한 사람이라 자인했다. 하지만 난잡한 성생활로 첫 아내의 자살을 부추겼고, 다른 아내와 내연녀를 하대하는가 하면 자녀를 부양하지도 않았으며 어머니를 간통죄로 거짓 고발키도 했다.

현대의 여느 지식인보다 실제 사건에 더 많은 영향을 준 칼 마르크스는 아내의 인생을 악몽으로 만들었다. 그가 노동을 멸시하고 목욕도 거의 하지 않는 동안 처자식은 빈곤을 달고 살았다. 마르크스는 딸아이의 교육도 거부하고 전문직 취업도 반대했다. 여성은 사무보조원으로 족하다는 판단 때문이었다. 또한 여성 노예를 여덟 살배기 때부터 집에 두어 무보수에 섹스파트너로 삼았고, 그들이 낳은 자녀는 인정하지 않았다. 마르크스가 잘 아는 노동자 계급의 일원은 여성 노예뿐이었으며, 이른바 '프롤레타리아'에 대한 연구는 다 조작이었다.

요즘 페미니스트들이 가장 좋아하는 희곡 『인형의 집A Doll's House』을 쓴 헨릭 입센Henrik Ibsen은 첫 내연녀와 자녀가 핍절해 사망하도록 내버려 두었다. 그는 아내를 하대했고(유명한 희곡에 등장하는 아내보다 훨씬 더 심각했다) 다른 여인과—나이가 들수록 어린 상대를 찾았다. 이를테면, 열다섯에서 심지어는 열 살배기 어린아이까지—오랫동안 불륜을 저질렀는데, 이들을 모델 삼아 희곡의 캐릭터를 만들어내기도 했다.

자신이 사회를 개조할 메시아라고 착각한 레오 톨스토이Leo Tolstoy는 염치 불고하고, 아내를 부당하게 이용·학대하는가 하면, 집창촌에서 매춘부와 집시와 소작농 아이를 성노리개로 삼는다는 이야기를 강제로 읽히기도 했다. 그는 "가정을 유지하려면 매춘이 필요하다"고 썼고 사생아는 자식으로 인정하지 않았으며, 여성도 어른답고, 진지하고, 지적인 사람이 될 수 있다는 사실을 부정하려 했다.

어니스트 헤밍웨이 Ernest Hemingway는 학대도 모자라 알코올 중독에, 사람들 앞에서 아내에게 망신을 주기도 하고, 나이 어린 여성과 숱한 불륜을 저지른 탓에 맹목적인 복종을 전제로 하지 않고는 여성을 정상적으로 사귀어본 적이 없다. 한 여성은 "주인(권력을 악용하는 자)을 위해 망나니(무자비한 자)와 함께 노예의 삶을 살고 있다"며 불만을 토로했다. 악명 높은 거짓말쟁이였던 그는 스페인 내전에서 공산주의자를 가장 열렬히 응원한 사람 중 하나였다.

군비축소에서 종교에 이르기까지, 거의 모든 정치·사회 문제에 대해 꾸준히 조언을 아끼지 않던 **버트런드 러셀**Bertrand Russell은 '자유로운 사랑free love'을 통해 빅토리아 시대의 도덕률morality로부터 여성을 '해방'시키려는 20세기 운동의 선두주자로 꼽힌다. 그는 여성을 구시대적인 도덕률의 희생자로 규정했으나 전처들에게는 변호사를 고용하며까지 지원을 최대한 아꼈다. 아울러 세 아내와 결혼했음에도, 우연히 들르게 된 지인의 딸이나 가정부, 혹은 가정교사 할 것 없이 넘어오겠다 싶은 여성은 거의 모두 수작을 부렸다.

대중을 상대로 설파한다는 전문 철학자 **장폴 사르트르**Jean-Paul Sartre는 공산주의자들과 손을 잡았다. 그는 시몬 드 보부아르를 유혹할 때 자신의 신조를 "여행과 일부다처제와 투명성"이라고 말했다. 사르트르는 그녀를 내연녀 겸 요리사와 세탁부, 재봉사 및 가정부로 이용하는 한편, 십대 아이들에 이르는 젊은 여성과의 불륜을 과시하곤 했다. 그는 보부아르를 하녀 다루듯 했고 돈 한 푼 주는 법도 없었다. 보부아르는 고등교육을 받은, 유능한 페미니스트인지라 마음만 먹으면 굳이 하녀처럼 살 필요가 없었다.

불륜 문인으로 유명한 **에드먼드 윌슨**Edmund Wilson은 아내 넷을 학대했다. 그는 선거 때마다 공산주의자나 사회주의자에게 표를 던졌다. 정부가 복지에 막대한 자금을 투입해야 한다고 끊임없이 주장했지만 정작 자신의 소득세는 신고하지 않았다.

친공산주의 책을 펴내 대박을 터뜨린 **빅터 골란츠**Victor Gollancz(영국 출신)는 직원으로 여성을 고용했다. 임금을 낮출 수 있을 뿐 아니라 열악한 근로 조건에, 내연녀로 삼을 수도 있었기 때문이다. 그는 아내를 가정부와 운전기사 겸 이발에 주차까지 시키며 노예처럼 부렸다. 이때 아내는 잦은 간통도 모자라, 공공장소에서 여성을 더듬는 해괴한 습관도 감내해야 했다. 빅터 또한 다른 친공산주의 지식인들과 마찬가지로, 현역 노동자를 만난 적은 없었다. 아울러 국내에서 가장 탁월한 작가의 원고를 제안받기도 했으나 그는 끝내 출판하지 않았다. 반공주의자인 조지 오웰의 작품이었기 때문이다.

폴 존슨이 쓴 『지식인의 두 얼굴』은 저명한 좌파 지식인의 공적 자세가 사생활과 분리될 리 없다는 점을 입증했다. 즉, 공적인 자세를 보면 사생활을 알 수 있다는 것이다. 여성은 노예가 되거나 남성의 전유물로 취급돼도 이를 묵인해야만 '사랑'을 받았다. 다행히, 남자와 결혼을 논한, 이 괴이한 페미니스트 이론은 페미니스트가 함께하기로 한 군중—이를테면, 좌파 지식인들—에게만 해당된다.

필자는 이 중요한 책 내용이 주로 성관계를 밝혔다는 인상을 받

지 않기를 바란다. 좌파 지식인들은 진실에는 관심이 없고, 단지 공산
주의나 사회주의 경제 이론을 정당화하기 위해 '증거'를 날조하는 사
기꾼이라는 것이 폴 존슨의 주요 논지다. 평생토록 여성에게 거짓말을
하는 작자라면 다른 어떤 것도 속일 수 있으므로 그리 놀라운 일도
아닐 것이다. 그 이야기가 궁금하다면 『지식인의 두 얼굴』을 읽어보라.

1989

신화에 가려진 괴물

어찌 이런 역겹고, 더럽고, 사악한 괴물이 있는가! 아리아나 스타시
노풀로스 허핑턴Arianna Stassinopoulos Huffington이 작정하고 폭로한 『창
조와 파괴의 피카소Picasso: Creator and Destroyer』를 읽고 나면 이런 탄
식이 절로 나올 것이다.

전기작가 허핑턴은 파블로 피카소의 예술가 가면을 벗기고, 사창
가에서 예술을 시작하며, 그를 연모했던 숱한 여성을 90년간 학대·
구타하고 고의로 굴욕감을 준 사디스트의 모습을 세상에 드러냈다.
피카소는 그 과정에서 친구를 배신하고, 자신과 마주친 사람을 파
멸시키기 위해 수작을 부리기도 했다.

피카소를 둘러싼 진실은 오랜 기간 서서히 밝혀졌다. 다행히, 묘
사력과 어휘력을 겸비하고, 피해자에 대한 공감 능력과 극작가다운
감각을 갖춘 작가가 이 기괴한 이야기를 풀어낼 수 있었다.

피카소는 20세기 최고의 예술가로 오랫동안 찬사를 받아왔다. 피카소는 대중의 사고방식과 욕구를 노련하게 조작해 호평을 유도하며 매디슨가 광고업체들의 부러움을 샀다. 허핑턴 여사에 따르면, "피카소는 세상이 홍보 게임을 알기도 전에 이를 통달했다"고 한다.

그는 역사상 여느 예술가보다 대중에게서 가장 많은 돈을 뽑아낸 인물로 독보적인 자리에 올랐다. 예컨대, 1961년까지 피카소가 제작한 작품은 1만 점이 넘으며 이를 당시 가치로 따지면 약 1억 달러로 추산된다.

피카소는 고객도 내연녀와 아내와 친구를 대하듯 경멸하는 태도를 보였다. 1912년에는 아름다움을 "쓰레기crap"라 치부하며 고의로 추한 대상을 묘사하는 예술로 방향을 바꾸었고, 1930년대에는 "박물관에 숱한 거짓말이 난무한다"며 "예술을 업으로 삼는 사람은 대부분 사기꾼"이라고 주장했다. 자신이 최고의 사기꾼이었으니 피카소 본인도 알고 있었을 것이다. 1952년 이탈리아 작가 지오반니 파피니Giovanni Papini와의 인터뷰에서는 "특이하고 선정적이고 괴이하고 수치스러운 작품만 탐닉하는" 안일한 부유층을 어떻게 착취했는지 털어놓았다. "이 모든 광대극을 즐기고 나니 셀럽이 되고 말았네요. … 하지만 혼자 있을 때는 웅대하고 원숙한 의미가 담긴 '예술가'를 자부할 만큼 뻔뻔하진 않습니다. 대중의 광대이자 사기꾼에 불과하니까요. 저는 시대를 간파하면서 현대인들의 우매와 허영과 탐욕을 이용했습니다."라고 시인한 것이다.

2차 대전 후, 공산당에 합류한 그는 입당을 가리켜 "내 인생과 예술 활동을 통해 논리적으로 내린 결론"이라고 밝혔다. 1962년 소련은 피카소에게 레닌 평화상을 수여하고 그가 그린 평화의 비둘기를 공산주의의 상징으로 채택했다.

피카소는 내연녀를 둘 때마다 일편단심도 아니었거니와, 그들을 가혹하리만치 옥죄었고 소유욕도 지나치게 강했으며, 재능이 있는 사람은 남녀를 불문하고 앙심을 품었다. 또한 어린이 캠프에서 꼬드긴 미성년자를 상대로 30년간의 경험에서 터득한 변태적인 실험을 강요하기도 했다. 그는 작업실에서 두 내연녀가 주먹다짐을 벌이는 동안 난폭한 「게르니카Guernica」를 그렸다.

내연녀에 얽힌 일화를 덧붙이자면, 도라Dora는 무참히 구타를 당해 실신한 적이 허다하고, 프랑수아즈Francoise는 피카소가 담배로 뺨을 지지며 "푸들은 서로가 아주 똑같이 생겼는데 여자도 마찬가지"라고 지껄였다. 그녀가 출산을 앞두었을 때는 "알아서 찾아가라"며 병원에 데려다주지도 않았다고 한다. 1949년 세계평화회의World Peace Congress에 가야 하는데 운전할 사람이 필요했기 때문이다. 이처럼 성가신 일은 태연히 손사래를 쳤다.

무질서한 그림은 여성에 대한 깊은 증오심과, 여성은 종속된 동물이라는 사고방식을 반영하는 거울이었다. 모더니즘 세계를 표현하고자 했던 피카소의 작품은 기형적으로 왜곡된 용모와 몸뚱이를 가진 여성이 가득 채웠다. 1972년, 피카소가 죽기 1년 전에 그린 마지막 자화상에는 증오에 사로잡힌 자아도취증 환자의 고뇌와 절망이 담겨 있다. 그가 세상을 떠난 후, 아내를 비롯하여 오랜 내연녀와 손자는 스스로 목숨을 끊었다.

허핑턴 여사는 피카소의 카리스마 뒤에 가려진 가학적인 여성 학대와 평화의 비둘기 뒤에 숨겨진 폭력과 아울러, 예술이라는 허울 뒤에서 (여성과 친구, 가치관과 전통적인 아름다움)을 파괴한 자의 삶을 폭로함으로써 인류를 위한 국제 서비스에 가담해왔다.

1989

가족을 개조하다

1989년 11월, 『뉴스위크』가 100페이지 전체(광고는 제외)를 「21세기 가족The 21st Century Family」 특집으로 꾸몄을 때 첫 문장은 '미국 가족은 존재하지 않는다'였다. 『뉴스위크』가 1950년대(기자들 눈에는 공룡 시대만큼이나 먼)까지 거슬러 올라간, 이 유서 깊은 가족의 한 사람이라면 공개되지 않은 가족의 위상과, 성적 취향이나 결혼 선호도를 취재하는 기자의 생각에 의존하지 말고 "가족이 무엇인지부터 고민해 봐야" 할 것이다. 『뉴스위크』는 '우리'가 가족을 '개조'하는 것은 '불가피한' 일이라고 단정했다. 여기서 '우리'는 이 특집호에 기고한 십여 명의 기자를 두고 한 말인 듯하다.

『뉴스위크』에 따르면, **재정의된 가족**에는 이혼한 부모를 비롯하여, 의붓자녀와 동거하는 미혼 커플, 기증한 정자로 아기를 가진 독신 여성, 게이 및 레즈비언 커플(자녀의 유무는 관계없다), 손주를 기르는 조부모, 유전자 조작 기술로 '주문제작'된 아기가 해당된다고 한다. 아울러 "'외벌이 가장breadwinner · 주부homemaker' 모델은 한시적으로, 제한된 환경에서 적용되므로 정상범주에서 벗어난다"는 학자들의 주장을 인용, 가족의 '다양성'에는 이 모델을 포함시키지 않았다.

『뉴스위크』는 텔레비전 방송이 오지·해리엇식(전통적인 가정) 생활을 만들고 검증했으니, 미디어가 신이 되어 1990년대에 걸맞은 라이프스타일도 설계할 수 있다고 생각하는 것 같다.

그렇다면 매거진에서 밝힌 신개념 가족이 정말 개선된 모습일까? 삶의 난관을 극복할 수 있는 기반과, 육아에 필요한 안전한 안식처, 사랑과 우정이 싹트는 보금자리를 마련하고, 인생의 숱한 관문을 거치며 서로에게 힘이 되어주겠다는 목표에 부합할까? 명쾌한 답을 찾아보겠다고 페이지를 뒤적거리지만 헛수고일 뿐이다.

『뉴스위크』에서 이 문제를 계속 파고들다 보면, 어린이집에 주당 20시간 이상 다니는 아이는 위험에 노출되어 있으며, 교사의 이직률과 시설 아동의 질병률도 높아 어린이집이 아이들에게는 불안과 불행을 조장하는 곳임을 밝힌 보도를 접하게 될 것이다.

예컨대, 92페이지를 보면 기자는 참담한 심정을 이렇게 토로한다. "어린이집의 어두운 현실을 입증하는 강력한 증거에도 전문가들은 이를 공론화하는 것을 매우 꺼린다고 밝혔다." 왜 그럴까? "우익이 이 문제를 기회로 '엄마만 아기를 볼 수 있으니 여성은 집에 있어야 한다'고 주장할 것 같아서다."

리버럴과 페미니스트가 정말 두려워하는 것은 우익이 아니라, 전통적인 가정이 최선의 라이프 스타일이며, 아기에게는 집에 있는 엄마가 필요하다는 만고불변의 진리다.

1990

「로즈 부부의 전쟁」

영화 「로즈 부부의 전쟁(War of the Roses, 국내에서는 '장미의 전쟁'이라는 제목으로 개봉되었다—옮긴이)」은 부끄러울 정도로 노골적인 베드신과 욕설이 더러 나오는 R등급 영화지만, 이면을 들여다보면 의외로 전통적인 도덕률을 지향하는 작품에 가깝다. 이 영화는 1990년에 개봉된 블랙 코미디로, 부부가 택할 수 있는 대안 중 이혼이 '악수 중의 악수the worst'라는 것이 교훈이다. 두어 시간 힘겹게 몰입하다 보면 레슨마스터(lesson-master, 중요한 교훈이나 메시지를 전달하는 캐릭터—옮긴이)인 대니 드비토Danny DeVito가 막판에 이를 꾸밈없이 솔직하게 들려준다.

플롯은 아주 단순하다. 남자가 여자를 만나 결혼해서 두 아이를 낳고, 남편은 유능한 변호사가 되어 돈을 많이 벌고, 둘은 그녀가 꿈에 그리던 집을 사서 꾸민다. 부부관계와 수입도 만족스러운 데다, 아이들은 말도 잘 들었다. 외도나 알코올 중독, 가난, 학대 같은 걱정거리 없이 부부생활은 18년 동안 순탄했다. 집을 꾸미는 일이 가장 큰 '트러블'이었다.

그러던 어느 날, 로즈 부인은 한밤중에 느닷없이 "더는 함께 살고 싶지 않다"며 이혼 의사를 전한다. 신경을 긁은 적도 없고 잘못도 없었다. 알량한 자존심에 그녀는 이유를 밝히지도 않았다. 자신은 숙녀가 아니었지만, 남편만은 신사답게 흔쾌히 나가줄 거라 생각했다. 그러면 둘이 세운 집은 그녀가 차지할 터였다. 그러나 남편은 둘이 서명한 혼인 계약과 아울러, 적어도 집에 대한 동등한 권리는 지키겠다며 법정 투쟁을 불사했다.

10년 전에 개봉한 영화 「크레이머 대 크레이머」에서는 이혼 부부가 자녀 양육권을 두고 공방을 벌였다. 반면, 「장미의 전쟁」에서는 집의 소유권이 쟁점이었다. 양육권이 빠졌다는 점은 물질만능주의 시대의 흔적일 것이다.

영화는 로즈 부부의 물리적·정서적 대립을 숨가쁘게 다루느라 부인이 이혼을 원하게 된 경위를 물어볼 시간이 거의 없다. 대본에서 합리적으로 추론할 수 있는 유일한 동기는 로즈 부인이 여성해방 '질환'에 감염되었다는 것이다. 페미니스트 이데올로기는 엄숙한 서약이나 남편 혹은 자녀 등을 비롯한 가치보다 자아실현이 더 중요하다고 가르친다. 로즈 부인은 혼자 살면서 자기 이름으로 '간 빠떼(pate, 잘게 다진 육류를 다양한 향신료와 함께 넣어 익히는 조리법을 일컫는다—옮긴이)'를 만드는 조촐한 케이터링 사업을 운영하면 만족스러울 거라고 생각했다.

관객들 사이에서 「장미의 전쟁」이 인기를 얻은 까닭은 현대 사회의 약한 신경을 건드렸기 때문일 것이다. 1969년 유행에 민감한 캘리포니아를 필두로 1984년 일리노이주에 이르기까지, 1970년대 당시 50개 주 의회를 휩쓴 이혼법의 근본적인 변화로 후유증을 호소하는 사람들이 하나둘 생기기 시작했다.

페미니스트들은 간소화된 무과실이혼법이 여성에게 해방을 가져다줄 거라고 역설했다. 이 법은 배우자가 상대의 동의 없이, 사실상 아무런 법적 제재 없이도 혼인 계약을 해지할 수 있도록 허용했다. 이혼 '개혁'법은 '과실'을 삭제했는데 아마도 갈등을 방지하기 위한 것으로 풀이된다. 크레이머 부부와 로즈 부부도 알다시피 원한은 양상이 달라질 뿐, 사라지지는 않는다.

1975년 1월 여성해방운동이 절정에 달했을 때, 바버라 월터스는 NBC 스페셜 3시간 분량의 「여성과 남성Of Women and Men」에서 아내가 비천한 역할뿐 아니라, 가정이라는 감옥에서 해방되어야 한다고 당당히 선언했다. 그녀는 '연쇄 결혼'의 시대에 접어들고 있다고 주장했다. 즉, 잠깐 지내다 헤어지는 룸메이트일 뿐, 헌신이나 책임은 묻지 않겠다는 것이다.

이 같은 변화로 남성보다는 여성이 더 많은 상처를 받았을 것이다. 20년 지기 남편이나 아내를 젊은 모델로 바꿀 기회는 여성보다 남성이 더 많기 때문이다. 물론 상처를 받은 남성도 적지는 않다. 더 성공한 남편을 물색하는 것보다는, 혼자 살면서 양육권과 집을 손에 넣기 위해 전통을 악용하는 아내 탓이리라.

통계에 따르면, 재혼의 60퍼센트 이상은 이혼으로 막을 내린 것으로 나타났다. 다행히 이혼율은 조금씩 감소하고 있다. 1989년 이혼율은 전년 대비 4퍼센트 포인트 감소했는데, 어느 신문 기자는 갈등을 해결하고 혼인 관계를 유지하려는 노력을 "현대 사회의 추세contemporary thing"라고 했다.

심리학자들은 원인을 파헤치고 있다. 베이비붐 세대가 '자아세대'를 벗어나 한층 더 성숙해졌기 때문일지도 모른다. 에이즈를 비롯한 성병에 대한 우려가 이혼을 막고 있거나, '이혼 후' 통계가 성급한 이혼에 냉랭한 영향을 주고 있기 때문일 수도 있겠다.

다이앤 메드베드Diane Medved 심리학 박사는 '도덕적으로 중립적인' 대안인 이혼을 결정하는 데 보탬이 되고자 책을 집필하기 시작했다. 하지만 자료를 분석하다 보니 『이혼 반박론The Case Against Divorce』을 쓸 수밖에 없었다고 한다. 실로 촌철살인이 따로 없다.

1990

마초 피해자들

직장에서 당하는 막말 "피해자"를 변호사에게까지 적용한다는 발상은 페미니스트들이 현실 세계와 크게 동떨어져 있다는 방증이다. 미국인은 마음이 따스하다. 피해자와 약자에 대해서는 아낌없는 공감을 표시하고, 지진이나 화산으로 발생한 이재민에게는 기부금을 보내며, 야구 경기에서는 약체팀을 응원한다. 하지만 미국인이 동정하는 목록에 변호사는 없다.

애니타 힐(Anita Hill, 미국 변호사 겸 교수. 1991년 조지타운대학교 로스쿨 교수로 재직하던 중 대법관 후보자 클라렌스 토머스의 성희롱 혐의를 제기했다―옮긴이) 변호사를 직장 내 막말의 '피해자'로 선동하는 것과, 테드 케네디 상원의원(민주당·메사추세츠)이 성희롱에 맞서 의분의 깃발을 들고 있는 것 중 어느 쪽이 더 가관일까? 미국 평등고용기회위원회EEOC 소속 변호사인 애니타 힐은 클라렌스 토머스든, 누구든 성희롱을 하면 어떻게 대처해야 하는지 정도는 정확히 알고 있다.

본디 변호사는 냉혹한 환경에서 빛을 발하는 직업이다. 변호사가 이를 못마땅해 한다는 것은 의사가 피비린내 나는 현장에서 집도하는 수술을 불평하는 것과 같다. 의사는 종종 몸서리쳐지는 상황에서 피를 거의 매일 보다시피 한다. 피를 견디지 못하는 의사나, 냉혹한 환경을 감내하지 못하는 변호사는 다른 일을 찾아야 한다.

1970년대 페미니스트들은 여성을 가혹한 남성 중심사회에 둘러싸인 무력한 희생자로 취급했다. 전국여성조직위는 곱슬머리의 어여쁜 아이의 모습을 텔레비전 방송 중에 짧막한 광고로 내보내고 신문·잡지에도 게재했다. 자막은 이렇게 달았다. "이 아이는 평범하고 건강하지만 장애를 갖고 태어났습니다. 여자로 태어난 탓입니다." 여성해방운동의 가설은—신인지, 제도인지, 남성우월주의자인지는 알 수 없지만—누군가가 여성을 '여성' 취급해 그를 부당하게 공격했고, 수 세기에 걸친 탄압을 바로잡는 것은 사회의 몫이라는 데서 출발한다. 페미니스트는 피해자 코스프레 하나로도 언론을 쉽게 활용할 수 있다는 사실을 일찌감치 깨달았다.

1980년대 페미니스트들은 두 마리 토끼를 잡기 위해 안간힘을 썼다. 이를테면, 피해자라는 가면 뒤에 자신을 가리면서도 한편으로는 남성이 하는 건 저도 다 할 수 있다는 마초적 존재를 자처한 것이다. 마초 페미니스트는 영화 「델마와 루이스Thelma and Louise」가 잘 그려냈다. 이 영화는 오로지 페미니스트와 언론 동지들이 호평을 쏟아부은 덕분에 널리 주목받았다. 심지어 『타임』은 이를 커버스토리로 게재했다! 이 우울한 영화를 보는 수고를 덜어드리고자 내용을 요약해 주련다.

델마와 루이스는 성격이 거친 마초 페미니스트 커플로, 총을 들고 다니며 고속도로를 질주한다. 영화에 등장하는 남성은 모두 게으름뱅이에, 여성을 괴롭히는 건달이다. 델마와 루이스가 왜 험한 짓을 하고 다니는지 근거가 되는 대목이다. 예컨대, 경찰관을 트렁크에 넣고 문을 쾅 닫는 장면은 남성에 대한 편견이 여실히 드러난다. 사내들은 자신의 성에 대해 집단적인 죄책감을 갖고 있으니 망신을 당해도 싸다는 것이다.

막바지에 가면 마초 페미니스트들은 동반 자살에 합의하고 벼랑 끝으로 추락하면서 남성에게서의 해방을 선언한다. 여느 남성의 명령 없이 스스로 내린 최후의 결단은 마침내 진정으로 해방되었다는 것을 증명한다. 마초 페미니스트 친구들이 남성지배사회에서 살아야 할 운명을 벗어날 수 있도록 자유를 선사한 것은 죽음이었다.

1991

페미니스트, 결혼과의 전쟁을 선포하다

필자는 모교 동창회지인 『래드클리프 쿼털리Radcliffe Quarterly』 겨울호를 받았을 때 학계에 포진된 페미니스트들이 '결혼과의 전쟁'을 벌이고 있다는 데 충격을 받았다. 「가족의 풍경Scenes from the Family」이라는 제목 아래로 총 52페이지를 다 읽어봐도 남녀가 "기쁠 때나 슬플 때나 … 죽음이 우리를 갈라놓을 때까지 … 함께 하겠다"는 엄숙한 서약을 지키며 사는 멀쩡한 가족은 전혀 거론하지 않았기 때문이다.

이 특집기사는 결혼을 하면 여성은 정체성이 사라지는데, 어쨌든 "결혼하면 손해이고 여성이라면 더더욱 그렇다"는 페미니스트 노선을 내세웠다. 기자는 슬하에 세 자녀를 두고 15년을 살다가 부부관계를 청산한 후, 다른 남편을 얻었다고 당당히 시인했다. 아울러 "결혼은 평생 가는 것보다는 (성적 취향만 맞으면) 7년이 적당하다"고 주장하기도 했다. 7년 '연장'도 가능하지만 그 후에는 결혼이 '종료'된다는 것이다. 어떤 기사는 샌프란시스코에 사는 레즈비언의 '결혼생활'을 술회했고, 어떤 기사는 혼외자의 멋진 삶을 찬양하는가 하면, 이혼을 "자신에게 변화의 기회를 주는 중차대한 사건"이라 풀이한 기사도 있었다.

뉴욕에 본부를 둔 미국가치연구소Institute for American Values는 1994년 이후, 8,000개 대학 강좌에서 활용된 사회과학 교과서 20종을 연구했다. 연구팀은 보고서—「닫힌 가슴, 닫힌 생각Closed Hearts, Closed Minds」—에서 대다수 교과서가 결혼에 대해 (아주 적대적이진 않더라도) 비관적인 시각을 갖고 있으며 결혼의 희열과 혜택보다는 실패 사례를 강조한다고 밝혔다.

대학 교과서는 결혼이 특히 여성에게 불리하다고 본다. 또한 가정폭력과 이혼을 지나치게 강조하는가 하면, 결혼은 애당초 구시대의 산물이자 가혹한 제도로 간주하기도 했다. 일부 교과서는 반가족적인anti-family 글로 가득했다. 주디 루트 올렛Judy Root Aulette의 「변모하는 가족Changing Families」은 구타와 부부 강간 및 이혼을 주로 다루고 있으며 결혼의 장점은 전혀 언급하지 않았다.

해당 교과서는 부모 둘이 아이에게 필요한 것은 아니며, 이혼을 해도 아이는 피해가 없다는 인상을 준다. 부모가 있는 가정의 아이보다, 한부모 가정의 아이가 훨씬 더 위태하다는 증거는 모두 생략했다. 애슈턴 애플화이트Ashton Applewhite가 쓴 『인연을 끊다_결혼을 끝낸 여성이 성공한다Cutting Loose: Why Women Who End Their Marriages Do So Well』는 혼인제도가 여성에게는 불리한 거래라고 공격하는 새 장르의 책이다. 작가는 페미니스트 수잔 팔루디Susan Faludi의 『백래시Backlash』를 읽고 남편을 차버렸다고 한다. 애플화이트는 중년 여성들도 독립적인 인생을 찾을 수 있도록 부추김으로써 자신의 '혼인 파업walkout'에 대한 공감대를 얻고자 했다. 이를 위해 그녀는 변호사를 상대하고 양육권을 조정하고 연인을 찾거나 사람들과의 친분을 맺는 요령을 일러주었다.

멜리사 러드크Melissa Luddtke의 신간 『우리끼리_미국에서 미혼모가 된다는 것On Our Own: Unmarried Motherhood in America』이 출간되자, 힐러리 로댐 클린턴과 캐슬린 케네디 타운센드 (메릴랜드주) 부지사 및 테드 케네디 상원의원은 PBS 저널리스트 엘렌 홈의 집에서 열린 출간기념 파티에 참석했다. 이때 클린턴 여사는 "원고를 검토해줘" 고맙다는 인사를 받았다.

1960년대 후반에서 1970년대에 이르기까지, 성혁명과 페미니즘 혁명이 미국의 사회의식을 강타했을 때 이를 반대하는 목소리는 주로 나이든 여성에게서 나왔지만, 이제는 여성해방주의의 허상을 믿었다가—페미니스트 이데올로기와는 달리—여성에게도 생체시계가 있다는 사실을 깨달아버린 세대가 신랄한 쓴소리를 퍼붓기 시작했다.

독립여성포럼Independent Women's Forum의 『위민스 쿼털리Women's Quarterly(1997년 가을호)』는 페미니스트의 분노를 자극했을 것이다. 「현실을 직시하라_성혁명은 틀렸다Let's Face It, Girls: The Sexual Revolution Was a Mistake」는 남성처럼 경력을 쌓으면서 내키는 대로 '원나잇'을 즐기면 해방과 자아실현이 찾아온다고 가르친 페미니스트를 집중 공격했다. 성관계에 책임이 빠지면 "결혼해서 아이를 가질 기회는 나이 스물에 예상할 수 있는 것보다 훨씬 작아진다"는 사실을 너무 늦게 깨달았기 때문에 분노한 것이다.

불임으로 좌절하고, 실패율이 높은 인공수정과 약물에 돈과 눈물을 쏟는 40대 여성들의 절규가 들리는 까닭이다. 그들은 여성 불임의 상당수가 성병으로 발생하는데, 이는 허무한 만남 뒤에 치러야 할 크나큰 대가라는 것도 깨달았다.

『위민스 쿼털리』에서 캐럴린 그래글리아Carolyn Graglia는 남녀의 성욕이 동등하다는, 우매한 페미니스트식 관념의 결과를 폭로했다. 모든 인간의 경험에 반하는, 이 그릇된 통념은 여성이 가벼운 원나잇을 거부하는 데 필요한 사회적 지원을 박탈했다는 것이다.

때문에 여성은 남성과 사귈 때 주도권을 차지하기는커녕 도리어 상실하고 말았다. 페미니즘 이전 시대에는 덜 배운 여고생도 '거절No'이 통한다는 것을 알고 자신 있게 대응할 수 있었지만, 지금은 배울 만큼 배운 여성도 데이트 강간과 성희롱을 당하지 않도록 정부(혹은 원고측 변호인)에 요구하고 있는 실정이다.

1997

지. 아이. 제인, 페미니스트의 롤모델

리들리 스콧 감독의 「지. 아이. 제인G. I. Jane」은 1991년 개봉한 영화 「델마와 루이스」의 속편으로 잘 어울리는 영화다. 두 영화는 거친 입과 총을 장착한 채, 불공정한 남성 중심사회에서 벌어지는 차별을 이겨낸 여성을 미화했다.

델마와 루이스는 자동차를 몰고 절벽 아래로 떨어지면서 가혹한 가부장제 사회에서 벗어난다. 남성의 탄압과는 관계없이 극단적인 선택을 하겠다는 결단으로 해방을 입증한 것이다.

한편, 지. 아이. 제인(데미 무어)은 피투성이가 될 때까지 구타를 당하고 가까스로 성폭행을 모면하는가 하면, 극심한 괴롭힘을 당함으로써 자신이 해방된 여성임을 증명한다. 페미니스트들은 남성과의 동등한 대우가 목표이기 때문에 이런 형편도 괘념치 않을 것이다. 페미니스트 운동이 주야장천 추진해 온 평등이 그렇다. 페미니스트들이 주류에서 한참 벗어난 민주당 좌파의 하위 집단을 여태 탈출하지 못한 이유이기도 하다. 루스 베이더 긴즈버그가 출현하기 몇 해 전, 페미니스트들의 법률 고문인 토머스 에머슨 교수Thomas I. Emerson(예일대 로스쿨)는 『예일법학저널Yale Law Journal(1971년 4월호)』에서 성평등의 목표를 이렇게 밝혔다. "젊은 남성을 학대하는 것과 젊은 여성을 학대하는 것 사이에는 선택지가 거의 없다(남녀 모두 존중받아 마땅하다는 뜻—옮긴이)."

영화 「지. 아이. 제인」은 여성도 남성 못지않게 전투를 벌일 수 있다는, 그릇된 신념을 믿게 하려고 제작된 것으로 보인다. 군기가 가장 세다는 네이비씰(Navy SEALs, 해군 특전사부대—옮긴이)에서도 말이다. 그러나 영화는 페미니스트의 대의에 보탬이 되지 않았다. 여성 상원의원(퍼트리셔 슈로더Particia Schroeder 의원과 앤 리처즈Ann Richards 전 텍사스 주지사를 모델로 한 것으로 추정)이 밉살스러운 악당으로 등장, 여성을 전투 임무에 완전히 통합시키지 않았다는 이유로 장교들을 갈구기 때문이다. 그녀는 의원 자리를 지키기 위해 제인을 레즈비언으로 몰아세우며 네이비씰에서 쌓은 커리어를 깎아내린다.

제인은 남성뿐 아니라 여성도 구타를 당할 수 있다는 것을 몸소 보여주지만, 그래서 뭘 어쩌라는 건가? 영화를 보면 제인은 수중에서 보트로 몸을 끌어 올릴 때—실제로 네이비씰에서는 다소 기초적인 테스트에 해당한다—필요한 상체 근력이 부족하다는 점을 알 수 있다. 네이비씰이 하는 건 제인도 다 소화할 수 있다는 발상은 사진 조작과 분장과 대역이 빚어낸 허상에 불과하다. 이를테면, 샤워 중인 제인에게 말을 걸면서도 어찌 된 영문인지 알몸이라는 것을 전혀 의식하지 않는 사령관만큼이나 말도 안 되는 허구인 것이다.

하지만 허구는 그렇다 쳐도, 페미니스트가 미국과 남녀관계에 미치는 영향력은 무시할 수 없을 것이다. 지.아이. 제인이 구타를 당하고 가까스로 성폭행을 모면할 때 이를 지켜보던 대원들의 얼굴에는 두려움이 서려 있고, 훈련을 지휘하는 주임원사에 대한 증오심이 묻어난다. 진짜 사나이가 되려고 해군에 입대했는데 이제는 얻어맞고 강간당하는 여성을 보고도 그냥 못 본 체하라니! 여성 학대 및 폭행에 대한 둔감성을 단련시키는 감수성 훈련sensitivity training을 두고 하는 말이다.

문명사회에서 여성을 보호·배려하는 성향을 억누르는 훈련은 잘못된 것일 뿐 아니라, 어리석은 짓이요, 악랄하고 사악한 작태다. 우리는 '여자를 남자 보듯 하라'는 훈련에 가담하는 남성을 존중하지 않는다.

문명은 중대한 위기에 처해 있다. 페미니스트는 여성에게 진보를 가져다주지도 않았거니와, 심지어 남성은 여성의 머리채를 잡는 원시인의 전형으로 퇴보시키고 있다.

1997

나 홀로 집에 있는 사람은 누구?

우리는 방대한 뉴스 취재원과 24시간 보도로 뉴스의 홍수 속에 살아야 한다. 하지만 리버럴 성향의 두 저자는 공개 토론에서는 시종일관 다루지 않던 주제를 거론했다.

실비아 휴렛Sylvia Hewlett은 『삶을 창조하다Creating a Life』에서 "성취도가 높은high-achieving 미국 여성의 3분의 1에서 절반이 중년에는 아이를 갖지 않는다. 물론 대다수가 선택한 결과는 아니다"라는, '꼭꼭 숨겨두었던 비밀'을 숨 가쁘게 털어놓았다. 한편 버나드 골드버그Bernard Goldberg는 베스트셀러 대열에 오른 『편견Bias』에서 "텔레비전에서는 볼 수 없는 가장 중대한 이야기"는 "미국 아이들에게 무시무시한 일이 벌어지고 있다"는 것인데, 이는 "엄마가 집에서 애는 안 보고 직장에 다니기로 했기" 때문이라고 했다.

앞선 사회적 발언은 동전의 양면과도 같다. 1970년대에 꽃을 피운 페미니즘 운동은 젊은 여성들에게 '남성의 세계'에서 직업을 택하라고 설득했다. 하지만 아이가 있든 없든, 순위가 잘못되었다는 지적은 달가워하지 않았다.

휴렛의 책은 비즈니스의 장벽을 깨고 업계에서 승승장구하며 현재 수억 달러의 소득을 올리고는 있지만, 마냥 행복하진 않은 여성들과의 인터뷰를 모은 것이다. 이를테면, 아기는 얼마나 갖고 싶어 했으며, 임신을 위해 불쾌한 고액 의료시술을 감내하고 입양을 위해 지구 끝까지 달려가게 된 경위 등을 그녀에게 털어놓은 것이다.

미디어 엘리트의 편견을 폭로한, 골드버그의 책에 따르면, 자녀를 둔 여성 임원들은 매일 아침 어린이집이나 보모에게 아이를 맡기는데, 행여 자녀에게 불상사가 생겨 이를 문제 삼을라치면 정색을 하며 싸늘한 반응을 보인다고 한다. 페미니스트들은 수백만 명의 어린이가 방치된 데 따른 사회적 비용에 대해서는 언론이 보도하거나 토론하는 것을 금기시하고 있다. 그래서 "참담한 결과"가 기다리고 있다고 한다.

골드버그는 페미니스트들이 미디어 엘리트를 겁박하여, 어린이집에 대해 부정적인 뉴스가 나오면 앵커들이 "논란의 여지가 있다controversial"는 최애 멘트로 얼버무리기 일쑤라고 말한다. 강직한 샘 도널드슨Sam Donaldson 앵커도 "페미니스트에게 도전하면 비굴한 겁쟁이가 된다"고 밝힌 적이 있다. 페미니스트들은 '래치키 아동(latchkey kids, 부모님이 외출하거나 일을 하러 나간 후 집에서 혼자 지내는 어린이—옮긴이)'이 겪는 문제나, 어린이집에 퍼진 질병이나 혹은 말썽거리를 짚어볼라치면 마치 페미니스트 운동과 엄마들이 (인신)공격을 당한 것처럼 발끈했다.

『뉴욕타임스』 1면은 휴렛의 책이 "출판계에 길이 남을 올해의 미스터리"라고 보도했다. 공짜 광고를 이례적으로 많이 했음에도 판매량이 바닥을 쳤기 때문이다. 충격을 받은 사람은 아무도 없었다. 왜일까? 「오프라 윈프리 쇼Oprah」와 「식스티 미니츠」에서도 홍보하고, 『타임』과 『뉴욕』 매거진에는 표지에 실리고, 텔레비전 방송에도 종일 소개가 되었지만 여성들은 페미니스트의 실수로 찢어진 상처에 소금을 뿌리는 책을 구입할 리 없었다.

골드버그가 혼자 있는 아이들이 겪는 고충에 대해 걱정하는 동안 휴렛은 커리어에 전전하는 여성을 피해자로 만드느라 분주했다. 이를테면, 연봉이 10만 달러(약 1억 원)인 여성 임원은 49퍼센트가 무자녀지만, 남성 임원은 19퍼센트에 불과하다면 고용주와 정부가 가임기

여성을 차별해왔다는 방증이라고 본 것이다.

휴렛은 40세 이후 여성의 출산율이 20대에 비해 떨어진다는, 획기적인 사실을 발견했다고 생각했다. 가혹한 남성 중심의 미국 사회는 여성에게 '잔인한 희생'을 강요했다. 즉, 젊을 때 경력에 집중하면 마흔 이후에는 임신이 극히 어렵다는 이야기다.

성공한 커리어 우먼의 문제에 대한 휴렛의 해결책은 고용주와 정부의 우대였다(평등이 아니다!). 맞벌이 부모에게는 자녀가 18세가 될 때까지 선택에 따라 6개월의 유급 휴가를 쓸 수 있는 '타임뱅크time bank'와, 임금이나 진급에 지장 없이 근무 시간을 단축하는 '마미트랙Mommy Track'을 활용해야 한다는 주장이다.

휴렛은 유럽 국가 중 특히 스웨덴은 자녀가 만 8세가 될 때까지 엄마의 근무 시간을 6시간으로 한정할 수 있어 여성에게 훨씬 유리하다고 봤다. 물론 휴렛은 쏙 뺐지만, 연봉이 10만 달러인 스웨덴 여성은 거의 없다. 그녀는 전형적인 페미니스트답게 정부 지출과 규제 계획으로 머릿속이 가득했다. 이를테면, 소기업이라도 여성에게 유급 병가를 의무적으로 제공하고, 여성에게 유급 휴가를 주는 기업에는 세제 혜택을 주고, 고용주가 노동시간을 늘리지 못하도록 제한하는 법을 원했다.

한편 골드버그는 미디어 엘리트의 "편파방송" 비결을 들려준다. 방과 후 엄마나 아빠가 집에 있으면 아이에게 유익하다고 주장하는 사람이 아니라, 취업 여성이 아이들과 보내는 시간을 줄여가며 계속 일할 수 있도록 보육 시설과 입법을 늘리자는 '전문가'를 내세운다는 것이다.

2002

3부 여성의 지위에
의문을 제기하다

오, 이 세상은 온통 가시투성이로다!

─ 『당신 좋으실 대로』 중에서 ─

여성의 평등권에 무슨 문제라도?

계층을 막론하고 특권의 최대 수혜자는 미국 여성이다. 권리와 보상은 큰 데 반해 의무는 가장 적기 때문인데, 이러한 독특한 지위는 여러 상황이 운 좋게 맞아떨어진 결과였다.

우리는 문명사회에 사는 지대한 복을 누리고 있다. 사회의 기본 단위로서 가정을 존중하는 문명사회 말이다. 법과 관습의 요체는 이런 존중에 있으며, 여성은 아기를 갖고 남성은 그러지 못한다는, 그 어떤 법이나 선동으로도 지울 수 없는 인생에 근간을 두고 있다.

근간이 마음에 들지 않는다면 인간을 이렇게 창조하신 하느님께 불만을 제기해야 할 것이다. 남성 말고 여성이 아기를 낳는다는 사실은 이기적이고 오만한 남성이나 사회제도, 혹은 여성을 탄압하려는 음모론자의 잘못이 아니다. 그것은 하느님이 사람을 창조하신 방식일 뿐이다.

유대·기독교 문명은 성행위에 따른 신체적 결과를 여성이 감당하기 때문에 남성은 다른 방식으로 책임을 져야 한다는 법과 관습을 발전시켜 왔다. 이 법과 관습은 남성이 아이뿐 아니라, 아이를 낳은 여성을 보호하고 재정을 지원하는가 하면, 자녀와 아내에게 이로운 행동 규범을 통해 자신의 역할을 감당할 것을 규정하고 있다.

이는 가족이라는 제도로 완성된다. 유대·기독교 문명의 법과 관습에 뿌리내린 사회의 기초 단위로서 가족을 존중하는 것은 여성 인권의 역사 중 가장 위대한 성과로 꼽힌다. 가족 제도는 여성에게 가장 귀중하고 중요한 권리, 이를테면 아기를 키우고 아기의 성장·발달을 지켜보는 희열을 누리는 가운데 남편의 지원과 보호를 받을 수 있는 권리를 보장한다.

가족 제도가 여성에게 유리한 이유는 한둘이 아니다. 사람이 인생에서 궁극적으로 원하는 것은 무엇인가? 사랑을 하고 사랑받는 것 아닌가? 인류는 한평생 서로가 사랑을 나눌 수 있는 더 좋은 보금자리는 찾지 못했다. 물론 성취감을 바랄 수도 있다. 남성은 30~40년을 노력하면 직장에서 성취감을 만끽하고, 여성은 젊을 때 아기를 낳아 진정한 성취감을 누릴 수 있다. 아이를 낳아 잘 길러내면 우쭐해질 만큼 인정도 받는다.

안정적인 가정경제를 원하는가? 다행히 모세가 전수한 십계명 중에는 "네 아버지와 어머니를 공경하라. 그리하면 네 생명이 땅에서 길리라(출애굽기 20장 12절)"는 말씀이 있다. 자녀는 여성이 가진 최선의 사회보장제도—노령 연금과 실업수당, 산재, 병가 등—인 셈이다. 가정은 여성에게 심신 및 재정적 안정을 평생 제공한다.

미국 여성이 특권층인 두 번째 이유는 중세 기사도 시대the Christian Age of Chivalry 이후로 여성을 특별히 존중해온 전통의 수혜자이기 때문이다. 그리스도의 모친인 마리아에 대한 영예와 존경심은 모든 여성을 우월한 존재로 격상시킨 결과를 낳았다.

여성에 대한 존중은 정치인이 하느님과 모성과 국기를 두고 하는 '립서비스'에 불과한 것이 아니다. 일부 선동가들이 생각하는 것처럼, 여성을 배려한답시고 문을 열어주고, 여성을 먼저 앉히고, 가방을 들어주고, 승하차를 도와주는 것만을 뜻하지는 않는다. 그런 좋은 매너는 여성을 상대하는 태도를 가시적으로 드러내는 증거일 뿐이다.

아프리카와 아메리카 인디언을 비롯한, 다른 문명에서는 남성이 깃털과 구슬을 차고 다니며 수렵과 낚시(남자들이 선호하는 스포츠다)를 즐기지만, 여성은 흙을 갈고 나무를 깎고 불을 피우고 물을 길어 나르고 요리와 바느질과 육아 등, 힘들고 지루한 일을 모두 도맡아 한다.

이것이 미국식 라이프스타일이 아닌 까닭은 다행히 우리가 중세의 기사도 전통을 물려받았기 때문이다. 미국에서 남성이 (승용차 다음으로) 목돈을 들여 사는 건 신부에게 줄 다이아몬드요, 부담이 가장 큰 투자처는 신부가 살 집이다. 미국 남편은 아내의 패션 트렌드를 위해 초과 근무를 마다하지 않으며, 아내가 과부가 되어도 편히 살 수 있도록 매달 보험료를 낸다(남편은 절대 누릴 수 없는 혜택이다).

영국의 관습법을 따르는 주에서는 아내가 남편의 부동산에 대해 '미망인 상속권dower right'을 갖는다. 남편이 생전이나 사후의 유언으로도 박탈할 수 없는 권리이므로, 남편은 자신의 부동산이라도 아내의 동의 없이는 이를 처분할 수 없다는 이야기다. 매각할 때 지분 1/3은 아내에게 귀속될 것이다.

캘리포니아를 비롯하여 애리조나와 텍사스 및 루이지애나 등, 스페인과 프랑스 공동체 재산법을 따르는 주에서는 여성이 더 유리하다. 스페인과 프랑스 법의 철학은 남편의 직장일 만큼이나 아내의 집안일도 가치가 있다는 것이다. 공동체 재산을 적용하는 주에서는 결혼 이후 남편이 벌어들인 소득과 재산의 절반은 아내가 소유하며 남편은 이를 빼앗을 수 없다.

그러나 일리노이주에서는 '평등권' 광신도의 선동으로 1972년 1월 1일 이후로 미망인 상속권이 폐지되었다. 즉, 일리노이에서는 남편이 가족의 집을 팔거나 여친에게 돈을 쓰거나 도박으로 가산을 탕진해도 30년 지기 조강지처가 이를 막을 수 없게 되었다는 것이다. '평등권' 광신도들은 일리노이를 비롯한 여러 주에서 약혼 불이행과 간통 및 불륜 등에 적용되는, 기본 관습법상의 권리를 박탈했다.

미국 여성이 잘 사는 세 번째 이유는 국내의 자유기업체제가 발명가를 배출하여, 등골이 휘는 '여성의 일'을 덜어주었기 때문이다.

"남자는 해가 뜰 때부터 질 때까지 일하지만 여성의 일은 한도 끝도 없다"는 말이 과언이 아닌 국가와 시대가 있었다. 이를테면, 여성은 장작 난로에서 음식을 준비하고, 밀가루를 만들고, 화덕에서 빵을 굽고, 실을 뽑는가 하면, 옷과 비누를 만들고 손빨래를 하고 다리미를 가열하고 촛불을 켜고 불을 피워 방을 훈훈하게 만들고, 아기가 아플 때는 의료서비스 없이 간호하는 등, 눈이 떠 있는 시간 내내 노동에 시달려야 했다.

고된 노동에서 여성을 해방한 일등공신은 미국의 자유기업체제였다. 자유기업체제 덕분에 창의적인 천재들이 재능을 발휘할 수 있었고 모두가 그 혜택을 누리고 있다. 여성해방의 위대한 영웅은 텔레비전 토크쇼나 피켓 시위 현장에 등장하는, 머리가 부스스한 여성이 아니라, 가정에 전기를 공급해 불을 밝히고, 노동력을 절감할 수 있는 가전—가사도우미 6명 정도의 노동력에 버금가는—을 가동한 토머스 에디슨이다. 재봉틀을 발명해 기성복이 차고 넘치게 한 엘리어스 하우Elias Howe와, 냉동식품을 발명한 클래런스 버즈아이Clarence Birdseye, 그리고 차량을 대량 생산하여 거의 모든 미국인이 살 수 있도록 가격대를 낮춘 헨리 포드도 영웅일 것이다.

해외 여러 나라에 사는 여성들은 장을 보는 게 주된 일인데, 이를 위해서는 장바구니를 직접 들고 수십 개 정도 되는 매장에 가서 줄을 서야 한다. 많은 양을 들고 다닐 수도 없거니와, 남는 음식을 보관할 냉장고도 없어 소량만 구입한다. 그러나 미국의 자유기업체제는 거대한 식품·포장 산업과 멋진 슈퍼마켓을 탄생시켜 다양한 먹거리를 제공하는가 하면, 미리 포장된 제품을 팔기 때문에 휴대도 간편한 데다 기다릴 필요도 거의 없다. 미국에서 여성은 먹거리를 사기 위해 매일 줄을 서야 하는 노예의 삶에서 벗어난 것이다.

가사 노동이 하루에 몇 시간으로 줄었기 때문에 여성은 넉넉한 여유를 갖게 되었다. 정규직이나 알바로 취직해 돈을 벌 수도 있고, 관심 있는 교육·문화·가사 및 자원봉사 등, 다양한 분야에 뛰어들어 마음껏 즐겨도 좋을 것이다.

이제 진실을 밝힐 때가 왔다. 미국 여성이 탄압과 부당한 대우를 받고 있다는 주장은 희대의 사기다. 미국 여성이 지금처럼 기회와 혜택을 누린 적은 없다는 것이 진실이다. 이미 특권을 누리고 있는데 굳이 '동등한 권리'로 낮추겠다는 심산은 도대체 뭘까?

1972년 2월, 『필리스 슐래플리 보고서』에 실려 화제를 모은 이 글은 성평등헌법수정안을 무력화하는 운동의 첫 신호탄이 되었다.

1972

여성 친화적인 사회복지

피부양 아내와 미망인에게 지급되는 사회복지 혜택은 40년 이상 제도의 일부였지만 지금은 페미니스트 운동의 공격을 받고 있다.

실은 주부도 하나의 계층으로, 사회보장제도의 재정에 밑거름이 되는 가장 큰 자산이다. 사회보장제도는 페이고PAYGO(pay-as-you-go, 오늘 낸 세금으로 오늘 급여를 충당하고 내일 거둘 세금으로 내일 급여를 충당하는 구조) 방식이므로 오늘날 근로자가 받게 될 퇴직연금은 전적으로 미래의 젊은 근로자가 기관에 납부하는 금액으로 충당될 것이다.

사회보장제도가 재정 문제에 봉착하게 된 가장 큰 원인은 지난 몇 년 동안 출산율이 급격히 감소했기 때문이다. 국내 출산율은 인구 유지 수준을 밑돌고 있다.

필자는 육남매를 낳아 길렀다. 그러니 나라 곳간에 평생 세금을 내는 여느 근로자보다 기여한 바는 훨씬 크다고 본다. 아이들이 앞으로 수십 년은 세금을 내야 할 테니 말이다. 일반적으로 네 아들은 각각 40~50년, 두 딸은 최소 20~30년간 납부할 것이다. 금전적인 가치를 따지자면 남성 혹은 여성 근로자의 몇 곱절이다.

전업주부 겸 어머니는 사회보장제도의 재정에도 기여하지만, 일과 삶이 사회에 주는 유익 또한 (달러로 환산하기는 어렵겠지만) 실제로 적진 않을 것이다. 예컨대, 주부 겸 엄마가 가정에서 도덕과 법을 준수하고, 근면하고, 지식과 기술을 익히고, 정서적으로 잘 적응하고, 끈끈한 가정을 이룰 수 있는 자녀를 기르기 위해 시간을 투자한다면 건강한 사회와 국가의 미래에 지대한 공헌을 한 셈이다.

각 가정에서 자녀를 돌보는 현모양처는 사회에서, 사회가 가장 중시하는 역할을 하며, 미국의 미래는 다음 세대의 도덕적 가치관과 정신력과 지력과 체력이 강한가가 판가름할 것이다.

공공·세금 정책은 돈독한 가정뿐 아니라, 어머니가 스스로 자녀를 돌볼 수 있는 환경을 장려해야 한다. 어머니가 딴 사람에게 육아를 맡기며까지 노동시장에 진출하도록 부추기는 공공·세금 정책이 채택된다면 참담한 실책을 초래할 것이다. 이 같은 정책은 가족을 해체하고, 최선의 국익을 거스르는 작태에 불과하다. 사회보장제도의 장기적인 재정 건전성과, 국가의 필요를 충족시킬 수 있는 역량에 치명적인 타격을 줄 수 있다는 점에서 더욱 그렇다.

40여 년간 피부양 주부와 미망인에게 사회보장연금을 지급했다는 사실은 그들의 일상이 가정과 사회, 그리고 사회의 재정 건전성에 보탬이 된다는 점을 공식적·가시적으로 인정해왔다는 방증이다. 오늘날 아내 수당wife's benefit도 1930년대와 똑같은 기능을 하고 있다.

그러나 말주변도 있고 글도 좀 쓴다는, 강성 여성단체들은 떼거리로 의회에 몰려와서는 피부양 아내 및 미망인 수당을 없애 달라고 요구했다. 필자가 "떼거리ganged up"라고 쓴 이유는 행세가 딱 그 모양이었기 때문이다. 1979년 사회보장국the Social Security Administration이 발간한 『사회보장제도와 남녀의 역할 변화Social Security and the Changing Roles of Men and Women』와 관련하여 자문위원으로 등록된 400명의 명단에는 매우 급진적인 페미니스트 리더들이 대거 포함되었지만, 피부양 주부는 단 한 명도 없었다.

『사회보장제도와 남녀의 역할 변화』는 사회보장제도를 근본적으로 뜯어고치겠다며 3가지 대안을 제시했는데, 모두가 피부양 아내의 혜택을 없애자는 것이었다. 대안 1, 2에 따르자면 기존의 가족 수당은 최대 19퍼센트까지 삭감되고, 세 번째 대안에 따르면, 피부양 아내의 남편은 아내가 지금과 동일한 혜택을 받기 위해서는 세금을 두 배로 내야 한단다.

1979년 미국 전역에서 열린 공청회를 통해 대중에 발표되었을 때 이 제안은 전혀 설득력을 얻지 못했다. 국민들은 피부양 아내와 전통적인 가족을 처벌하려는 시도에 분노를 금치 못했다.

피부양 아내 수당은 복지 수당이 아니며 그랬던 적도 없다. 피부양 아내 수당은 가정에서 아내 혹은 어머니가 가정에서 사회 및 사회보장제도에 기여해왔다는 점을 인정하는, 40년간의 공공정책을 대표한다. 사회보장제도에서 실질적인 '복지 혜택'이란 그들이 받는 은퇴연금에 상응하는 세금도 내지 못하는 저소득 근로자에게 지급되는 가중 연금을 두고 하는 말이다.

수백만 명의 아내가 노동시장에 진출했다고 해서 가정에 남아있는 사람의 수당을 박탈해야 한다는 논리는 어불성설이다. 오늘날 피부양 아내 수당은 40년 전 이 제도가 도입된 것과 같은 이유로 여전히 필요하다. 수많은 주부가 가정에서 노동시장에 편승한 탓에 어머니가 가정에서 자녀를 돌볼 수 있도록 장려하는 공공정책이 여느 때보다 중요해졌다.

아내 수당을 두고 페미니스트가 대체로 불만을 제기하는 것은 피부양가족인 아내가 취업 여성만큼 사회보장 혜택을 받는 것이 '불공평하다'는 데 있다. 이는 가치 척도에 따라 달라지는 주장이다. 페미니스트들은 '정의상 by definition' 피부양 아내가 현찰로 임금을 받지 않기 때문에 그다지 가치가 없다고 치부한다.

그러나 전통적인 가치 척도에서는 피부양 아내도 취업 여성 못지않게 가치가 있다. 두 자녀가 성인이 될 때까지 기를 경우, 사회보장제도의 장기적인 재정 건전성에는 더 큰 가치가 있으며, 셋 이상의 자녀를 성인 때까지 양육하면 가치는 훨씬 더 배가될 것이다.

여성 근로자는 남성과 처우가 같아 페미니스트들의 불만은 앞뒤가 맞지 않는다. 대법원의 판결과 법 개정 덕분에 사회보장제도에는 성차별이 존재하지 않는다. 사실 여성 근로자는 평균수명이 더 길어 남성보다 훨씬 더 많은 혜택을 누릴 것이다.

공공정책 측면에서도 피부양 아내의 노동력 편입을 유도하기보다는 육아를 장려하는 것이 남성과 여성 근로자 모두에게 장기적으로 유익하다. 경제학자들은 여성이 노동시장에 진출하면 그러지 않을 때보다 자녀를 더 적게 낳을 것이고, 피부양 아내 수당이 없어지면 취업을 원하는 아내의 수효가 증가한다는 데 입을 모은다. 아울러 수백만 명의 아내를 인위적으로 노동시장에 편입시키는 데 드는 사회적·경제적 비용도 만만치 않을 것이다.

피부양 아내 수당을 없애면 재정적인 불이익을 가하기 때문에 전통적인 라이프스타일을 선택하려는 여성의 경제력에 치명타를 줄 수 있다. 하지만 피부양 아내 수당을 폐지한들 취업 여성에게 더 많은 혜택이 돌아가는 것도 아니다. 그렇다면 일부 고학력 취업 여성들이 전업주부를 없애기 위해 이토록 안간힘을 쓰는 이유는 무엇일까? 그들은 아이들 방이나 부엌에 붙어 있느라 자신을 방어할 능력도 없는데 말이다.

정확한 동기를 파악하는 건 어렵겠지만, 이 주제를 논한 문헌을 읽고 나니 (1) 모든/대다수 아내와 어머니를 노동시장으로 유도하고 (육아는 어린이집 교사에게 맡기는 것이) 사회적 선이라는 믿음이 있고 (2) 사회보장제도가 피부양 아내를 취업 여성만큼 중요시한 탓에 질투심이 발동하기 때문이라는 두 가지 이유가 결론이다.

페미니스트 운동은 피부양 아내를 쓸모없는 존재로 치부하려 들지만 그들은 무용지물이 아니다. 1980년대 아기가 1930년대 아기와 다를 리 없다. 엄마의 보살핌은 매한가지로 필요하다. 우리는 자녀를 돌보는 데 '올인한' 아내에게 박수와 격려를 보내야 한다. 전업주부를 둔 가정은 맞벌이 가정보다 평균 가계소득이 3분의 1정도 낮으므로 상당한 재정적 희생이 뒤따르게 마련이다.

아내 및 미망인 수당을 폐지하자는 주장은 본질대로 명칭을 바꿔야 한다. 이를테면, 자녀를 보살피고 기르기 위해 전업주부를 선택한 여성을 처벌하겠다는, 급진 페미니스트의 주장이요, 전통적인 라이프스타일에 재정적인 불이익을 가해 가족을 해체하려는 주장이며, 출산율을 더 낮추고 사회보장제도를 파산시킬 수 있을 정도로 막대한 비용이 드는 주장이자, 시설에 갇혀 방치될 아동에 대해 적잖은 사회적 비용을 초래할 어리석은 주장인 것이다.

사회보장제도는 여성의 다양한 경력과 라이프스타일을 수용할 수 있도록 현명하게 설계되었다. 피부양 아내 수당은 1930년대 아내들에게 그랬던 것처럼 가사가 주된 경력인 1980년대 전업주부에게도 보탬이 될 것이다.

1981년 3월 6일, 미 하원 조세무역위 사회보장 소위원회에 제출한 증언

1981

여성은 평등한 대가를 받고 있는가?

작년 한 해 동안 페미니스트 운동은 동종업계라도 남성이 1달러를 번다면 취업 여성은 고작 59센트를 받는다고 주장했다. 국민을 설득하기 위해 거짓 선동 캠페인을 조직적으로 벌인 것이다. 페미니스트들이 쓰는 59센트는 거짓이지만, 어머니의 역할을 폄훼하기 위해 들먹인 숫자라는 점이 더 큰 문제였다. "59센트" 슬로건은 여성이 온종일, 평생 노동력을 바치는 사회로 바꾸어 모성의 역할을 없애기 위해 설계된 것이다.

동일노동에 대한 동일임금은 오늘날 우리 땅의 법이다. 1972년에 제정된 고용기회균등법과, 숱한 연방법령 및 행정명령이 이를 의무사항으로 간주하고 있다. 고용기회균등위는 적극적인 집행 기관으로, AT&T에 3,800만 달러를 비롯하여 국내 대기업을 상대로 수백만 달러의 합의금을 받아낸 바 있다.

필자는 '동일노동에 대한 동일임금'을 반대한다는 사람을 본 적이 없다. 미국에서 논란의 여지가 전혀 없는 개념이라는 이야기인데, 그렇다면 페미니스트들은 왜 이 문제를 계속 거론할까? 무의미한 발상에도 뭔가 의미가 있으리라는 점을 믿게 하고 싶기 때문이다.

동일노동에 대한 동일임금은 간호사와 의사가 연봉이 같아야 한다거나, 비서가 상사만큼 일을 잘 하고 머리가 잘 돌아가더라도 그와 연봉이 같아야 한다는 뜻은 아니다. 아울러 2년 전에 입사한 여성이 20년간 일한 남성과 동일한 연봉을 받아야 한다는 소리도 아니고, 비서가 학교를 더 오래 다녔다고 해서 배관공과 같은 연봉을 받아야 한다는 둥, 사무직이나 유통매장에서 일하는 여성이, 광산이나 건설 현장에서 일하는 남성과 같은 연봉을 받아야 한다는 말도 아닐 것이다.

동일노동에 대한 동일임금이란 남녀가 동일 지역과 동종업계에서 같은 경력으로, 같은 시간 동안 같은 일을 하는 경우에 동일한 임금을 받아야 한다는 것을 뜻한다. 현행법이 그렇고, 고용기회균등위에서도 이를 아주 적극적으로 시행하고 있다.

"59센트"라는 사기 멘트를 널리 알리기 위해 여론전을 펼치는 사람들은 고용기회균등법 위반에 대해서는 함구하고 있다. 이 법을 바꾸겠다는 주장도 없다. 그렇다면 59센트라는 숫자는 어디서 나온 걸까? 이는 모든 남성과 여성에게 지급되는 평균 임금을 단순 비교한 것이다. 그러니 성차별이라든가, 특정 직종에서 특정인이 받는 임금의 공정성을 두고는 입증하는 바가 전혀 없는 것이다.

우리는 모든 여성의 평균 임금이 남성의 것과 똑같은 사회는 원하지 않는다. 그런 사회라면 엄마의 역할은 사라질 것이다. 엄마의 이력은 정부 통계에 임금 기록이 남는다거나 보상을 받지는 않지만 그렇다고 가치가 떨어지는 것은 아니다. 사회에서 가장 유익한 역할이기 때문이다.

우리는 모든 취업 여성의 평균 임금이 취업 남성의 것과 똑같은 사회는 원하지 않는다. 그런 사회라면 아내와 엄마도 직장에서 남성과 같은 시간과 기간 동안 일해야 할 것이다. 요즘은 그런 아내도 거의 없고, 그러고 싶은 아내도 거의 없다. 아내와 엄마가 자신의 역할과 가정에 충실하려면 노동시간은 줄여야 한다.

우리는 일반 남성이 일반 여성보다 더 많은 수입으로 가정을 꾸리고, 육아를 담당하는 아내를 먹여 살릴 수 있는 사회를 원한다. 페미니스트 이익단체가 공공정책을 바꾸어 모든 여성이 평생 직장에 얽매이도록 강요하는 사회는 바라지 않는다. 엄마의 소중한 세월과 시간이 빼앗길 테니 말이다.

'모든' 여성의 평균 임금을 '모든' 남성의 것과 비교하면 노동조건이 같지 않기 때문에 임금이 같을 수도 없거니와, 같아서도 안 된다. 일반적으로 남성은 근무 경력과 연공서열이 훨씬 높은 편이다. 반면 일반 여성의 근무 기간은 남성의 절반인 데다 경력 단절도 많고, 직장을 그만둘 확률도 남성보다 11배 더 높다.

일반 여성의 주당 근무 시간은 일반 남성만큼 많지가 않다. 대다수 아내는 정규직으로 일하지 않는다. 통계상 '전업full-time'이라 해도 1년 12개월에, 주당 40시간을 근무하진 않는다. 시간제를 선호해 아르바이트에 취업하는 여성들이 많은데, 그런 의미에서 '일자리 나누기job-sharing'는 노동시장에 뛰어들 수밖에 없는 아내에게는 아주 솔깃한 발상일 것이다. 수당을 위해 초과 근무를 마다하지 않는 쪽은 여성보다는 남성이 더 많다. 대다수 여성은 될 수 있으면 초과 근무를 거부하고, '강제 초과 근무forced over(비자발적인 초과 근무를 뜻하는 말)'를 당하면 버럭 화를 낸다.

일반 남성에는, 여성은 감당할 수도 없고 대개는 적합하지도 않을 뿐 아니라, 연봉을 3배 올려준대도 하지 않을 만큼 버겁고 위험한 일을 하는 수백만 명의 남성도 포함되어 있다. 이를테면, 광부와 철강 관련 노동자, 고압선 전기기사, 벌목공, 인양 잠수부, 콘크리트 마감

공, 기계공, 폭발물 관리자, 지붕수리공, 해머 작업공, 기중기 기사, 조경기사, 항만 인부, 이사용역, 철도 및 트럭기사 등이 있다. 이 같은 직종에 종사하는 남성은 높은 보수를 받을 자격이 있고 실제로도 받고 있다. 1981년 4월 14일자 『월스트리트저널』은 북극 시추공이 하는 작업을 '진짜 사나이의 일a real he-man job'이라고 표현했다. 여성이 선호하는, 비교적 깨끗하고, 안전하고, 덜 힘들고, 덜 위험한 일을 하는 일반 여성이 동등한 임금을 받아야 한다는 것은 매우 부당한 생각이다.

일반 여성(물론 모든 여성이 그렇다는 건 아니다)은 전문직뿐 아니라 비즈니스 세계에서 고소득 직책이 요구하는 책임과 기나긴 근무 시간과 평생의 헌신을 자발적으로 거부한다.

1981년 3월 18일자 『월스트리트저널』은 남녀 의사의 수입이 다른 이유를 보도하면서, 일반 여의사는 주당 진료 환자가 남성보다 40여 명 적고, 수익성이 높은 분야(이를테면 남성이 선호하는 외과 등)보다는 소아과와 정신과 등, 수익이 낮은 전공 분야를 선택하기 때문이라고 밝혔다. 또한 여성은 높은 성적으로 로스쿨을 졸업하지만, 진급과 경력에 필요한 장시간 근무와 야간·주말 근무를 꺼리는 경우가 허다하다.

1980년 10월 13일자 『크레인스 시카고 비즈니스Crain's Chicago Business』는 헤드헌터 기업을 경영하는 여성과의 인터뷰를 게재했다. 그녀는 "여성들이 일반 남성 임원과는 달리, 경력에 대한 헌신을 거부하기 때문에 … 구인 제안을 거절하기 시작했다"고 밝혔다. 승진 기회를 놓친 여성들이 승진에 필요한 개인 및 가족의 희생을 기꺼이 포기한 사례도 있었다고 한다. 예컨대, 다른 도시로 떠나야 하는 직책은 대부분 거절하고 남편과 동행하기 위해 직책을 사임했다는데, 아내 입장에서는 대개 경력보다는 가족과 함께 하는 시간이 더 중요하기 때문이라는 것이다.

오늘날 남성은 비교적 많은 교육을 받고, 고소득 전문 분야에서 이수하는 교육도 상당히 많다. 그래서 젊은 남녀의 교육 이수 시간이 같더라도 단순 비교는 무의미한 것이다. 필자의 딸은 프린스턴에서 경제학을 우등으로 졸업했고, 아들은 동대(프린스턴)에서 전기공학과를 우등으로 졸업했다. 둘의 학점 이수 시간은 통계상으로는 같지만, 초봉의 차이는 연간 수천 달러에 이른다. 성차별이 아니라, 전기 엔지니어의 수요가 더 많다는 사실을 시장이 인정했기 때문이다. 딸아이는 차별을 받은 것이 아니다. 그저 공대를 선택하지 않았을 뿐이다.

여성이 적은 부담에, 근무 시간도 짧고 임금도 적은 일에 종사하는 이유는 성차별이 아니라 직업 선택의 자유에 있다. 미국은 가사와 엄마 역할과 온전한 가정을 우선하는 직업을 선택하려는 여성이 압도적으로 많다. 남성과는 달리, 가사와 엄마 역할을 평생 전업으로 삼지 않는 여성조차도 인생 대부분을 그에 '올인'하고 있어 직장에는 전념할 수가 없는 형편이다.

입법과 재정 및 세제 도입을 통해 여성이 무심코 직업을 선택하도록 유도하는 것은 의회가 할 일이 아니다. 국가의 미래는 훌륭한 시민으로 성장하는 아이들에게 달려 있으며, 이를 성취할 수 있는 최선의 방법은 정서적으로 안정된, 온전한 가정을 이루는 것이다. 의회가 모성을 스스로 거부하고 이를 낡은 고정관념으로 낙인찍으려는 극

소수 페미니스트에게만 공개 포럼을 개최하는 것은 잘못된 일이다.

물론 앞서 열거한 문제가 주부와 취업 여성 사이의 싸움을 조장해선 안 된다. 주부들도 아주 열심히 일하고 있다. 오늘날 수백만 명의 주부가 노동시장에 투입되고 있으니, 직장 여성도 가정이 있고 가사에 열일 중이다. 거의 모든 여성이 일생 중 몇 년은 노동력을 제공할 것이다.

1981년 4월 21일, 미 상원 노동·인적자원위원회에 제출한 증언

1981

여성학과 학문의 자유

미국시민자유연맹(이하 ACLU)은 특이한 사건에 개입하는 경우가 더러 있다. 최근 캘리포니아 법원에 제기된 소송은 주립대학의 여성학 과목에서 전통적인 가치를 배제하고 페미니즘과 레즈비언을 가르칠 수 있도록 보장하라는 것이 주요 골자였다. ACLU 남가주재단이 캘리포니아 주립대의 롱비치 캠퍼스 이사회와 임원을 상대로 제기한 소송의 실제 쟁점이 그렇다.

원고도 이력이 특이하다. 하나는 '페미니즘 이론' 전문가이고, 하나는 '레즈비어니즘' 전문가에, '여성 및 인종 차별' 전문가도 있는가 하면 '여성과 정신건강' 전문가와 '여성과 역사' 전문가도 있는 것으로 밝혀졌다. 소장에 따르면, 원고 교수진은 "페미니즘 연구 프로그램의 교육 필수요건인 페미니즘 원리와 방법론 및 과정 전문가이자, 모두 … 페미니스트"라고 한다.

소장은 여성학 강좌를 두둔하며 페미니즘 연구를 들먹였다. 의미를 교묘하게 속이며 어물쩍 넘어가겠다는 심산이다. 당시 소송은 여성학과 페미·레즈비언을 동일한 개념으로 엮기 위해 짜낸 것이다.

롱비치 캘리포니아 주립대학교의 여성학 강좌는 1970년 모든 여성에게 유익한 프로그램 차원에서 개설되었으나, 여성 교수진이 전통적인 여성의 목표와 가치를 배제하고 급진적인 페미·레즈비언의 목표와 가치를 장려하는 강좌로 둔갑시키고 말았다. ACLU의 소장은 "페미니즘 원리에 주안점을 두었다"고 명시되어 있다.

논란은 일부 기독교 여성이 롱비치 캘리포니아 주립대학교의 여성학 강좌에 등록하면서 불붙기 시작했다. '여성학 입문Women's Studies 101: Women and Their Bodies'이 무엇을 가르치고, 교과서로 배정된 책이 무엇인지 알게 된 여성들은 충격에 빠졌다. 그들은 대학 관계자에게 '여성학 입문'은 친레즈비언 성향이 짙고, 교과서와 권장 도서도 "선정적이고 음란한, 아주 쓰레기"라고 성토했다. 미국의 전통적인 가치를 지키는 과목이 없어 여성학 강좌의 균형이 맞지 않는다는 것이다. 여성학 과목을 수강한 일부 여성은 수업 시간에 19금과 동성애 영화를 시청했고, 교사가 막말을 지껄였으며, 수업 활동과 과제에 성적인 활동이 포함되어 있다는 내용의 진술서를 제출했다.

여성학 과목의 교과서와 권장 도서에는 팻 캘리피아Pat Califia가 지은 『새피스트리_레즈비언 섹슈얼리티Sapphistry: The Book of Lesbian Sexuality(새피스트리는 주로 여성 동성애를 가리키는 용어이다―옮긴이)』와 카먼 커Carmen Kerr의 『동등한 상대와 사랑하고 즐기고픈 여성을 위한 섹스 Sex For Women Who Want to Have Fun and Loving Relationships With Equals』,

그리고 『레즈비언과 여성운동Lesbianism and the Women's Movement』도 있다. 너무 외설적이라 차마 인용은 못하겠지만, 어쨌든 이런 책들은 노골적인 글과 사진을 통해 레즈비언이 되는 과정과, 집단섹스, 난교, 수간, 가학성애 및 결박 등, 온갖 변태 성행위 요령을 일러준다.

30페이지 분량의 ACLU 소장은 이 같은 강좌를 수정헌법 제1조(the First Amendment, 종교·언론·집회 등, 표현의 자유를 강조하는 조항—옮긴이)와 절차의 공정성, 평등한 권리 및 학문의 자유라는 신성한 허울로 포장하려 들었다. 아울러 페미니스트·레즈비언 강좌를 축소하는 것은 1972년 교육수정법 제9조를 위반한 성차별이라고 역설했다.

이 소동으로 캘리포니아주 상원 재정위는 대학 총장이 캘리포니아 주립대학 강좌 중 '성적 행위'에 학점을 인정하는 과목이 있는지 파악하고, 행여 있다면 당국이 해당 대학에 벌금 100만 달러를 부과한다는 결의안을 도입했다. 결국 캘리포니아 주의회·상원협의위원회는 '성경험에 학점을 주는' 정책에 주 예산을 사용해선 안 된다'는 결의안을 채택했다.

이제 납세자는 일부 대학에서 학문의 자유와 여성학이라는 허울 좋은 이름으로 어떤 행각이 벌어지고 있으며, 어떤 경위로 전통적인 도덕 및 가족의 가치가 커리큘럼에서 제외되고 있는지 낱낱이 확인해야 할 것이다.

1983

스미스대 여학우는 무엇을 원하는가?

「여성은 무엇을 원하는가?―페미니즘과 그 미래What Do Women Want? ―Feminism and its Future」는 1981년 『하퍼스』 매거진 10월호에 바버라 그리주티해리슨Barbara Grizzuti-Harrison이 쓴 16페이지짜리 기사 제목 이다. 현대 여성의 트렌드를 이해하려면 필독해야 할 중요한 글이다.

이처럼 해리슨은 여성의 희망과 포부에 대해 심오한 사회학적 질 문을 던지고는, 스미스대학 캠퍼스에서 일주일을 보내며 젊은 엘리트 페미니스트로부터 답을 찾고자 했다. 학업과 취업에 대한 열의 측면 에서 최상위 페미니즘이 제시하는 모델로, 국내에서 가장 큰 사립 여 대―스미스대―를 선택한 것이다.

필자는 스미스대학에 가본 적이 없다. 따라서 이 글은 스미스대학 에 대한 내 소견이 아니라, 해리슨의 논평에 대한 필자의 견해를 정리 한 것이다. 해리슨의 글은 페미니즘에 공감하며 페미니즘 목표가 모 든 여성의 목표라는 가설에 이의를 제기하지 않는다.

해리슨은 격동의 1960년대에도 흔들릴 줄 몰랐던 스미스대학이 요 즘에는 "더는 여성스럽지가 않다"고 술회했다. 아울러 "지금도 금요 차 담회가 있긴 하지만 '레즈비언 워크샵'을 진행해도 충격을 받는 사람 은 거의 없으며 의외라는 반응은 더더욱 찾기가 어려워졌다"고 했다.

스미스 여대생들은 전업주부라는 '경력'을 거부했다. 이를 두고는 "7일 내내 캠퍼스를 돌아다녔지만 약혼반지를 끼고 있는 여성은 단 한 번도 본 적이 없다. … 엄마를 업으로 생각하는 학생 또한 만나지 못했다"고 썼다. 1960년에는 졸업생의 61퍼센트가 주부를 선택했지만 1970년 졸업생은 15퍼센트에 그쳤고, 1980년에는 단 1퍼센트도 주부를 선택하지 않았다는 통계가 격세지감을 여실히 보여준다.

해리슨은 캠퍼스에 존재하는 레즈비언을 재차 언급했다. 그녀는 레즈비언 공동주거시설을 비롯하여, 레즈비언 댄스파티에 온 200명과 반남성 분리주의 숭배사상을 거론하는가 하면, '더는 기능 단위로 보지 않는 가족이 해체되는 현상'을 두고 오가는 이야기도 들려준다. 또한 '레즈비언'보다는 '여성으로 식별되는 여성women-identified women'이라는 완곡한 표현을 자주 쓰며 이를 비판하지 않았다.

질 커 콘웨이Jill Ker Conway 총장에게는 "지역에서 '여성으로 식별되는 여성'이 많다는 보도와, 배타적인 문화를 지키겠다는 그들의 주장이 스미스대 입학생에는 어떤 영향을 주었는지" 물었다. 그러자 총장은 잠시 머뭇거리다가 "대학이 참견해서는 안 되는, 사적인 취향으로 보기 때문에 문젯거리로 규정하지는 않는다"고 답했다.

하지만 개인의 진로를 두고는 강력한 압박을 가했다. "기업 대표가 아니면 성공한 여성이 아니다"라는 메시지를 분명히 전달한 것이다. 해리슨은 일부 학생들이 기업에서 선호하는 자리 '외에' 엄마의 삶도 바라는 마음을 감지했다. 어느 학생은 "왜 우리는 모든 것을 가질 수 '없는가?'"라고 물었다.

이때 해리슨은 모든 것을 누리고 싶어 하는 젊은 여성의 롤모델이 누굴지 고민해본다. 동문인 글로리아 스타이넘은 남편과 자녀가 없고, 베티 프리던은 남편이 없다. 전국에서 실시한 여론 조사에 따르면, 스미스대 동문인 낸시 레이건은 세계에서 가장 존경받는 여성 중 하나지만 페미니스트들은 그녀를 롤모델로 인정하지 않는다.

해리슨은 좋은 부부 금실에 여섯 자녀를 낳고, 경력까지 출중한 셀럽 동문—앤 모로우 린드버그(Anne Morrow Lindbergh, 20세기 작가 겸 비행사로 남편과 함께 대서양 횡단에 성공했다—옮긴이)—를 찾으려면 페미니즘 운동이 태동하기 전으로 돌아가야 한다는 것을 '역설paradox'이라고 말한다.

스미스대에서 일주일을 보내는 동안 그녀는 '성 정책sexual politics'에 신물이 났다. 캠퍼스에서 뜨거운 쟁점이 된 화두는 여성학을 별도의 학과로 분리하느냐 여부였다. 결국 해리슨은 여성이 무엇을 원하며, 페미니스트가 무엇을 원하는지조차 파악할 수 없었다. 그래서 "희망과 애환이 얽히고설켜 구분할 수 없을 정도"라고 글을 마무리했다. 그녀가 스미스대학에서 알게 된 사실을 두고 안타까워하는 이유는 어렵지 않게 알 수가 있다. 하지만 대학의 미래는 어디서 희망을 찾아야 할까? 기사는 단서를 주지 않았다. 아내와 엄마의 역할을 존중한다는 생각이 캠퍼스에서의 학업과 사회생활에서 검열·삭제되었기 때문이다.

1983

여성과 법

로널드 레이건이 교육에 투입되는 연방기금을 최소한으로 삭감한다고 발표하자 언론·학계에서는 고뇌에 찬 탄식이 쏟아져 나왔다. 잔혹한 세상에서 어쩔 도리 없이 대학을 포기하고 취업전선으로 떠밀릴, 우수한 학생들에 대한 눈물겨운 변론이 들려왔다. 예산 삭감에 피를 토하는 심정이라면 1983년 4월 7일~10일까지 워싱턴 DC에서 열린 제144회 여성과 법에 관한 전국회의 기록을 읽어보라. 증상이 금세 누그러질 것이다.

책자 두 번째 페이지를 보면 7개 지역 로스쿨—아메리칸, 안디옥, 가톨릭, 조지 메이슨, 조지 워싱턴, 조지타운, 하워드 로스쿨—이 후원한 전국회의를 기획·준비하는 데 "수십만 달러가 들었다"고 한다.

원동력이 된 재정의 기원은 10여 년 전 연방기금으로 설립된 안디옥 로스쿨로 거슬러 올라간다. 신설 로스쿨은 연방기금을 정당하게 투입하기가 거의 불가능한데도 안디옥 로스쿨은 좌익 법률 활동가를 양성하기 위해 혈세를 쏟아가며 특별히 마련된 것으로 보인다.

전국회의에는 214개의 워크숍이 개최되었다. 정확한 설명을 위해 책자를 직접 인용하는 편이 나을 듯하다. "**레즈비언 엄마_양육권 문제**. 레즈비언 엄마가 개입된, 자녀 양육권 문제의 개요와 전술적 접근법. 양육권 다툼에서 레즈비언 엄마를 대리하는 변호사를 위한 소송 전략도 제시한다."

"**레즈비언을 위한 취업안**. 전문 패널—레즈비언이 법조계에서 경력을 쌓을 수 있는 대안에 정통한—이 참여하는 토론과 아울러, 로펌, 교수직 및 법무법인 창업 등 다양한 대안이 논의될 예정이다."

"**레즈비언 차별에 대한 법적 조치**. 사생활 보호. 대학 및 기타 공공 포럼, 공공·민간 고용을 비롯하여 민형사 및 고용 차원에서 레즈비언 차별 관련 법률의 일반 개요."

"레즈비언이 로스쿨에서 살아남기. 짤막한 프레젠테이션과 공개 토론이 이어진다. 주제는 성 정체성 공개에 대한 찬반양론과, 로스쿨 입학 후 레즈비언 커밍아웃하기, 지원 인맥을 찾는 과정 등을 다룬다. 워크숍은 여성만 참석 가능."

"레즈비언과 엄마의 역할—순서 주의! 인공수정과 입양. 엄마를 선택한 레즈비언이 고려해야 할 점과 이에 따른 법적 결과를 살펴본다. 주제로는 인공수정—익명 대 기명 기증자, 입양, 파트너의 법적 관계를 규정한 문서를 다룬다."

"여성의 성 관련 정책. 여성이 선택한 성 관계 유형(레즈비언, 이성애자, 양성애자, 독신)의 개인·정치적 파급 효과에 관한 토론_다양한 성적 성향을 둘러싼 잘못된 통념 탐구, 동성애 혐오증. 워크숍은 여성에게만 열려 있다."

"레즈비언과 선출직_둘 다 가능한가? 전·현직 레즈비언의 프레젠테이션. 주제는 지역이나 주, 혹은 국가의 공직 출마에 영향을 미치는 변수, 캠페인 전략, 레즈비어니즘, 여론조사 및 미디어, 커밍아웃한 레즈비언이 실제로 선출될 수 있는가?"

"저주를 멈추라_페미니스트가 레이거노믹스를 비판하다. 여성 중 특히 장애 여성에게 영향을 주는 '신연방주의(New Federalism, 연방정부의 역할과 권한을 축소하고 상대적으로 주 정부의 책임과 권한을 늘린 정책—옮긴이),' 예산 삭감, 규제 철폐, 공급주의 경제학supply-side economics을 둘러싼 평가. 레이건 행정부의 정책을 공격하기 위한 국제법 활용 방안."

"매춘. 워크숍에서는 매춘 여성의 권리와 낙태·출산권 및 레즈비언 권리 간의 관계를 다룰 예정이다. 패널은 법률의 현행 정보를 비롯하여 성매매의 비범죄화와 합법화가 가져다줄 사회적·경제적 결과를 논의한다."

"**성기와 헌법.** 헌법상의 원칙에서 여성과 남성의 해부학적 차이에 대한 중요성을 논한다."

대학 기금이나 혈세로 이런 강좌를 여는 것은 여성과 품위와 상식에 반하는 작태다. 주 의원과 대학 이사회, 납세자와 학부모는 여성학 강좌라는 이름으로 무엇을 가르치고 있는지, 여성단체에 지원된 자금으로 무엇을 하고 있는지 주의 깊게 살펴봐야 할 것이다.

1983

비교가치법안은 임금 형평에 맞지 않는다

비교가치법안the Comparable Worth bill이 임금의 형평성을 증진하기 위한 것이라며 선전들을 하고 있다. 물론 형평성이 정의를 뜻하긴 하지만 임금을 책정할 때 적용되는 정의란 무엇일까?

모든 국가를 통틀어, 세계 역사상 가장 많은 사람에게 비교적 높은 임금과 더 풍요로운 인생의 혜택을 제공해온 미국 경제체제에는 분명 정의롭고 공정한 무언가가 있을 것이다. 개인이나 노조가 경제적인 의사를 자율적으로 결정할 수 있는 자유시장은 전 세계가 부러워하는 미국의 생활수준을 만들어냈다.

최대 인원에게 최대 임금을 지급할 수 있는 임금 책정 방식은 개인이 무엇을 위해 일할 의향이 있으며, 고용주가 얼마를 지급할 생각이 있는지 등, 선택의 자유에 따라 임금이 결정되는 시스템이다. 그 결과가 이른바 '시장에서 결정되는 임금market wage'이다.

우리 사회는 이 시스템을 살짝 고쳤다. 요즘 세대 이전에는 임금 형평성에 대한 사회의 개념이 대개 가족을 부양하는 아버지에게는 일자리를 우선 공급하고, 더 높은 임금을 주며, 승진도 먼저라고 이해했다. 가장은 다른 남성이나 여성보다 더 많은 임금이 필요하다고 생각한 것이다.

약 20년 전, 미국 사회는 실질적으로 같은 일을 하는 둘 이상의 근로자를 보고 결정한 '동일노동에 대한 동일임금'을 개인이 받아야 한다는 개념이 들어간다는 합의를 연방법으로 명문화했다. 그 이후로 이 원칙을 명백히 반대하는 목소리는 없었다. 그러나 이제는 업무의 '가치'를 결정하려는 어떤 이들의 주관적인 견해에 따라 임금을 책정하겠다는 '비교가치' 법안이 등장하고 말았다.

이는 '임금의 형평성'보다 훨씬 더 모호하고 추상적인 발상인지라 합의나 형평성을 도출해내기는 더더욱 어렵다. 독자 여러분과 필자의 '가치'를 어떻게 달러와 센트로 합의할 수 있겠는가? '직업평가기법

job evaluation technique'이 '형평'에 맞는다는 법안의 가정을 충족시킬 수 있는, 이 이름 모를 사람들은 대체 누구일까? 혹시 워싱턴주에서 세탁 노동자의 임금이 트럭기사의 것과 '가치'가 같으니 똑같은 임금을 받아야 한다고 결정한 직업평가자와 같은 부류는 아닐까?

해당 사건—주·카운티·지방공무원연맹AFSCME 대 워싱턴주—의 담당 판사는 워싱턴주 납세자에게 약 10억 달러를 부과했는데, 그는 직업의 '가치'를 따지는 항목에 따라 임금을 지급하라는 직업평가에 근거해 판결을 내렸다. 이를테면, 세탁 노동자는 96, 트럭기사는 97, 사서는 353, 목수는 197, 간호사는 573, 약사는 277 등이라는 식이다. 그러니 (여성) 세탁소 직원은 (남성) 트럭기사와 임금이 같아야 하고, (여성) 사서와 간호사는 (남성) 목수 및 약사보다 약 2배의 임금을 받아야 한다는 것이다.

비교가치법안을 지지하는 사람들은 이런 주관적인 소견에 근거한 직업평가를 국민이 '공평하다'고 인정하리라 생각할까? 임금을 책정하는 기준이 보편적인 시장 요율과 따로 논다면 각자의 주관으로 직업의 '가치'를 결정할 때마다 분쟁이 발생하고, 분쟁은 결국 법정 다툼으로 비화될 것이다. 인위적인 임금 책정은 이 시나리오를 피할 수 없을 것이다. 그래서 덴버 간호사들이 조경사와 같은 임금을 달라는 소송을 기각한 연방판사는, 비교가치론이 "미국의 경제시스템 전체를 혼란에 빠뜨릴 가능성을 안고 있다"고 판시한 것이다.

비교가치 이론은 일자리에 대한 음모론에 근거를 둔다. 이를테면, ① 거대한 사회에서 (남성이) 공모해 여성을 다른 직종에서 배제, 특정 직종으로 분리(혹은 구역화ghettoized)한 다음 ② 남성이 주로 종사하는 직종보다 낮은 임금을 지급함으로써 '여성 일자리'의 가치를 떨어뜨렸다는 논리다. 물론 이 가정을 입증할 만한 증거는 아직 제시되지 않았다.

20년간 여성은 모든 업종에 자율적으로 진출할 수 있었다. 오늘날 여성 광부는 3,000여 명에 이른다. 하지만 대다수는 여성이 대대로 선호해온traditional 업종을 선택하고 있다. 남녀의 임금격차는 차별이 아니라 대개는 남성과 여성의 혼인으로 빚어진 현상이다. 기혼 여성은 평균을 따졌을 때 노동 가능 연수의 35퍼센트만 노동력을 제공하는데, 이는 여성의 소득에 큰 걸림돌이 되게 마련이다. 기혼 남성은 대부분 가족을 부양하기 위해 직장에서 더 열심히 일하려는 욕구가 있고, 기혼 여성은 자녀를 돌보고 기르는 데 더 많은 노력을 기울인다.

그래서 대다수 여성은 진입과 이탈이 유연하고, 시간제 혹은 짧은 근무 시간이 가능하고, 타 도시로 전근할 수 있고(주말부부를 피하려고), 근무 환경이 비교적 쾌적하고 덜 위험한 직종을 선택한다. 비교가치법안은 여성이 애당초 이런 직종을 선택하지 않은 것처럼 고용주와 납세자 및 소비자에게 여성의 임금을 강요하려는 심산에서 나온 것이다.

비교가치법안의 핵심은 여성과 남성이 주로 종사하는 직종을 서로 비교하자는 것이다. 여성의 임금이 낮다면 과도한 임금을 받는 남성의 직종은 뭘까? 연봉이 과하다는 업종은 트럭기사와 건설·고속도로 현장 근로자, 전기기사, 배관공, 기계공, 보수·수리공, 경찰 및 소방관이다. 비교가치 개념은 블루칼라 남성이 핑크칼라 여성(pink-collar, 여성이 주로 진출하는 서비스 업종이나 사무직 같은 직종을 일컫는다—옮긴이)보다 많은 임금을 받는 것이 불공평하다고 주장한다.

임금격차에 대한 해답은 여성이 어떤 직종에서도 배제되지 않도록 모든 직종에 대한 개방적 접근성을 확보하는 데 있다. 쾌적한 사무실에서 일하는 근로자가, 현장에서 불쾌하고 위험천만한 일을 하는 근로자에게 자신의 보조금을 내놓으라고 강요하는 것은 공평하지가 않다.

1984년 4월 4일, 하원 우정·공무원 위, 보상·직원 복리후생 소위원회에 제출한 증언

1984

애당초 측정이 안 되는 것을 재려고 발버둥치다

'비교가치'라는 개념에 반대하는 이유로는 크게 둘을 꼽는다. 첫째는 남성에게 불공평하고 둘째는 여성에게 불공평하기 때문이다.

비교가치를 지지하는 사람들은 블루칼라 남성의 임금을 두고는 동결을 추진하고, 일부 화이트칼라 및 핑크칼라 여성에 대해서는 고용주를 압박해 요율 이상의 임금 인상을 강요한다. 비교가치 편을 드는 근거는 블루칼라 남성이 과다한 임금을 받고 있으므로, 화이트칼라 및 핑크칼라 여성의 임금이 인위적으로나마 같은 수준으로 오를 때까지 남성의 임금을 동결해야 한다는 데 있다. 이것이 비교가치의 핵심이라는 증거는 이를 지지하는 사람들의 발언과 통계를 보면 알 수 있다.

필자는 10년 넘게 페미니스트들과 토론하며 그들의 주장에 귀를 기울여 왔다. 특히 남을 시샘하는 발언은 도저히 묵과할 수가 없다. 이를테면, "고졸 남성이 일반대학이나 간호 혹은 비서 전문대를 졸업

한 여성보다 더 높은 연봉을 받는다는 건 불공평하다"는 페미니스트 리더들의 푸념은 골백번도 넘게 들었다.

이 같은 불만은 페미니스트들이 트럭기사와 전기기사, 배관공, 기계공, 도로건설 노동자, 정비공, 경찰 및 소방관 등이 돈을 많이 번다고 생각해왔다는 방증이다. 그렇다면 페미니스트는 직업의 '가치'를 어떻게 판단할까? 전문가 밑에서 받는 수련이나 근면보다는 종이 자격증을 내세우며, 몸을 다칠지도 모를 열악한 근무 조건은 외면해 버린다.

페미니스트는 이를 위해 '비교가치'라는 슬로건을 지어냈다. 블루칼라 남성이 서류상 자격증을 취득한 여성보다 수입이 많다는 점을 지적하여 죄책감을 부추기고, 정부가 시행한 임금 동결을 수용하게끔 수작을 부려 가용 자금을 일부 여성의 임금을 올리는 데 쓰도록 유도한 것이다.

비교가치의 목표가 블루칼라 남성의 상대적 소득을 줄이는 데 있다는 통계적 증거는 비교가치를 지지하는 세력이 의뢰·승인한 직업 평가에서 적잖이 확인할 수 있다. 비교가치를 두둔하는 사람들의 승인을 받아 실시된 연구나 평가를 직종별로 살펴보면 사실은 자명해진다. 블루칼라 남성의 소득을 떨어뜨리기 위해 정교하게 짠 계획이 아닌 적은 여태 없었다.

예컨대, '주·카운티·지방공무원연맹AFSCME 대 워싱턴주'라는 유명 사건에서 적용된 직업평가를 살펴보라. 윌리스 평가사는 주 정부가 전기기사와 트럭기사를 과대평가했다며 실제 '가치'는 간호사의 '가치'보다 훨씬 낮다고 판단했다. 더 정확히는 윌리스가 작성한 평가표에 따르면, 간호사의 가치는 573점이지만 전기기사는 193점(간호사의 3분의 1)이고, 트럭기사는 고작 97점(간호사의 6분의 1)이라는 것이다.

연방법원은 윌리스의 평가를 마치 신성한 법처럼 수용했다(판이한 추정치를 산출한 리처드 지너넷 PAQ 평가Richard Jeanneret PAQ evaluation는 거부했다). 그렇다면 직무는 어떻게 점수를 매길까? 평가자가 점수를 판단하면 된다. 그것이 방법이다. 비교가치를 지지하는 세력은 ① 시장의 변수를 모두 무시하고 ② 여성에 대한 차별을 '증명'하기 위해 점수를 산출해야 한다는 의무 계약에 따라 평가사를 고용한다.

이를 위한 '테크닉' 중 하나는 블루칼라 직종에서 매우 중요한 물리적·근무 조건the physical and working-condition이라는 변수를 깎아내리는 것이다. 이는 화이트칼라와 블루칼라 일자리를 같은 평가 대상으로 통합된 탓에 불가피하게 나타난 결과이다. 연방차원의 화이트칼라와 블루칼라의 임금 분류체계가 통합되면 연방 화이트칼라 임금 시스템에 따라 '필수 체력'과 '근무 환경'을 합친 항목에 5퍼센트도 안 되는 점수가 가산되어 블루칼라 근로자의 평가는 곤두박질할 것이다.

비교가치를 지지하는 사람과 평가자들은 '가치'가 교육과 훈련과 기술, 경험, 노력, 책임감 및 근무 조건에 근거를 두기 때문에 비교가치 역시 매우 '과학적인 것'이라고 입을 모은다. 사실, 시장의 변수를 배제한 평가는 전적으로 주관적인 데다 평가자의 선입견이 오롯이 반영될 뿐이다.

윌리스의 평가에 따르면, 간호사의 '정신적 부담'은 122점이지만, 전기기사의 정신적 부담은 30점이요, 트럭기사는 10점에 불과하다는 것이다. 친페미니스트 평가사의 소견이 이렇다. 반대편의 의견을 들어보고 싶다면 전기기사와 트럭기사에게 정신적 부담의 값어치를 직접 물어보라.

비교가치 평가는 '색안경'을 낀 사람을 평가팀에 심어두거나, 이미 정해진 결과를 내야 한다는 계약서를 평가자에게 들이미는 수작으로 이해해야 한다.

비교가치 개념은 완전히 주관적인 데다 전적으로 자의적인 것이다. 비교가치는 일부 여성의 임금을 인상한답시고 그에 들지 못한 여성과 남성의 희생을 부추긴다. 비교가치에 따른 임금 인상은 직원의 70퍼센트 이상이 여성인 직장에서만 적용이 가능하다. 이는 위스콘신 제조·상공인협회Wisconsin Association of Manufacturers & Commerce에서 실시한 주지사 평가 분석에서 여실히 드러났다.

위스콘신 주지사의 TF 연구에 따르면, 기관보조원(Institution Aide, 기관이나 기관 내에서 보조 업무를 담당하는 직원을 가리킨다. 주로 학교, 병원, 정부 기관, 사회복지 기관 등에서 활동하며 일상적인 운영이나 서비스 제공을 지원하는 역할을 수행한다—옮긴이)이라는 직종은 5,132달러의 '비교가치(혹은 c-w) 임금격차'가 벌어진 것으로 나타났다. 하지만 기관보조원는 70퍼센트 기준을 충족하지 못하면 '여성 일자리'로 지정될 수 없으므로 전체 직원 중 67퍼센트가 여성인 기관보조원의 임금은 인상될 수가 없다.

주 정부에 기관보조원 둘이 더 필요하다고 가정해 보자. 여성 둘을 고용하면 70퍼센트 기준을 초과하게 되는데, 그러면 주 정부는 모든 보조원의 급여를 인상해야 하므로 여성 두 명을 고용하는 데 59

만 5,000달러가 소요되는 셈이다. 인사관리자는 친페미니스트 성향이나 예산 삭감에 동조하는지에 따라 시스템을 쉽게 주무를 것이다.

3급 간호조무사Nursing Assistant 3라는 업종도 보면, 여성 비율이 70퍼센트이므로 104명의 직원은 남녀의 c-w 임금격차를 해소하기 위해 3,626달러의 급여를 인상 받게 된다. 하지만 인사관리자가 남성을 한 명 고용하거나 여성 둘을 해고하면 모두에 적용되는 임금 인상을 피해 37만 7,136달러의 예산을 절약할 수 있다.

비교가치의 전체 개념은 남성이 주도하는 업종과 여성이 중심인 업종을 비교한 결과에 따라 달라지므로 70퍼센트 규정이라는 자의적인 성격은 벗어날 수가 없다.

비교가치는 기술이나 전문성 수준이 낮은 여성을 고용시장에서 완전히 퇴출시키기 때문에 여성에게도 불공평하다. 저명한 경제학자 준 오닐June O'Neill은 두툼한 논문에서 이 같은 결과가 벌어지는 경위를 자세히 설명했다.

여성에게 불공평한 이유는 이뿐만이 아니다. 비교가치는 여성은 대개 선택하지 않는(비전통적인) 일자리에 취업한 여성에게도 상처를 준다. 예컨대, 일리노이주 간호사들이 (남성이 대부분인) 전기기사와 기계·설비 엔지니어와 동등한 임금을 받아야 한다며 일리노이주를 상대로 소송을 제기했을 때 비인기(비전통적인) 직종에 종사하는 주 공무원 여성 11명이 중재자로 참여하려 했다. 그들은 모두 교도관Prison Guard을 완곡하게 표현한 '교정관Correctional Officer'이었다. 평가에 따르면, '남성이 장악한' 직종은 지금 받는 급여만큼의 '값어치'를 하지 않는다는 것이다.

일리노이주는 교도관에게 초임 비서보다 월 145달러를 더 지급하고 있었지만, 비교가치 평가에서는 교도관보다 비서가 12점 더 높았다.

여성 교도관들은 특수한 기술을 비롯하여, 특히 힘들고 위험하고 불쾌한 업무 환경과, 고정관념을 극복하려는 도전정신, 비전통적인 업무를 수행하려는 의지, 그리고 차별이 불가능한 수요와 공급이라는 변수를 모두 고려해 보면 현행 급여·보상 체계에는 하자가 없다고 주장했다. 다시 말해, 주 정부는 업무상 위험과 열악한 업무 환경으로 사무직보다는 교정직에 더 많은 임금을 지급해야 한다고 본 것이다.

연봉이 비서의 것과 같거나 적다면 교도관을 하고 싶어 할 여성이 몇이나 될지 자문해보라.

여성들은 이른바 '전통적인 일자리'로 수백만 명씩 몰려들고 있다. 이러한 일자리의 임금이 시장에서 형성된 임금을 초과하면 더 많은 여성이 비인기 직종에 진출하려는 계획을 포기할 것이다. 이때 기업은 비용을 줄이기 위해 일자리를 없애고 숙련도가 낮은 여성을 해고할 것이다. 그래서 클래런스 펜들턴Clarence Pendleton은 여성을 위한 비교가치는, 20년 전 흑인의 경제적 지위를 격상시키기 위해 '빨강모자(red caps, 철도역에서 짐을 나르고 승객을 도와주는 역무원을 일컫는 말—옮긴이)'의 임금을 올려야 한다고 주장하는 것만큼이나 스스로 문제를 키우는 '자책골self-defeating'이라고 밝혔다.

비교가치가 논란이 된 이후, 친페미니스트 성향이 짙은 미디어는 텔레비전 방송에서 비교가치에 동조하는 편파적인 분위기를 조성해왔다.

그래서일까, 전미방송협회the National Association of Broadcasters 법무팀에서 텔레비전·라디오 방송국 회원에게 배포한 기밀 비망록(저작권 있음)을 입수했을 때 특히 관심이 갔다. 비망록은 방송국에 "직원의 직무가 갖는 '가치value' 및 '난이도difficulty'와, 임금 사이의 관계를 밝히려는 공식 연구는 수행에 앞서 신중해야 한다"고 경고한다. 아울러 변호사와 상담하라는 주문도 덧붙였다. "비교가치 같은 임금 차별 이론의 피해로부터 자신을 보호하는 것이 고용주의 유일한 동기라면 직업평가 연구는 득보다는 부담이 될 가능성이 훨씬 크다."

텔레비전·라디오 방송사뿐 아니라 연방 및 주 정부를 비롯한 모든 고용 관계자가 들어야 할 유익한 지침이다.

1985년 5월 30일, 하원 우정·공무원 위, 보상·직원 복리후생 소위원회에 제출한 증언

1985

나이로비에서 열린 UN 여성회의

미국 여성이 전 세계 각국의 여성들과 함께 공식 회의석상에서 공동의 문제를 논의한다는 것은 코미디 만화 혹은 UN에서나 벌어질 법한 우스꽝스러운 발상이다. 미국 여성들은 부엌에서 벗어나려고 안간힘을 쓰지만, 외국 여성들은 미국식 주방을 갖는 것이 가장 큰 꿈이다. 미국 여성이 당연하게 누리는 편의시설이 다른 나라 여성에게는 얻을 수 없는 사치인 것이다.

슈퍼마켓을 비롯하여, 냉동식품과 기성복, 세탁기, 건조기, 냉장고, 냉동고, 식기세척기, 쓰레기처리기, 재봉틀, 전화기 등은 대대로 전수된 여성 노동에서 그들을 해방하기 위해 국내 민간 기업이 만들어 낸 훌륭한 선물이다. 미국 여성은 전기 믹서기와 고기 분쇄기, 오렌지 주스 짜는 기계, 아이스크림 냉동고, 헤어드라이어, 종이 기저귀 같은 사치품도 이용할 수 있다.

아프리카에서는 힘쓰는 일의 대부분, 혹은 전부를 여성이 감당한다. 이를테면, 물과 장작을 나르고 밭을 경작하고 집도 짓는다. 반면 남자들은 수렵과 부족 간의 전쟁에 에너지를 쓴다.

아프리카에서 남성은 여러 아내를 통해 낳은 자식 숫자로 자신의 사내다움을 입증한다. 남성이 직업을 갖고 주급을 가져와 가족을 부양하는 것으로 남성다움을 보여주는 미국과는 상당히 다르다.

소련과 유럽 공산주의 국가에서는 여성이 노동력을 제공하고, 가정이 원만하게 돌아갈 수 있도록 두 가지 일을 해낸다. 모든 여성이 양배추 한 포기를 사기 위해 일주일에 몇 시간씩 줄을 선다. 일반 여성은 마취제 없이 8번의 낙태를 하지만, 남성은 대개 보드카로 마취를 한다.

미국에서는 남자가 여친이나 아내에게 캔디나 꽃 같은 선물을 주지만, 소련 여성들이 가장 선호하는 특별 선물은 화장지 한 롤이다.

공산주의 사회인 중국에서 여성이 둘째를 임신하면 강제 낙태를 당한다. 아기를 계속 낳으면 가족은 식량과 주거 수당이 삭감되는 처벌을 받는다. 무슬림 국가에서 여성의 지위는 몇 세기나 뒤떨어진 탓에 미국인은 상상하기 어려울 정도로 열악하다. 그럼에도 UN 회의에 참석한 이란 대표단은 불만은커녕 호메이니 포스터를 나무에 걸어 지도자에 대한 충성심을 보여주었다.

미국 헌법에 보장된 경제적 자유 덕분에 태동한 민간 기업은 여성에게 가장 좋은 친구가 되었다. 미국 여성은 국내 기업에 힘입어 지구상에 살던 사람 중 가장 운이 좋은 계층이 되었다. 우리가 받은 축복을 매일 헤아려 보라.

나이로비에서 개최된 비정부포럼Non-Governmental Forum에 2,000여명의 미국 페미니스트들도 참가했다. 그들이 급진적인 아젠다(정부지원 낙태와 비교가치 원칙)를 지지하지 않은 미국 대표단을 비난하자, 모린 레이건은 "그럴 권리가 있다는 게 얼마나 다행입니까? 여기 참석한 다른 대표단은 그럴 권리가 없는데 말이죠."라며 정곡을 찔렀다.

'UN 여성을 위한 10년The UN Decade for Women'은 1975년 멕시코시티에서 1980년 코펜하겐, 그리고 1985년 나이로비에 이르기까지 갈등과 분열을 초래하며 험난한 여정을 이어왔다. 미국에서는 개최되지 않았다. 행여 그랬더라면 대표단은 대부분이 죽어 천국에 왔다고 생각했을 테고, 고국에는 돌아가지 않았을 것이다.

나이로비 회의는 많은 이에게 1977년 11월 휴스턴에서 열린 '국제여성의해전국대회the International Women's Year Conference—UN 여성을 위한 10년의 미국 분과 행사—를 연상시켰다. 여성들이 페미니즘 아젠다를 원한다는 의지를 보여준 회의는 전혀 없었다. 그저 페미니스트와 리버럴 및 사회주의자들이 아젠다 홍보와 아울러, 정부와 UN, 재단, 대학,

단체의 기금을 확보하는 데 능수능란했다는 사실만 입증했을 뿐이다.

1985

성평등헌법수정안이 실패한 이유

미 헌법의 성평등헌법수정안(이하 ERA)은 여성에게 혜택을 주는 것으로 널리 알려졌다. 이를테면, "여성을 미국 헌법에 명시하고, 여성을 '2등 시민권자'에서 해방시키자"는 것이었다. 그러나 수정안을 지지하는 사람들은 토론을 수천여 차례나 벌였음에도 수정헌법이 여성에 제공하는 혜택과, 여성에 대한 차별을 종식시킬 수 있는 해법은 제시하지 못했다. 사실 여성은 이미 남성의 헌법적 권리를 행사하고 있으며 1964년부터 동등한 고용기회를 누려왔다.

그럴싸한 광고와 포장이면 쓸모없는 제품도 한철은 팔 수 있겠지만, 미국 국민을 장기적으로 속일 수는 없는 법이다. ERA의 가장 큰 단점은 미국 여성에게 제공할 혜택이 없다는 것이다. 하지만 ERA를 반대하는 사람들은 해당 법안이 초래할 숱한 해악을 몸소 입증했다.

1. ERA는 여성이 누리던 법적 권리를 박탈할 뿐, 새로운 권리를 부여하진 않는다.

   1) ERA는 여성의 징병 및 전투 의무에 대한 면제를 박탈할 것이다. '18세 남성 시민권자'가 병역에 복무해야 한다는 법과,

여성의 전투 배치를 면제하는 법은 대표적인 '성차별' 법일 테니 말이다. 징병제를 찬성하는 쪽은 대법원이 "수정헌법 제14조에 의거, 여성의 징병을 의무로 규정해야 한다"는 점을 인정하라는 주장으로 논쟁을 피하려 했지만, 1981년 '로스트커 대 골드버그Rostker v. Goldberg' 사건에서 그들은 패소하고 말았다. 헌법상 여성은 대대로 병역이 면제돼 왔다는 입장을 대법원이 인정한 것이다.

2) ERA는 아내와 미망인과 어머니에 관한 법률에 규정된 혜택을 폐기할 것이다. 어떤 주든 아내를 부양할 의무가 남편에게 있다는 법을 ERA가 위헌으로 만들 것이기 때문이다.

2. ERA는 주 정부의 주요 권리 및 권한을 빼앗아 국민에게서 동떨어진 다른 정부 부처로 이전시킬 것이다.

1) ERA는 '성'과 '평등한 권리'의 정의를 결정하는 막대한 권한을 연방법원으로 넘길 것이다. 낙태나 동성애자의 권리에 이러한 용어를 적용할지 여부처럼 민감하고 중차대한 문제를 법원에 떠넘기는 것은 무책임한 일이다.

2) 각 주에 속한 방대한 권한은 ERA 제2조에 따라 연방정부에 이관될 것이다. ERA는 혼인을 비롯하여 재산법과 이혼 및 위자료, 양육권, 입양, 낙태, 동성애, 성범죄, 사립·공립학교, 교도소 규정 및 보험 등, 전통적으로 성별에 따른 차등 적용을 아우르는 모든 법률 영역의 입법 권한을 의회로 넘길 것이다. 즉, ERA가 연방체제의 권한을 대거 재분배한다는 이야기다.

3. ERA는 여학생의 권리를 빼앗고 수많은 관습과 관행을 뒤흔들 뿐 아니라, 정부가 사립학교에 개입하도록 유도할 것이다.

1) ERA는 학교와 대학을 비롯하여, 모든 강좌와 운동경기에 남녀공학을 강요하고 남녀를 강제로 통합할 것이다. ERA는 남/여학교와 대학을 허용하고 특정 활동에서 남녀를 분리해 관리하는 교육 개정법 제9조의 예외 조항을 모두 위헌으로 만들 것이다. 즉, ERA는 남/여 대학의 종말을 뜻하며, 모녀와 부자가 모이는 학교 행사는 말할 것도 없고, 남/녀 사교클럽과 보이스카우트, 걸스카우트, YMCA, YWCA, 그리고 미국 재향군인회American Legion가 주최하는 보이즈 스테이트(Boys State, 미국에서 주로 고등학생을 대상으로 개최되는 정치 교육 프로그램—옮긴이) 및 걸즈 스테이트Girls State에도 남녀를 강제 통합할 것이다.

2) 공적자금과는 관계가 없는 학교라도 남녀에 조금이나마 차등을 두는 사립학교와 대학은 소득세 면제가 어려워질 수 있다. ERA는 인종에 대해 지키는 규정과 동일한 것을 성별에 적용하는 공공정책인 까닭에 조금이라도 인종을 차별하는 학교는 면세 혜택을 받을 수 없을 것이다.

4. ERA는 낙태권을 미국 헌법에 명시하고 낙태 기금을 헌법상의 권리로 만들 것이다. 1973년 '로 대 웨이드(Roe v. Wade, 당시 대법원은 중절이 여성의 사생활 권리에 포함된다고 판시했다—옮긴이)' 판결로 낙태는 합법화되었으나 1980년 낙태에 지원하는 자금을 헌법적 권리로 만들겠다는 투쟁은 '해리스 대 맥레이Harris v. McRae' 판결에서 패소했다. 이후 낙태론자들은 혈세 지원을 강제하기 위해 ERA를 찾았

다. 미국시민자유연맹ACLU은 하와이와 매사추세츠, 펜실베이니아 및 코네티컷주의 낙태 소송에서 낙태 수술은 여성에게만 행하는 의료행위이므로 이에 대한 세금 지원을 거부하는 것은 주별 ERA에 따르면 '성차별'에 해당한다며 소송을 제기했다. 코네티컷주 고등법원은 1986년 4월 19일, 코네티컷주 ERA에 따라 낙태에 세금을 지원해야 한다는 판결을 내렸다. 세금 지원에 반대하는 사람들은 이러한 결과를 방지하기 위해 ERA의 개정을 요구했다. 물론 찬성론자들은 낙태 자금이 포함되지 않는 ERA라면 두둔할 이유가 없을 것이다.

5. 수정법안은 '여성women'이 아니라 '성sex'이라는 단어를 썼으므로 미국 헌법에 '동성애의 권리'를 추가할 것이다. 저명한 권위자와 문헌—미국 로스쿨에서 성차별 교과서로 두루 쓰이는 『예일법학저널』과 하버드 법대의 폴 프로인트Paul Freund 교수 및 샘 J. 어빈 주니어Sam J. Ervin Jr. 상원의원 등—은 ERA가 동성 커플에 발급하는 결혼 허가증을 합법화하고, 게이·레즈비언 관련 안건을 전반적으로 시행할 것이라고 밝혔다.

6. ERA 투쟁이 막바지에 이른 해, 두 가지 주장이 제기되었다. 둘 다 ERA 찬성론자들이 먼저 꺼냈지만 금세 반대편의 손에 넘어가고 말았다.

  1) 보험계리사의 자료에 따르면, 여성 운전자는 남성보다 사고가 적고 수명이 길기 때문에 자동차보험과 생명보험 모두 상대적으로 낮은 보험료를 낼 자격이 있다고 한다. 하지만

ERA는 이를 금지하는 '성통합 보험unisex insurance'을 요구할 것이다. 대다수는 여성의 권리에 더 높은 보험료를 내야 할 '권리'가 들어가야 한다는 주장을 괴이하다고 생각했다.

2) ERA는 재향군인의 특혜를 폐지할 것이다. 낙태 지원금 주장과 유형이 같은 법적 주장, 즉 재향군인이 대부분 남성이기 때문에 재향 군인에게 특혜를 주는 것은 '성차별'이라는 주장에 근거를 둔다. 당연히 재향군인들은 이를 인정할 수 없어 ERA에 반대하는 로비를 벌였다.

의회는 1972년 3월 22일, 7년이라는 비준 시한을 두고 ERA를 통과시켜 각 주에 보냈다. 4분의 3개 주의 비준이 필요한데 이를 채우지 못한다는 것이 확실시되자 의회는 3년 3개월 8일로 시한을 연장하기로 의결한다. 전국적인 논쟁은 10년을 이어갔다. 특히 주 의사당에서 격론과 반전이 벌어진 끝에 ERA는 1982년 6월 30일에 폐기되었다. 한창 정점을 찍을 때는 35개 주가 ERA를 비준했지만 그중 5개 주가 비준을 철회, 최종적으로 38개 중 30개 주만 비준이 통과되었다.

1986

덧붙이는 글

1998년 11월 25일, 뉴멕시코주 대법원은 뉴멕시코주의 ERA에 따라 주 정부가 메디케이드 프로그램에 의거, 선택적 낙태에 대한 비용을 지급해야 한다고 판결했다. '뉴멕시코주 선택권N.M. Right to Choose/네이럴NARAL 대 존슨Johnson(975 P.2d 841, 1998).' 1993년 하와이주 대법원은 하와이주 ERA에 따라 동성 커플에 대한 혼인 허가 거부가 위헌이라고 판시했다. '배어

대 르윈Baehr v. Lewin(852 P.2d 44, 1993).' 법원은 재판을 위해 사건을 파기 환송했다. 1996년 12월 3일, 하와이 지방법원은 배어 대 미이케 사건Baehr v. Miike(Haw. Cir. Ct., Civ. No. 91-1394)에서 이성 간 결혼만 허용하는 주 법령을 위헌으로 판결, 동성 커플에 대한 혼인 허가 거부를 금지했다. 하와이 유권 자들은 하와이 헌법에 ERA를 추가함으로써 벌어진 피해를 되돌리기 위해 1998년 11월 3일 "의회는 결혼을 이성 커플에 한정할 권한을 갖는다"는 헌 법 개정안을 통과시켰다.

현명한 후보자가 여성 유권자의 표심을 얻는 비결

전국의 열성파 정치 후보자들이 공직 선거에 출마하기 위해 선거 운동을 준비하고 있다. 선거 이슈를 선정하고 공약서를 작성하는 과정에서 참모들은 "어떻게 해야 여성 유권자의 표를 얻을 수 있을 까?"라는 질문을 던진다.

하지만 이건 틀린 질문이다. 질문이 잘못되면 답도 잘못되게 마련인 법, '남성 표'가 따로 있지 않듯 '여성 표'도 따로 있는 것은 아니다. 그런 어리석은 질문을 하는 후보는 패배의 길을 걷고 있는 것이다.

후보자가 이른바 '여성 이슈'를 내세워 여성 표를 얻을 수 있다 는 발상은 1984년 선거에서 이미 실패했다. 1984년 초, 전미여성기구 의 회장이자 낙태 반대 운동가인 엘리너 스밀Eleanor Smeal은 『여성이 차기 대통령을 선출하는 이유와 방법Why and How Women Will Elect the Next President』이라는 책을 썼다. 실제로 여성들은 차기 대통령을 '선 출했고' 그 이름은 로널드 레이건이었다.

'여성 투표'나 '여성 운동' 같은 잘못된 개념은 1984년 언론에 등장한 '젠더 갭(gender gap, 사회여론이 남녀의 성별로 갈라지는 현상—옮긴이)'이라는 그릇된 통념에 근거를 둔다. 이는 실제로 해결이 필요한 이슈가 아닌 지엽적인 문젯거리를 확산, 주의를 분산시킴으로써 표적이 된 후보를 낙선시키기 위해 페미니스트와 언론이 지어낸 허구bogeywoman일 뿐이다. 젠더 갭은 '오즈의 마법사'처럼 허구인지라 1984년 대선에서 레이건의 압승으로 (대다수의 페미니스트 후보와 함께) 묻혀 버렸다.

후보자는 이 주제의 의미부터 배워야 한다. 페미니스트는 '여성답다feminine'의 동의어가 아니라 반의어이다. '여성답다'는 친가족 여성이라면 연령이나 정당을 막론하고 모두에게 적용될 수 있는 형용사지만 '자칭' 페미니스트에게는 적용되지 않는다. 페미니스트는 '걸(girl, 여아 혹은 아가씨)'이나 '레이디(lady, 숙녀)'라는 말을 쓰면 야유와 불만을 쏟아내는 반면, 숙녀는 그러지 않는다. 사실, 숙녀라면 영영 그러지 않을 것이다.

페미니스트들은 필요하면 언제든 세금으로 낙태할 수 있는 권리와, 혼내·외 성행위any sexual activity in or out of marriage, 간소화된 이혼절차, 정부 보조금으로 충당하는 육아비, 적극적인 소수자우대정책—더 나은 자격을 갖춘 남성보다 일부 여성을 우선 고용하도록 정부가 고용주를 압박하는 정책—그리고 비교가치—정부가 일부 여성의 임금을 인상하여, 남성이 전통적으로 대다수를 차지해온 업종의 임금과 균등하게 만들려는 조치—로 여성의 권리를 규정한다.

반면, 여성답거나 친가족적인 여성에게 권리란 교육과 고용의 평등한 기회요, 현행 소득세 제도와 개인연금계좌the Individual Retirement

Accounts에 도사리고 있는, 전업주부에 대한 차별을 철폐하고, 세금을 낮추고 민간 일자리를 늘려 번영하는 자유 미국 경제체제에서 살 수 있는 기회를 뜻한다.

다음은 후보자들이 페미니스트 기자의 함정에 대비하기 위한 행동수칙이다.

1. '여성 문제'와 '여성의 관심사'를 거론하려면 우선 본인의 논리를 정확히 파악하고, 자신과 청중이 이해한 뜻이 서로 다를 수 있는 어구('여성의 권리' 또는 '비교가치' 등)는 발언에서 제외하라.

2. 여성을 가리켜 귀엽다거나, 웃긴다거나, 뒤끝이 있다거나, (아첨으로) 사회생활을 잘한다거나, 혹은 빈정거린다는 말은 삼가라. 일부 여성은 기분이 나쁠 수 있다. 물론 불쾌한 말은 아니다손 치더라도 페미니스트는 유머감각이 없기 때문에 불쾌감을 느낄 수 있다.

3. 여성의 외모를 띄워주지 말라. 페미니스트들이 질색한다.

4. 저속하거나 야한 농담은 금물이다. 여성다운 여성이 싫어한다.

5. 공약을 내걸면 두 부류의 여성이 다 넘어올 거라는 발상은 금물이다. 그 둘은 압력을 행사하면 당신을 자기편으로 만들 수 있다고 생각한다.

6. 자문용 여성 위원회를 임명하지 말라. 페미니스트들이 언론 이벤트를 열어 무리한 요구를 강요할 여지를 줄 뿐이다.

7. 페미니스트의 공격에 대응하지 말라. 그들이 공개적으로 응석을 부리고 더 많은 미디어를 끌어들여 재차 공격할 기회를 줄 것이다.

8. 여성이 '미즈(Ms. 기혼 및 미혼 여성의 통칭)'를 선호하지 않으면 구두로 든 서면으로든 이를 쓰지 말라. 기혼 여성은 '미시즈(Mrs. 여사)' 의 '사'를 써서 기혼이라는 사실을 열심히 알리곤 한다. 그러니 '사'를 빼면 고마워할 리 없다.

9. 일부라도 싫어하는 말은 삼간다. 이를테면, '여성해방론자 women's libber'라 하지 말고 페미니스트라고 불러라. '비근로 주부non-working wife'도 금물이다. 대신 전업주부full-time homemaker 나, 경력주부career homemaker라 부른다. 또한 '일하는 아내 working wife'라고 하면 다른 주부는 일을 안 한다는 뜻으로 오해할 수 있으니 '취업한 아내employed wife'로 순화하라.

10. 여성들에게 "모여서 의사를 결정하라"고 주문하지 말라. 로널드 레이건과 월터 먼데일(Walter Mondale, 1977년~1981년까지 포드 대통령의 부통령으로 재임 후, 1984년 대선에서 로널드 레이건에게 패배했다—옮긴이)에게 "모여서 의사를 결정하라"고 주문한 적이 있던가?

1986

성차별 소프트웨어

최근 개인용 컴퓨터를 사면서 소프트웨어도 여럿 구매했다. 소프트웨어 프로그램 중 하나를 보니 워드 프로세서에 입력한 글을 검색할 때 '성차별적sexist' 어구가 감지되면 이를 삭제하고 다른 어구로 대체하는 요령을 일러준다는 것을 알게 되었다. 이 프로그램은 오른쪽 키를 누르면 장황한 성차별 어구 목록과 함께 중립적인 대체어를 출력해준다.

소프트웨어에 따르면, 비즈니스맨(businessmen, 사업가)이라든가 파이어맨(firemen, 소방대원), 뉴스보이(newsbodys, 신문배달원), 메일맨(mailmen, 우편배달원), 도어맨(doormen, 안내원)은 삼가고, 대신 비즈니스 퍼슨business persons과 파이어퍼슨firepersons, 페이퍼 캐리어paper carriers, 포스털 캐리어postal carriers 혹은 도어퍼슨doorpersons이라고 써야 한단다. 롱쇼어맨(longshoremen, 부두인부)도 퇴출 대상이다. 닥 워커dock workers로 고쳐쓰라. 호스맨horsemen과 호스우먼horsewomen도 용납이 안 되며 이퀘스트리언(equestrians, 기수)이라야 옳다는 것이다.

스포츠맨십(sportsmanship, 공정한 경기)도 아웃이다! 페어 플레이fair play로 바꿔야 한다. 세일즈맨십(salesmanship, 영업력)은 세일즈 어빌러티sales ability로, 체어맨십(chirmanship, 회장직)은 체어퍼슨십chairpersonship으로 교체해야 하며, 맨카인드(mankind, 인류)는 휴매너티humanity로 고치고, 레이디(lady, 숙녀)와 젠틀맨(gentleman, 신사), 맨(man, 남성), 우먼(woman, 여성)은 퍼슨person이나 피플people로 바꾸라. 남아와 여아는 어린이로 수정한다. 단어의 의미가 서로 같은 것은 아니지만 그건 괘념치 마시라. 소프트웨어는 3인칭 남/녀(주격)와 그/그녀의(소유격) 등, 성차별적

어구가 명백하지만 동의어를 제시할 수 없을 때는 퉁명스레 "수정하시오revise"라고 주문한다.

맨메이드(man-made, 인공)는 아티피셜artificial로, 스폭스맨(spokesman, 대변인)은 레프리젠터티브representative로 바꾸어야 한다. 하지만 어구를 바꾸면 뜻도 달라지게 마련이다. 이를테면, 스테이츠맨(statesmen, 정치가)은 디플로맷(diplomat, 외교관)으로 교체하라는데, 모든 스테이츠맨이 디플로맷은 아니며 모든 디플로맷이 스테이츠맨인 것도 아니다.

어떤 어구는 소프트웨어 프로그램에 큰 충격trauma을 주어 '피하라avoid'는 명령어가 직설적으로 튀어나온 듯하다. 예컨대, 마초(macho, 짐승남)와 맨리니스(manliness, 남성다움), 맨리(manly, 남자다운), 레이디라이크(ladylike, 숙녀다운), 젠틀맨리(gentlemanly, 신사다운) 및 맨파워(manpower, 인력)가 검열 대상이었다.

이때 진짜 문제가 본격적으로 터지기 시작했다. 소프트웨어는 그룸스맨(groomsman, 신랑 들러리)을 그룸(groom, 신랑)으로 바꿔야 한다고 말한다. 하지만 신랑은 신부를 데려오는 남자를, 신랑 들러리는 신랑이 결혼반지를 잃어버리지 않고 교회까지 올 수 있도록 도와주는 친구를 가리킨다. 신랑 들러리라면 자신이 신랑과 맞바꿀 수 있다는데 상당히 놀랄 것이다.

신랑bridegroom에 얽힌 문제는 여기서 끝이 아니다. 소프트웨어는 스테이블맨(stableman, 마굿간지기)도 '그룸'으로 고쳐야 한다고 주장한다. 즉, 신랑과 들러리, 그리고 말을 준비하는 사람 모두가 성차별을 지양하는 똑같은 '신랑(groom, 그룸)'이라는 것이다.

리페어맨(repairman, 수리공)과 크래프츠맨(craftsman, 장인)은 리페어퍼슨 repairperson과 크래프츠퍼슨craftsperson이 되고, 맨아워(manhours, 작업량)는 퍼슨아워personhousrs가 될 것이다. 그렇다면 핸디맨(handyman, 잡역부)은 어떻게 바꿔야 할까? 컴퓨터가 "말을 바꿔달라"고 말한다. 핸디퍼슨handyperson에 우왕좌왕했을 공산이 크다. 버스보이(bus body, 웨이터 보조원으로 식탁 치우는 일 등을 한다—옮긴이)는 클리어러clearer란다. 식당에 가면 웨이트리스waitress(서버server에게는 미안하지만)에게 '클리어러'를 불러 접시를 치워달라고 주문하라.

늦어도 5년 전, 페미니스트 검열국은 대형 출판사들을 설득하여 '성차별적인' 어구나 문구, 혹은 삽화를 쓰지 못하게 하는 검열 지침Censorship Guidelines을 발표토록 했다. 물론 미국인의 국어 사랑을 꺾을 수는 없었다.

컴퓨터가 페미니스트식 지침에 맞게 나랏말을 프로그래밍하는 데 성공할 수 있을까? 개연성은 높지 않아 보인다. 미소를 지어야 제품을 가장 잘 팔 수 있다는 것이 광고가 주는 교훈인데 페미니즘 이데올로기와 미소는 상극이기 때문이다.

1986

여성 우대정책이 틀린 이유

70년 전, 여성은 절반 정도의 주에서 투표권을 박탈당했다. 여성이 투표를 전혀 할 수 없던 시절을 바로잡아야 하니 오늘부터 여성에게는 투표용지를 2장씩 배부해야 할까?

대다수는 어리석은 질문이라고 치부할 것이다. 이를 "찬성yes"한다는 건 1987년 미국 대법원이 '존슨 대 캘리포니아주 샌타클래라 카운티 교통국Johnson v. Transportation Agency, Santa Clara County, California' 사건에서 여성 우대정책에 손을 들어준 것과 같다.

캘리포니아주 샌타클래라 카운티 교통국에서 한 여성이, '스펙'이 더 좋은 남성을 제치고 채용된 사건이 있었다. 고용주인 주 정부 기관은 "대대로 차별받는 직종에서 뚜렷이 보이는 불균형"을 해소하기 위해 여성을 우대했다는 것이다.

6대 3으로 나뉜 판결문은 윌리엄 J. 브레넌 주니어William J. Brennan Jr 판사가 작성했다. 그는 가장 극단적인 페미니즘 이데올로기를 오랫동안 두둔해 온 인물인데, 이를테면 1973년 프론티에로 대 리처드슨Frontiero v. Richardson 사건의 다수의견에서는 미국 여성들이 "실제로 배려는커녕 우리cage에 가두려는 낭만적 가부장주의paternalism"로 차별을 받고 있다고 썼다.

'우리'라고? 정말 그렇게 말했다. 브레넌이 언급한 우리는 아마 가정이었을 것이다. 같은 단락에서 그는 19세기 대법원 판결문 중 "여성이 감내해야 할 중대한 운명과 사명은 아내와 어머니라는 고귀하고 자비로운 직분을 감당하는 것이며, 이것이 창조주의 법칙이다"를 인용하며 이를 업신여기고 조롱했다.

'우리'는 분명 오타였을 것이다. 하지만 프론티에로 사건에 관한 소견을 좀더 읽어보면 여성이 사회에서 억압을 받고 있다는 판사의 환상은, 급진 페미니스트 작가들의 아우성에 영향을 받았다는 것을 알 수 있다. 아울러 그는 "흑인은 1870년에 투표권을 보장받았지만, 여성은 수정헌법 제19조가 채택되기 전까지 권리를 거부당했다"고 덧붙였다. (브레넌은 사실 확인을 하지 않은 듯싶다. 수정헌법 제19조 이전에도 전체 주의 절반에서는 투표권이 있었다) 브레넌은 "인종이나 외국인 지위alienage, 혹은 국적에 따른 구분만큼이나, 성별에 따른 구분 또한 본질상 차별이 의심된다"고 밝혔다.

포스트페미니즘 시대에는 브레넌의 터무니없는 수사가 더는 유행하지 않겠지만, 사실 그는 자신의 메시지조차 이해하질 못했다. 이를테면, 1972년에는 성에 따른 차별대우를 용납할 수 없다고 말했다가, 1987년에는 성별을 고용 기준으로 삼아야 한다는 결론을 내렸으니 말이다. 다시 원점으로 돌아왔다. 10년 전만 해도 금지된 것이 이제는 의무로 둔갑하고 만 것이다. 이 복잡한 논리의 문제점은 우대정책을 둘러싼 근본적인 문제를 회피한다는 데 있다.

여성 우대정책이 잘못된 첫 번째 이유는 수혜자가 차별을 받은 적이 없는 여성이기 때문이다. 우대정책은 피해자가 대상이 아니다. 상해를 입은 사람은 따로 있는데 엉뚱한 사람이 구제를 받아서는 안 될 것이다.

여성 우대정책이 잘못된 두 번째 이유는 개인의 권리를 중시하는 미국의 전통과는 달리, 집단의 권리 이론에 근간을 두기 때문이다. 여성은 똘똘 뭉친 단일 집단이 아닌지라, 한 명의 불만이 다른 여성의 권리나 구제책으로 이어져서는 안 된다.

여성 우대정책이 잘못된 세 번째 이유는 쿼터quotas를 기준으로 이행 여부를 판단하기 때문이다. 장미는 이름은 달라도 향긋하지만, 쿼터는 '수치 지표'와 '목표,' '일정표,' '통계적 균형' 및 '과소 대표성'과 같은 완곡한 말 속에 감추더라도 악취가 난다.

여성 우대정책이 잘못된 네 번째 이유는 남성과 여성이 서로 대체가 가능하고, 남성과 여성의 노동력도 차이가 없는 데다, 직종을 막론하고 남녀의 비율이 50대 50이 안 되는 것은 고용주가 여성을 차별한다는 방증이라는, 페미니스트식 관념에 근간을 두기 때문이다. 이는 잘못된 발상이다. 수십 년간 고용기회균등법을 제정하고 이를 적극 집행해도 여성은 대개 체력이 많이 필요하거나 위험하고 열악한 근무 조건이나, 혹은 주당 60시간 일하는 직종은 피하고 있다.

여성 우대정책이 잘못된 다섯 번째 이유는 협박과 갈취를 공개적으로 부추기기 때문이다. 고용이나 승진 대상에서 제외되었거나, 계약을 체결하지 않은 여성을 대리하는 단체(혹은 개인)로부터 소송을 당하면 고용주측 변호사는 변론보다 합의금이 더 저렴하다고 말할 것이다. 예컨대, 고용기회균등위원회가 시어스Sears를 상대로 제기한 2천만 달러 규모의 소송에서 위원회는 차별을 당한 여성을 단 한 명도 찾아내지 못했다.

여성 우대정책이 잘못된 여섯 번째 이유는 여성을 깎아내리기 때문이다. 여성도 동등한 기회를 바탕으로 남성과 공정하게 경쟁해야하며 특혜를 기대하거나 인정해서는 안 된다.

여성 우대정책이 잘못된 일곱 번째 이유는 직장에서 분노와 적대감을 조장하기 때문이다. 우대정책은 근본적으로 불공정한 제도인지라 불공정을 정의인 것처럼 포장하려는 위선에 눈살을 찌푸리게 된다는 것이다. 이를테면, 인사 관리자는 낄낄거리며 숫자놀음으로 쿼터를 채울지도 모른다. "흑인 여성은 2명으로 인정되니 채용해야겠군."

이건 사회 정의도 아니거니와, 그런다고 차별이 없어지는 것도 아니다. 이런 걸 역차별이라 한다. 레이건 대통령은 1980년 선거 유세 당시 이렇게 말했다. "기회균등이라는 고귀한 발상이 연방지침—능력과 자격이 아닌 인종이나, 민족 혹은 성별을 채용이나 교육의 주된 기준으로 강요하는—이나 쿼터제로 왜곡되는 것을 방관해서는 안 되죠. **차별을 줄인답시고 또 다른 차별을 부추긴다면 끝내 차별은 종식되지 않을 겁니다.**"

1987

버지니아야, 차이가 없지는 않단다

1897년에 발표된 유명 에세이, 『그래, 버지니아야, 산타는 있단다Yes, Virginia, There Is a Santa Claus』에서 힌트를 얻어 쓴 제목으로 추측된다(옮긴이)

이번 주, 집에 쥐가 나타났다. 여자들은 비명을 질러댔고 남자들은 쥐를 집 밖으로 내쫓았다. 여성해방주의는 15년이나 남성과 여성이 정말 똑같다고 가르쳤지만, 쥐가 예고 없이 나타날라치면 차이가 여전하다는 사실이 여지없이 드러난다.

물론 여성만이 유방과 자궁이 있어 아기를 낳을 수 있다. 차이는 여기서 그치지 않는다. 이를테면, 목젖은 남성만 튀어나와 있다. 왜 그런지는 아무도 모른다! 그저 그렇게 만들어졌을 뿐이다. 색맹은 성별을 가린다. 남성이 여성보다 10배나 더 많다. 말더듬이도 마찬가지로, 남성이 5배 더 많다.

남녀는 키 차이가 크게 나지만, 하이힐을 신으면 이를 잘 의식하지 못한다. 남성의 평균 키는—맨발일 때—여성보다 15센티미터 정도 더 크다. 남녀의 평균 체중은 13.5킬로그램 정도 차이가 난다. 원하는 체중도 남녀가 다르다. 형편이 넉넉한 남성은 가난한 남성보다 뚱뚱하지만, 부유한 여성은 가난한 여성보다 마른 편이다. 다이어트는 80퍼센트가 여성이 하는데, 짐작하다시피 거식증 환자의 93퍼센트도 여성이다.

여성의 기대수명은 남성보다 7년 더 길다. 생명보험에 가입하는 여성은 사망하기까지 보험료를 7년 더 부담하기 때문에 연간 보험료가 더 저렴하다. 사고로 사망하는 남성은 여성보다 두 배 더 많다.

성중립 교육을 15년이나 이어왔지만, 위험을 감수하는 사회 계층이 남성이라는 사실은 사그라지지 않았다. 그래서 25세 미만인 젊은 남성의 자동차 보험료가 여성보다 훨씬 높은 것이다. 남성은 '결혼'이라는 대모험을 치르고 나면 몸을 좀더 사리게 돼 자동차 보험료가 낮아지는 것으로 보인다.

일터에서 다치는 남성은 여성보다 6배나 많다. 남성이 여성보다 서툴러서일까? 그럴 개연성은 낮다. 여성은 대개 물리적인 상해나 사망 위험이 있는 일을 꺼리기 때문이다. 우리 같은 여성은 험한 일을 해내며까지 우릴 보호하는 남성에 의지한다! 1964년 이후 연방법은 여성이 모든 직종에 종사할 수 있도록 문호를 개방했지만 배관공의 99 퍼센트는 여전히 남성이다. 낡은 고정관념에 사로잡힌 탓일까? 아니다. 돈을 아무리 많이 준다 한들 여성을 이 필수 직종으로 유인할 수는 없다. 반면 어린이집은 97퍼센트가 여성인데, 생물학적으로 모성 본능이 있다는 점을 감히 인정하진 않겠지만 97퍼센트라는 통계에 이의를 제기할 수는 없을 것이다.

성별의 차이는 몸 쓰는 노동직에만 있는 것은 아니다. 산업 현장에서 절실히 찾고 있는 데다 임금도 높은 엔지니어는 96퍼센트가 남성이다. 전기공학을 전공한 대졸 신입사원은 여성이 대부분 선택하는 문과를 졸업한 신입사원보다 연봉이 수천 달러 더 높은 직장에 들어갈 수 있다. 1972년에는 교육법 개정으로 여성도 원하는 전문 대학원에 입학할 수 있지만, 작년 수학·과학 박사학위의 88퍼센트는 남성에게 수여되었다.

필자의 남편은 자녀 여섯을 설득해 모두 공대에 진학시키려 했다. 교육비를 따졌을 때 공대에서 더 많은 것을 얻을 수 있는 데다, 숱한 거짓을 가르쳐 어차피 다시 배워야 하는 인문학과는 달리, 공학은 사실을 가르친다는 것이 남편의 주장이었다. 결국 네 아들은 공대를 졸업했지만 두 딸은 아빠의 조언을 듣지 않았다. 한 아이는 저널리즘을 선택해 대학 졸업 후, 상경계열 졸업생 임금의 절반도 안 되는 돈을 받으며 직장에 다녔다. 성차별이 아니라 직업 선택의 문제였다.

그럼 돈 쓰는 일은 어떨까? 집 밖에서 일을 하든 안 하든, 3분의 2의 가정에서 수표는 여성이 쓴다.

1987

페미니스트는 둘을 다 가져야 직성이 풀린다

지난 20년 동안 페미니스트들은 여성이 남성과 동등한 대우를 받아야 한다고 주장해왔다. 그들은 "사내 중 하나one of the boys"가 되라고 역설한다. 예컨대, 남성 전용 클럽에 입장하고 싶다며 떼를 쓰는가 하면, 여성 출입이 제한된 층에서 엘리베이터를 이용할 권리를 내세우기도 했다. 심지어는 남자 선수들이 옷을 벗고 있는 라커룸에도 들어가고 싶어 했다.

퍼트리셔 슈로더 하원의원(민주당·콜로라도)과, 여성 인권을 대변한다는 테드 케네디 상원의원(민주당·매사추세츠)이 이끄는 페미니스트들은 위험천만한 전투 부대에 배치해 달라고 요구한다. 그들은 이른바 '브라더 랫Brother Rat'으로 통하는 버지니아 군사학교—남성은 머리를 박박 민다—에 입학하고 싶어 차별 소송을 제기하는가 하면, 남성 소방관 옆에 나란히 자는 여성 소방관이 되게 해달라며 전국 소방서를 상대로 소송을 내기도 했다.

페미니스트들이 주 법령집에서 삭제한 '성차별적인' 법 중에는 남성이 여성 앞에서 야한 이야기를 해서는 안 된다는 법도 있었다. 새로운 페미니즘 시대에는 여성도 남성처럼 야한 농담과 저속한 발언을 들을 수 있는 권리가 있어야 한다. 어떤 남성도 면전에서 선정적인 이야기를 한 적이 없다며 페미니즘을 배격한 골다 메이어(Golda Meir, 이스라엘의 여성 정치가로 유대 노동 총연합 여성노동위원 간사, 초대 소련 주재 공사, 노동장관, 외무장관 등을 거쳐 총리를 지냈다—옮긴이) 시대 이후로 우리는 먼 길을 걸어왔다.

페미니스트는 연방·주 법을 모두 성중립으로 바꾸고, 남성과 여성이 서로 다르지 않다는, 부자연스러운 이데올로기에 근간을 둔 아젠다를 따르도록 강요하고 싶어 한다.

페미니스트들의 목표는 공정이나 기회의 평등이 아니라 페미니스트가 권력을 행사하는 성중립사회라는 것을 남성들이 이해하지 못한 탓에, 페미니스트들은 목표를 달성하는 데 상당한 성공을 거두었다. 페미니스트 작가 로빈 모건(Robin Morgan, 1960년대 초부터 여성 운동을 이끈 핵심인물이자 국제 여성주의 운동의 지도자—옮긴이)은 필 도나휴 쇼 관객에게 "우리는 한때 백년가약을 맺고 싶었던 '남자'가 돼가고 있다"고 말했다.

아울러 페미니스트들은 피해자 코스프레도 원한다. 애니타 힐은 페미니스트가 권력을 장악한다는 목적에 걸맞을 때만 취하는 가짜 포즈의 전형이었다. 이를테면, "불쌍한 나"라는 하소연에, 상처 입은 여자, 직장에서 기웃거리는 늑대로부터—늑대가 하는 행동과 말로부터—자신을 보호해 달라며 빅브라더 연방정부에 외치는 가련한 여인 코스프레를 두고 하는 말이다.

페미니스트는—애니타 힐을 매개로—여성이 남성에게 거절하는 것을 두려워한다며 폭풍 오열 연기를 펼쳤다. 남성이 직장에서 권력을 쥐고 있기 때문이라는데, 이런 발상은 여성이 정부의 도움 없는 불편한 상황에 대처할 수 없다는 것을 암시하므로 되레 여성을 깎아내리는 성차별인 것이다.

애니타 힐은 클라렌스 토마스가 부적절한 행위를 저질렀다고 주장할 당시, 무력하거나 취약한 십대가 아니었다. 예일대 로스쿨 졸업생이었다. 직장 동료의 증언에 따르면, 애니타는 거칠고 사납고 고집불통에 오만한 데다, "누가 어떤 말을 해도 인정할 줄 모르는" 사람으로 알려져 있었다고 한다. 그들은 애니타가 독단적이고 거만하며 어떤 남성에게도 호통을 칠 수 있는 사람이라고 밝혔다.

로스쿨을 졸업할 만큼 똑똑하고 강인한 여성이라면 남자에게 입을 다물라거나, 손을 떼라거나, 꺼지라거나, 성가시게 굴지 말라거나, 아니면 그냥 "안돼"라고 거절할 수 있어야 한다.

1991

암호명_유리천장

소수자만 우대정책의 쿼터제에 기대는 것은 아니다. 페미니스트도 쿼터제를 찾고, 이 목표를 홍보하기 위해 그들만의 암호명인 '유리천장'을 지어냈다. 유리천장은 주로 말을 생산해내는 워싱턴 DC에서 최신 유행어가 되었다.

페미니스트들은 여성이 경력을 쌓는 과정에서 부딪히는, 보이지 않거나, 혹은 유리로 된 '천장'이 있어 고소득 직종으로의 승진가도가 막힌다고 주장한다. 페미니스트 외에는 이 유리천장을 볼 수가 없다. 그래서 말이 교묘하다는 것이다.

유리천장은 두 가지 목표를 달성하기 위한 의미론적 수단semantic tool이다. 첫째는 기업인이 경력 여성에게 임원 자리를 주지 않는다는 점에 대해 죄책감을 느끼게 하고, 둘째는 고위 경영진에 여성을 위한

㈜공식 우대조치 쿼터를 설정하도록 기업 임원을 협박하는 것이다. 페미니스트들은 세금으로 이런 캠페인을 추진하기 위해 정부 위원회를 설립, 목표 달성을 계획하고 있다.

페미니스트들은 페미니스트로 구성된 유리천장위원회Glass Ceiling Commission를 조직하여 미리 설정해둔 '결과'를 '입증'하기 위해 세금으로 연구·조사를 실시하는 법안을 추진하고 있다. 이 조사 결과는 여성이 "의사를 결정하는 고위직과 경영진에서 현저히 낮은 비중을 차지하고 있으며" 이는 "인위적인 장벽" 때문이라고 주장할 것이다.

철의 장막이 무너지고 동유럽이 해방되었다고 해서 조지 오웰이 창작한 빅브라더Big Brother의 위협이 영원히 사라졌다고 생각하는가? 너무 확신하지는 말라. 페미니스트들은 유리천장 법안을 통과시켜 오웰 작품처럼 '빅시스터Big Sister'가 민간 기업을 염탐할 수 있도록 힘을 실어줄 계획이다. 유리천장위원회의 빅시스터는 "기업이 경영진과, 의사결정을 담당하는 고위직을 채우는 방식"을 조사할 것이다. 세금을 지원받는 페미니스트들은 여성의 고위직 진출을 도모하기 위해 "미국 기업이 관행 및 정책을 수정하도록 장려"할 것이며 이를 위한 방안에 대해서도 구체적인 지침을 기꺼이 제시할 것이다.

고위직에 여성의 비율이 적다는 것이 차별이 존재한다는 증거는 아니다. 여성 대다수가 주당 60~80시간 동안 직장에 전념하는 대신 다른 대안을—주로 가족을—선택했다는 방증인 것이다.

동일노동에 대한 동일임금은 1963년부터 법으로 제정되었고, 민권법the Civil Rights Act은 1964년부터 여성에게 적용되었으며, 고용기회균등위원회는 1972년부터 여성의 균등한 고용기회를 적극적으로 장려해왔다. 차별에 관하여 조목조목 수집된 증거가 존재한다면 변호사들은 기존의 차별금지법에 의거하여 수익성이 큰 집단 소송을 제기하기 위해 수많은 원고를 법정에 세울 것이다.

우리는 페미니스트들이 세금으로 운영하는 위원회를 20년 동안 봐왔다. 특히 1977년 벨라 앱저그가 위원장을 맡은 '국제여성의해위원회Commission on International Women's Year'는 얼빠진 의회가 혈세 500만 달러를 지원한 바 있다. 페미니스트들은 이런 위원회를 조직해 급진적인 아젠다를 추진하기 위한 발판으로 활용한다.

아내와 가족을 부양하는 고위직 기업인은 유리천장 집단의 계략을 묵인하지 않더라도 죄책감을 느껴선 안 된다. 유리천장위원회라면 중역 여성에 대한 우대조치 쿼터에서 패자가 될 남성의 아내를 대변할 수 있을까? 그게 용납이 안 된다는 건 자명한 사실이다.

1991

루스 베이더 긴즈버그의 페미니스트 세계관

변호사로 활동하면서 미국시민자유연맹에서 7년간 법률 고문으로 일한 것이 유일한 경력인 대법관 후보자가 거의 모든 사람에게서 "온건파moderate"나 "중도파centrist"로 칭송받게 된 비결은 무엇일까? 남성이 치마에 잘 속는다는 것을 입증하는 대목이다. 그들은 루스 베이더 긴즈버그가 곱슬머리에 입이 시끄럽다거나, 거리에서 브래지어를 불태우는 시위자가 아니기 때문에 '온건'하다고 짐작했다.

사실, 긴즈버그가 쓴 글은 그녀가 주류와는 거리가 먼, 급진적이고도 교조적인 페미니스트라는 점을 여실히 드러낸다. 긴즈버그는 미국 여성이 수 세기에 걸쳐 남성의 탄압과 학대를 감내해왔다는, 급진 페미니스트의 견해에 동감한다. 때문에 그녀는 법률 관련 기고문에서 페미니스트인 사라 그림키Sarah Grimke의 발언—"나는 그들이 우리 목에서 발을 떼는 것만 바랄 뿐이다"—에 동조했다. 1974년 피베타카파의 『키 리포터Key Reporter』에 게재된 연설문에서는 경단녀를 위한 우대조치의 일환으로 고용 쿼터제 도입을 촉구했다. 그녀는 여경을 사례로 제시하며 "이런 형국이라면 우대조치가 필요하다"고 주장했다.

　반면 '칸 대 셰빈Kahn v. Shevin' 사건(1974년)에서 연방대법원이 '미망인은 재산세가 면제된다'는 플로리다주의 정책이 합헌이라고 판결하자 그녀는 자신이 염두에 둔 여성의 권리가 좌절되었다고 생각했다. 긴즈버그는 '전통적인 성역할'을 경시하고 엄격한 성중립을 요구한다(물론 경력 여성을 쿼터로 채용하자는 것은 제외).

　긴즈버그는 1973년 연방대법원에서 결판이 난 '프론티에로 대 리처드슨' 사건에서 승소한 이후 최고의 페미니스트 변호사로 인정받았다. 이를 두고는 부끄러운 기색도 없이 '사회변혁을 이끌어낸 activist' 판결이라며 높이 평가했다. 또한 그녀는 미국 남성들이 "여성을 배려하기는커녕 우리에 가두어 두었다"거나, "19세기 여성의 지위는 남북전쟁 전 노예법이 적용되던 당시 흑인의 지위와 여러모로 흡사하다"는 윌리엄 브레넌 판사의 견해에 동조했다.

19세기에는 미국 여성이 노예 취급을 받고, 20세기에는 '우리'에 갇혀 있었다고 하니, 대법관 역할을 하기에는 매우 위험한 세계관을 갖고 있다.

긴즈버그는 대법관 임명을 앞두고 클린턴 대통령이 이름 붙인 '리트머스 테스트'를 통과했다. '낙태에 찬성한다pro-choice'는 입장을 밝힌 것이다. 또한 그녀는 혈세까지 투입해 낙태를 지원한다는 법안을 헌법에 명시하고 싶어 했다. 미국인의 72퍼센트가 반대하고, 심지어는 낙태 찬성론자와, '로 대 웨이드' 대법원 판결에 찬성하는 사람들조차 거부하고 있는데도 말이다.

1977년 대법원은 3건(빌 대 도Beal v. Doe, 마허 대 로Maher v. Roe, 포엘커 대 도Poelker v. Doe)에서 헌법상 각 주의 낙태 비용 부담을 강제하지 않는다는 판결 이후, 이는 줄곧 확정된 법으로 간주해왔다. 이어 1980년 대법원은 '해리스 대 맥레이' 사건에서 낙태에 혈세 투입을 금한다는 하이드 헌법수정안을 지지했다. 대법원은 "여성이 [낙태를] 선택할 자유가 있다고 해서 헌법이 모든 선택지에 재정 지원에 대한 자격을 부여한 것은 아니다"라고 판시했다.

긴즈버그는 이 확정된 법에 반대한다는 뜻을 고집했다. 예컨대, 1980년 출간된 『미국의 헌법 정부Constitutional Government in America』에서 그녀는 헌법상의 권리로서 낙태에 대한 세금 지원을 지지하는 한편, 연방대법원의 판결은 비난했다.

그녀는 1977년 사건을 분석하며 "올해는 여성이 패소한 해였다.

특히 가난한 사람들의 자발적 낙태에 대한 판결은 매우 불안한 대목"이라고 술회했다. 세금 지원 사건을 두고는 6대 3 중 다수의견을 비판하며 "가난한 여성이 공적자금과 공공병원을 이용하겠다는데 이를 제한한 조치"는 '로 대 웨이드' 판결의 후퇴를 뜻하며, 여성의 권리를 "놀라우리만치 축소한 것"이라고 밝혔다.

루스 베이더 긴즈버그는 '성별에 따른 모든 차별은 위헌이어야 한다'는 극단적인 페미니스트식 발상을 오랫동안 지지해왔다. 이 같은 급진적 견해는 페미니스트인 브렌다 파이겐파스토Brenda Feigen-Fasteau와 공저한 『미 법전에 나타난 성편견(1977년)』이라는 책에서 명확히 드러난다. 고료는 계약 번호 CR3AK010에 따라 연방기금으로 지원받았다.

미국민권위원회가 발간한 『미 법전에 나타난 성편견』은 1970년대에 제정된 800건의 연방법이 성별을 이유로 '차별'한다는 주장이 널리 퍼진 배경이 되었다. 이 책(230페이지)은 차별적인 법률을 식별하는가 하면, '평등 원칙'을 따르고 성평등헌법수정안—긴즈버그가 열렬히 지지했던—의 비준을 촉진하기 위해 페미니스트 운동이 주문한 구체적 변화를 권고했다. 다행히 ERA는 1982년에 폐지되었다.

『미 법전에 나타난 성편견』은 페미니스트들이 우리의 법과 제도 및 마음가짐을 바꿔, 미국을 성평등사회로 탈바꿈하는 법을 구체적으로 설명하는 핸드북이다. 페미니스트는 이 책에서 정당한 불만을 해결하려는 것이 아니라, 인간의 본성과 사회적 관습, 그리고 남녀의 관계를 바꾸고, 이를 위해 법마저 바꾸고 싶어 한다는 점을 분명히 보여준다. 여성 탄압을 둘러싼 페미니스트들의 시끌벅적한 불만에도, 당시 컬럼비아대학교 로스쿨 교수였던 루스 베이더 긴즈버그와 스태

프는 연방정부의 세금을 지원받아 연방법을 조사해 봤지만 여성에게 해를 끼치는 법은 찾을 수 없었다!

『미 법전에 나타난 성편견』은 남편은 가장이고 아내는 주부라는 전통적인 가족 개념을 노골적으로 겨냥했다. 긴즈버그에 따르면, "의회와 대통령은 법전에 스며든 개념—어른의 세계는 가족의 생계를 책임지는 독립적인 남성과, 자녀와 가정을 돌보는 것이 주된 책임인 의존적인 여성이라는 두 부류로 구분되어 있고(또 그래야 한다)—에 주목해야"하며 "평등이라는 원칙을 반영하려면 이 개념을 삭제해야" 한단다.

긴즈버그는 평등에 대한 정의를 보태며 "맞벌이 가족이 점차 보편화되고 있으므로 정부는 당국이 지원하는 보육 프로그램 개발에 박차를 가해야 할 것"이라고 밝혔다. 여성 탄압의 증거로는 사회가 어머니에게 육아를 기대한다는 점을 꼽는데, 이에 대한 부담은 정부가 제공하는 어린이집으로 해소되어야 한다는 것이 페미니스트 도그마의 기초다.

긴즈버그는 여성이 누릴 수 있는 법적 특혜나 보호를 폐지하려는 열망이 강했다. 법적 강간죄에 대한 법은 "겉보기에도 명백히 차별적"이라며 폐지를 주장했고, 맨법(Mann Act, 매춘 따위의 목적으로 여자를 주에서 주로, 또는 국외에서 이송하는 것을 금한 법률—옮긴이) 또한 "악당에게서 약한 여성을 보호하려는 것"이라며 철폐를 촉구했다. 물론 성별에 따른 여성의 특혜를 아주 반대한 것은 아니었다. 심지어는 군대 내에서의 특혜도 주문했다. 페미니스트가 말하는 평등이 이렇다.

긴즈버그의 『미 법전에 나타난 성편견』은 '맨메이드(인공)'를 '아티

피셜artificial'로, '맨카인드(인류)'를 '휴매너티humanity'로, '맨파워(인력)'를 '휴먼 리소스(human resources, 인적 자원)'로 '미드십맨(midshipman, 해군 장교후보생)'을 '미드십퍼슨midshipperson'으로, '남성(he, 3인칭 단수)'과 '여성(she, 3인칭 단수)'을 '그/그녀he/she'로 바꿔야 한다는, 극단적인 성중립을 수용했다. 페미니스트식 비속어를 돌려 말하자면, 페미니스트들은 '프로노운 엔비(pronoun envy, 남이 자신을 지칭할 때 다른 대명사를 쓰는 데 대한 시기심을 표현하는 용어—옮긴이)'에 집착하고 있는 셈이다.

끝으로, 대법관 후보로 지명된 날, 긴즈버그가 로즈가든에서 클린턴 대통령 옆에 섰을 때 한 발언은 분노에 찬 페미니스트가 아니면 누가 할 수 있었겠는가? 그녀는 어머니가 "딸도 아들만큼 소중히 여기는 시대에 사셨으면 좋았겠다"며 아쉬움을 토로했다. 긴즈버그는 도대체 어느 나라에서 살고 있었을까? 중국에서? 인도에서? 이는 딸을 아들만큼이나 소중히 여기는 부모를 모욕한 발언이었다.

1993

페미니즘의 근본적인 결함

페미니즘은 진실과 충돌한다. 페미니즘은 미국 여성이 탄압 및 학대의 피해자라는 거짓에 근거를 두지만, 사실 미국 여성은 역사상 가장 운이 좋은 계층이다.

페미니즘은 인간의 본성과 충돌한다. 페미니스트의 전제는 신이 착오로 인간의 성을 둘로 만들었으니 법이 이를 바로잡아야 한다는 것이다. 그들은 인간의 본성과 남녀의 차이를 바꾸겠다며 불가능한 일에 도전해왔다. 여성에게는 몸에 영향을 주는 생물학적 시계가 있지만, 페미니스트는 이를 애써 외면한다. 필자는 쉰 살을 넘어서 로스쿨에 진학했다. 쉰 살 이후에 아이 여섯을 낳지 않은 것이 천만다행이다.

페미니즘은 상식과 충돌한다. 가족을 거부한다는 것은 인간의 상식에 도전하는 것과 같다. 가족은 남녀가 이 땅에서 함께 살아가기 위한, 검증된 최선책이다. 가족은 우리를 돌보는 사람을 붙여주고, 삶의 고충을 극복하는 데 필요한 보금자리와 은신처가 되는가 하면, 보건·교육·복지의 기원이자 최고의 부서다.

페미니즘은 결혼 및 모성과 충돌한다. 여성해방운동은 젊은 여성들이 지금이라도 '모든 것을 가질 수 있다'는 그릇된 기대감을 부채질했다. 하지만 페미니스트들이 모성을 거부하는 동안 인식이 달라진 남성은 많지 않았고 아기들 또한 전혀 변하지 않았다. 『월스트리트저널』이 실시한 연구에 따르면, 성공한 여성의 52퍼센트는 이혼했거나 미혼인 반면, 남성은 5퍼센트에 그친 것으로 나타났다.

페미니즘은 개인의 행복과 충돌한다. 누군가의 고충을 파악해 이를 부풀리려는 페미니즘의 술책은 삶을 원망하고, 전통적 가치 및 역할을 경시하는 풍조를 부추겼다. 페미니스트인 앤 테일러 플레밍Anne Taylor Fleming은 『출산을 미루다Motherhood Deferred』에서 자신을 불임에 아이도 없고 외로운 베이비붐 세대 여성이라 소개하며 이제는 아기에 대한 그리움에 속이 타들어 간다고 썼다. "이봐, 글로리아, 저메인, 케이트! 아기도 자녀도 없고, 혈육도 없는 삶을 살게 된 기분이 어떠신가? 이념이 자궁을 비울 만큼 그리도 중요했던가?" 창을 내리고 이렇게 소리를 지르고 싶다는 글도 덧붙였다. 20년 전, 페미니스트를 자랑스레 내세우며 주부를 한없이 비하하고, 필자와의 CBS 토론에서 "지금 임신했다면 얼른 나가 아이를 지울 것"이라고 주장한 여성에게서 나온 절규다.

페미니즘은 민간 기업과 충돌한다. 페미니스트는 정부를 모든 문제의 해결책으로 간주하기 때문이다. 페미니스트들은 남성에게서 독립하고, 남편을 고분고분 따른다거나 남편의 경제력에 의존하고 싶진 않다고 입을 모은다. 하지만 정작 해방을 선언한 페미니스트들은 대안으로 항상 빅브라더 정부를 찾는다.

일자리가 필요한가? 빅브라더가 우대조치 쿼터제로 일자리를 구해줄 것이다. 신체조건이 부족한가? 빅브라더가 테스트 결과를 성별로 표준화하여 더 높은 점수를 줄 것이다. 연봉이 불만인가? 비교가치위원회에서 고용주에게 임금 인상을 명령할 것이다. 승진을 원하는가? 유리천장위원회가 고용주에게 이를 압박할 것이다.

아이의 간호 문제로 휴가가 필요한가? 가족휴가위원회the Family Leave commission에서 이를 주선해줄 것이다. 자녀를 돌볼 보육교사가 필요한가? 연방정부에서 지원하는 어린이집을 이용하면 부담을 덜 수 있다. 아기를 지워야 하는가? 일반의료보험이 낙태비용을 대신 부담할 것이다.

살짝 거슬리는 말을 한 상사를 처벌하고 싶은가? 성희롱 게슈타포the Sexual Harassment gestapo가 출동하면 고생깨나 할 것이다. 부부 사이가 좋지 않은가? 법률서비스공단에서 이혼을 조정해줄 것이다. 남편을 처벌하고 싶은가? 여성폭력방지국the Violence Against Women agency은 당신이 남편을 강간 혐의로 고소하는 동안 무상으로 숙소를 제공하고, 담당 검사는 확증도 없이 당신의 이야기를 믿을 것이다.

믿음과 헌신, 근면, 가족, 자녀 및 손자·손녀는 가장 큰 성취감과 미래의 발전상을 제시한다. 페미니즘은 전통적인 결혼을 대신할 수 없다. 여성해방은 가족 간의 신뢰를 대신할 수 없다. 폴리티컬 코렉트니스PC는 여성에 대한 배려심을 대신할 수 없으며, 경력은 자녀와 손자를 대신할 수 없다.

1994

페미니스트는 근본적인 진실을 외면한다

1995년 8월 26일은 여성 참정권 수정안인 미국 수정헌법 제19조가 비준된 지 75주년이 되는 날이다. 그 이후로 여성의 투표권 거부는 법으로 금지되었다. 8월 26일은 우표를 발행할 만큼 기념할 가치가 있는 날이다.

그러나 페미니스트들은 이 기념일을 급진 페미니즘의 목표와 수정주의 역사(revisionist history, 공식적인 역사 해석이나 정통적인 이론과는 다른 시각을 제시하는 사관—옮긴이)를 성취하기 위한 선동으로 바꾸어 버렸다. (정치색을 띠지 말아야 할) 우정국을 찾아가 8월 26일 기념 우표뿐 아니라, 비록 실패하긴 했지만 1976년 5월 16일, 일리노이주 스프링필드에서 벌인 ERA 시위를 기념하는 우표도 요구한 것이다.

1976년 급진 페미니스트들이 벌인 시위는 여성 참정권과는 전혀 무관했다. 미국 여성이 투표권을 얻은 지 56년이나 지난 후에 일어났기 때문이다. 페미니스트 의원인 퍼트리셔 슈로더(민주당·콜로라도)와 니타 로위Nita Lowey(민주당·뉴욕) 의원이 지켜보는 가운데 발표된 우정국의 보도 자료와는 달리, 1976년 시위는 '이정표'가 아니었다. 중요한 사건도 아니었고 법이나 정책을 수립하거나 이를 뒤집은 사건도 아니었다. 바꾼 것이라곤 아무것도 없었다. 그러니 시위대의 대의도 완전히 무색해졌다. 애당초 기념우표를 발행해서는 안 될 사건이었다.

1976년 5월 16일 시위대에는 수많은 레즈비언 운동가를 비롯하여 사회주의자와 공무원, 행색이 추레한 급진주의자 및 대학생이 가담했는데, 이들은 전국 각지의 캠퍼스에서 보조금을 받는 버스를 타고 일리노이주 스프링필드에 모여들었다. 일리노이주 의사당에서 벌인 수많은 ERA 동조 시위 중 첫 번째였다. 시위는 해를 거듭할수록 과격해졌고, 1982년에는 아주 기괴한 시위가 몇 주간 이어졌다. 이를테면, ERA를 지지하는 시위자들('체인 갱chain gang')이 3층 상원 회의실 문에 자신을 쇠사슬로 묶은 것이다. 의원이 회의장에 들어가려면 그들을 밟고 넘어가야 했다.

1982년 6월 25일, ERA에 찬성하는 시위대는 도축장에서 돼지 피가 담긴 비닐봉지를 가져와서는 국기를 훼손하고 대리석 바닥에 비호감 의원의 이름을 적었다. 일리노이주에서 수많은 ERA 동조 시위가 벌어졌다. 일리노이주 의회는 11년(1972~1982년)간 매년 ERA 표결을 강행했지만 결국 ERA를 비준하지 않았다.

우정국이 스프링필드에서 개최된 여성 참정권 수정안 기념행사와 아울러 ERA 시위를 기념한 것은 유감스러운 일이다. 이는 리버럴·페미니스트 수정주의자들이 아젠다를 진척시키기 위해 노골적으로 역사를 다시 쓰려는 계획이었다.

1995

합리성을 공격하는 페미니스트

로스쿨에 여성 입학생이 늘기 시작한 지 20년이 지난 지금, 페미니스트들이 로스쿨 교수와 법률잡지 기자, 주 의원, 의회 직원, 검사 및 법관 비서에 임용되고, 심지어는 페미니스트 판사까지 등장하고 있다. 여성이 의회와 법조계에 진출한 것은 대단히 축하할 일이지만, 페미니스트가 많아지면서 법과 정의의 기본 개념에 불길한 혼란이 일어나고 있다. 1996년 6월 19일자 카토 연구소the Cato Institute가 분석한「페미니스트 법학feminist jurisprudence」이 그 이유를 설명한다.

페미니스트의 목표는 여성에 대한 공정한 대우가 아니라, '지배' 계급(가부장제)에서 '종속적' 계급(명목상 여성이지만 실제로는 스스로 만든 규정을 따르는 페미니스트만 해당)으로 권력을 재분배하는 데 있다. 페미니스트들은 남성이 여성을 상대로 거대한 음모를 꾸미고 있으며, 직장 여성의 85퍼센트가 직장에서 성희롱을 당하고, 아내의 50~70퍼센트가 남편에게 구타를 당한다는 거짓fiction을 퍼뜨려 왔다.

페미니스트는 여성이 피해를 당하면 피의자의 '행위 자체did'가 아니라, 여성이 어떻게 '느꼈는지felt'에 따라(객관적이 아니라 주관적으로) 범죄를 정의해야 한다는 원칙을 세우고 싶어 한다.

1970년대 페미니즘 운동이 본격적으로 발동하기 전에는, 사회가 현실과 인간의 본성을 상식적으로 인식하고 있다는 점을 바탕으로 여성에게 혜택을 주거나 그를 보호하기 위한 법률이 정말 몇백 개는 존재했다. 이를테면, 법적 강간 금지법과 맨법을 비롯하여, 남편이 아내를 부양하고 집을 제공해야 하는 의무와, 미망인을 위한 특별 보호법(예컨대, 어떤 주는 미망인에게 재산세를 깎아주고, 어떤 주는 미망인을 기망하면 3배의 벌금형에 처한다), 그리고 여성 앞에서 저속하거나 불경스러운 말을 하면 경범죄로 처벌하는 법 등이 있다.

1970년대 최고의 페미니스트 변호사였던 루스 베이더 긴즈버그(당시 컬럼비아대학교 로스쿨 교수)는 성별에 따른 모든 차별대우가 성차별이므로 폐지되어야 한다고 주장했다. 그녀는 이런 논리로 대법원 소송에서 몇 차례 승소한 바 있다. 페미니스트 변호사들은 주와 의회를 두루 다니며 의원들을 설득, 법률의 성중립을 이끌어낼 수 있었다.

1990년대 페미니스트는 성평등 목표를 두고는 더 이상 입에 발린 말로 끝내지 않는다(물론 목적에 부합할 때는 예외). 그들의 목표는 남성을 여성화(feminization, 전통적인 남성의 역할이 희석되고 여성스러운 남성이 많아지는 현상 —옮긴이)하고 종속시키는 것이며, 전술은 "피해victimization"와 "음모론conspiracy"를 외치는 것이다. 그들은 법의 평등과 사법의 중립성, 무죄 추정의 원칙(유죄가 입증될 때까지 피고는 무죄), 그리고 유죄 판결을 위해서는 합리적 의심을 넘는 확실한 증거가 필요하며, 유죄나 책임은 전통적인 '합리적 인간reasonable man' 이론에 따라 판단해야 한다는 기본 원칙을 공격하기 시작했다.

여성 원고는 관습법의 배상 및 계약 조항에 따른 대응책을 활용하여 직장에서의 불쾌한 성희롱에 대해 소송을 제기할 수 있었다. 그러나 페미니스트들은 성희롱 사건이 여성을 괴롭히려는 남성의 음모라는 터무니없는 주장이나, '적대적인 근무 환경hostile work environment'이 민권법 제7조에서 금지하는 '성차별'의 한 형태라는, 페미니스트가 창안해낸 법적 이론에 근거하여 이 같은 구제 수단을 거부한다.

연방대법원은 1986년 메리터 저축은행 대 빈슨Meritor Savings Bank v. Vinson 사건에서 이 페미니스트 이론을 채택했다. 당시 대법원은 "동의라는 뜻에서 '자발성voluntariness'은 변명이 될 수 없다"고 밝히기까지 했다. 해당 개념은 미시간 로스쿨의 캐서린 매키넌Catharine Mackinnon 교수가 고안한 것으로, 보도에 따르면 교수는 "이 판결은 우리가 처음부터 이 법을 만들어냈고 이제 이겼다는 것을 의미"한다고 자랑했단다. 실제로 그랬다.

1991년 플로리다주 잭슨빌에서 벌어진 사건에서 연방지방법원은 성희롱을 당했다고 주장한 원고에게 성적인 말을 했다거나 성행위를 요구한 증거가 없음에도 '적대적인 근무 환경'이라는 혐의로 고용주에게 유죄 판결을 내렸다. 여성 직원들은 성희롱을 느끼지 못했다고 증언했지만, 판사는 이를 '피해 상황의 추가 증거'일 뿐이라고 밝혔다. 페미니스트들은 직장 여성의 85퍼센트가 성희롱을 당한다는 주장을 반영하기 위해 이를 아주 포괄적으로 정의했다. 이를테면, 단순히 성가신 행동도 성희롱으로 본 것이다.

1991년 제9차 순회항소법원 판결은 남녀가 같은 시각으로 사건을 바라볼 수 없다는, 1990년대 페미니즘 개념을 인정함으로써 관습법상의 '합리적인 남성' 기준을 '합리적인 여성' 기준으로 바꾸었다. 법원은 기존의 일반 기준이 "여성의 경험을 일관되게 무시한다"고 단언했다.

그럼에도 페미니스트들은 여기서 멈추지 않는다. 이제는 '비합리적 여성' 규정을 요구하고 있다. 법이 아닌 피해자가 범죄를 정의해야 한다는 것이다.

기억하라. 페미니스트는 여성이나 여아를 상대로 한 '저속하거나 불경하거나 음란하거나 도발적이거나 외설적이거나 혹은 부도덕한 메시지'를 경범죄로 규정했던 기존 법률을 폐지했다. 이제는 여성이 주관적으로 마음에 들지 않으면 남성이 하는 말은 어떤 것도 처벌할 수 있다는 규정을 시행하려 한다. 즉, 남성이 "여보honey"나 "자기야baby"라 불러도 "나쁜 년bitch"이라 욕할 때처럼 처벌받을 수 있다는 이야기다.

페미니스트들은 차별하거나 괴롭히는 발언을 금하는, 대학 언론 규정을 적극 홍보하고 있다. 그들은 유머감각이 없기 때문에 농담이 허용될 리 없다. 이처럼 수정헌법 제1조에 역행하는 언론 규정을 채택한 대학은 약 400개에 이르며, 그중 약 3분의 1은 "모욕적이거나 터무니없는 관점, 혹은 편향적인 견해를 두둔하는 것"을 금지하고 있다.

심지어는 맨정신인 상태에서 적극적으로 분명하게 구두로 동의했다는 점이 입증되지 않으면 이성간의 성관계를 모두 성폭행으로 간주해야 한다는, 캐서린 매키넌의 환상을 밀어붙이기도 한다. 그들은 학대가 추정되는 배우자도 죽일 수 있는 면허를 원한다. 취침 중인 남자를 죽여도 정당방위 참작이 가능하다고 설득할지도 모르겠다.

더 많은 변호사와 학자가 목소리를 높여 페미니스트의 미련한 발상—권리장전에 대한 중상모략—을 사실 그대로 폭로해야 할 것이다.

1996

페미니스트도 글로벌 목표가 있다

카이로와 베이징 및 이스탄불에서 개최된 UN 회의가, 클린턴 행정부의 페미니스트들이 189개국 여성들과 함께 가부장제 사회에서 자신이 얼마나 부당한 대우를 받고 있는지 공감하는 의식 제고 차원의 회의에 불과하다고 생각했는가? 다시 생각해 보라. 페미니스트에게 혈세를 쏟아가며 불만을 표출할 기회를 주면 그들은 이를 악용해 오만가지 장난을 칠 것이다.

헌법에서 '모든 입법 권한'은 의회에 있고, 법이 효력을 발휘하려면 상·하원에서 과반 찬성으로 통과되어야 한다고 생각했는가? 다시 생각해 보라. 페미니스트는 헌법 절차를 우회하고 UN 회의에서 '합의consensus'를 통해 원하는 것을 얻어낸 다음, 연방관료제federal bureaucracy를 적용하여 마치 법인 양 정책을 시행하는 교묘한 술수를 고안해냈다.

1996년 5월, 클린턴 행정부는 죽마고우이자 페미니스트 운동의 공모자인 힐러리 로댐 클린턴과 도나 샬랄라 보건복지부 장관이 의장을 맡은 대통령 산하 여성위원회를 설립했다. 위원회의 임무는 '1995년 9월 4일부터 15일까지 베이징에서 열린 UN 제4차 세계여성회의에서 미국이 한 약속에 대한 후속 조치'였다. 1996년 9월 28일, 대통령직속 기관간협의회the President's Interagency Council는 위성을 통해 전국대회를 개최, 베이징의 '행동강령Platform for Action'이 이룩한 '발전' 추세를 보고했다.

1995년 페미니스트들이 중국에서 돌아온 직후, 베이징 주재 미국 대표단장이었던 매들린 올브라이트 UN 대사는 '베이징을 집으로Bring Beijing Home'라는 문서에서 목표를 제시했다. 여기에는 '가족의 책임은 서로 분담해야 한다(정부는 단연 남편에게 설거지와 기저귀 갈기를 강요해야 한다)'와 낙태권 보장이 포함되었다. 올브라이트는 중국이 "세계 각국의 자문위원과 운동가 및 대변인으로 구성된 국제여성운동"을 조직했다고 발표했다. 미국 납세자들은 이 회의에 투입된 400만 달러 중 3분의 1을 부담했다.

베이징 서약은 30개 연방기관의 고위급 대표로 구성된 연방단체를 통해 이행되고 있다. 이 단체는 매월 회의를 열고 아웃리치 활동에 참여하는가 하면 지역 세미나도 개최한다. 그들은 백악관 주소를 쓴다(미국 정부의 공식적인 지원을 받고 있다는 점을 암시—옮긴이).

'비교가치'라는, 페미니스트의 숙원은 대통령직속 기관간협의회의 주된 목표이기도 하다. 페미니스트들은 배관공과 교도관 등, 남성이 주로 종사하는 업종의 연봉이, 여성이 대다수를 차지하는 사무직보다 높아 부당하다고 생각한다. 불쾌하거나 위험천만한 근무 조건보다는 서류상의 자격증이 더 '가치'가 있다고 보기 때문이다. 여성이 배관공과 교도관을 선택한들 누구 하나 막는 사람이 없는데도 페미니스트들은 여성이 선호하는 직종의 임금을 올리기 위해 '임금 형평성'을 들먹이며 남성이 장악한 직종의 임금을 동결해야 한다고 주장한다.

또 하나의 '최우선 과제'는 UN 여성차별철폐협약the United Nations Convention on the Elimination of All Forms of Discrimination Against Women을 비준하는 것이다. UN 기관이 우리의 권리를 정의할 수 있어야 미국 여성들의 형편이 개선될 것이라는 어리석은 발상은 극단적인 페미니스트들만 믿을 수 있을 것이다.

가정폭력도 베이징 아젠다의 주된 이슈인지라, 이를 기화로 페미니스트들은 의회가 여성폭력방지법을 위해 의결한 16억 달러를 페미니스트 자금으로 협력단체에 전달하라고 요구할 것이다.

전미교육협회NEA는 (놀랍게도) 힐러리 로댐 클린턴이 등장하는 「미래를 위한 초석Cornerstone for the Future」이라는 베이징 회의 관련 동영상을 제작했다. 이는 피해자인 여성을 위한 정부 서비스가 더 필요하다는 관점에서 교내 토론을 장려하기 위해 제작된 것으로, 버지니아 주 페어팩스 카운티의 한 중학교에서 클린턴 여사가 공개했다.

이 아젠다를 조직한 배후 운동가는 짐작대로 미국 보조금을 받는 여성환경개발기구 대표 벨라 앱저그 전 의원이었다. 전미여성기구의 엘리너 스밀 전 대표가 주최한 '96 페미니스트 엑스포Feminist Expo '96(워싱턴 DC)에서 앱저그는 "당신은 전 세계 여성들과 계약을 맺었고, 계약은 반드시 이행해야 한다. 그럼 어떻게 이행해야 할까? 바로 정치와 정치활동으로 가능할 것이다"라고 강조했다.

앱저그는 경험이 풍부한 운동가다. 그녀는 비교가치와 소수자우대조치에 대한 요구가 담긴 12개 항목의 '미국 여성과의 계약Contract with American Women' 외에도, 중국의 '성평등' 개념에 대한 강좌와 세미나를 통해 고교와 대학에서 자신의 계획을 홍보하는 작업을 진행하고 있다며 자랑스레 떠벌리고 다닌다.

국내 보조금이 바닥나면 UN 여성개발기금에 지원을 요청할 수 있다. 기금은 베이징 회의의 362개 조항을 '국가 차원의 전략 계획 및 프로그램'으로 전환하기 위해 정부와 협력하고 있다고 밝혔다.

1996

형편없는 경영법

필라델피아의 성프란시스 수녀회는 소액의 주식을 이용해 페미니즘 운동을 벌였다. 그들은 실리콘밸리 회사인 사이프레스 반도체 Cypress Semiconductor에 인종과 성별의 다양성을 기준으로 한 이사회 구성을 요구했다. 이에 T. J. 로저스T. J. Rodgers 최고경영자CEO는 그들이 들어도 싼, 거친 말씨로 반박문을 보냈다. 수녀회의 주장이 "건전하지도 않거니와 윤리적이지도 못하다"며 이를 거부한 것이다. 아울러 사이프러스 이사회는 "의례적인 감시자가 아니라 중요한 경영 기능도 해야 한다"는 훈계도 덧붙였다.

수녀회는 사이프레스가 "성별과 인종 및 민족의 평등"을 겸비한 이사회를 임명하지 않은 탓에 기업의 '도덕성'과 기독교 정신이 부족하다며 본사에 죄책감을 안겨주려 했다. 로저스는 답변을 회피하지 않았다. 그는 "이사회에 대한 기독교식 요구사항은 모른다"면서 "수녀회의 소견은 '기독교적'이라기보다는 '차별을 금한다politically correct'는 말이 더 정확할 것 같다"고 응수했다. 로저스는 수녀회의 주장과는 달리, "여성이 고급 기술 학위와 CEO 경험이 없다면 반도체 회사 경영에 감 놔라, 대추 놔라 하는 건 도움이 되지 않는다"고 못 박았다.

그게 상식 아니던가? 로저스는 "기업 이사회에 자의적인 인종·성별 쿼터를 두는 것은 근본부터가 잘못된 발상이라 생각한다"고 밝혔다. 또한 이사회를 겨냥한, 수녀회의 주제넘은 요구는 "윤리적이지 못하다"며 "사람들에게 피해를 준다"고 주장했다. 그는 사이프레스가 수익 창출이 아닌 다른 목적으로 운영될 경우, 사이프레스에 꼬박꼬박 연금을 내온 퇴직자가 어떤 피해를 보게 될지도 지적했다.

수녀회에서 보낸 편지는 신성한 것으로 여겼다. CEO가 수녀회의 입장에 동조하지 않아도 얼마든 윤리적인 사람일 수 있을진대 그럴 가능성은 아주 배제되고 말았다. 이에 로저스는 "자신이 도덕적으로 우월하다는 의식을 내려놓으라"고 당부했다. "인종과 성별을 기준으로 이사회를 구성한다는 것은 형편없는 경영방침이며 그런 압박에는 절대 굴복하지 않을 것이다. 전문성이 부족한 조직이 자의적인 규정을 들이대는 것을 허용해서는 안 된다." 그는 거듭 강조했다.

로저스는 수녀회의 '선한 오지라퍼'다운 도전장에 대해 "오늘날 완곡하게는 '책임지는 기업responsible corporation'이 되어야 한다는 정치적 외압이 하도 커서 모든 미국인의 웰빙well-being이 위협받고 있는 실정이다"라고 응수했다. 그는 『포춘』 보고서를 인용, 사회적 이슈에 따라 투자하는 이른바 '윤리적 뮤추얼 펀드ethical mutual funds'는 —6,390억 달러의 투자금을 관리하고 있다—지난 12개월 동안 18.2 퍼센트의 수익률을 기록했다고 밝혔다. 반면 S&P 500는 27.2퍼센트의 수익률을 올렸다고 하니, '윤리 펀드' 투자자는 사회적 이슈를 근거로 투자한 탓에 6,390억 달러의 9퍼센트, 즉 1년간 575억 달러의 손해를 본 것이다!

로저스는 "자유로운 생각과 자유 시장을 위해 개인적·경제적 자유를 지지하고, 미국 경제에 대한 정부의 통제를 강화하려는 강성 유토피언의 부조리한 계획에는 반대한다"는 입장을 밝히며 글을 마무리했다.

로저스 같은 소신파가 많아지기를 바라며, 그의 솔직한 발언이 다른 CEO에게도 용기를 주면 좋겠다.

1996

UN 여성권리협약

1997년 클린턴 대통령은 특별기자회견을 열어 미 상원이 UN 여성 차별철폐협약을 비준하지 않아 "부끄럽다"고 밝혔다. 그는 130개국이 협약을 비준했지만 미국은 비준하지 않았다며 "이런 상황이 계속되어야 한다는 변명은 어불성설"이라고 덧붙였다.

오지랖 넓은 UN 관료들의 감독하에, 미국을 비롯한 여타 국가가 획일적인 규정을 따라야 한다는 협약은 미국 여성이 누리고 있는 권리와 혜택을 감소시킬 뿐이다. 여성차별철폐협약을 비준하면 급진 페미니스트들이 법적 피해를 초래할 수 있는 무한한 권력을 그들에게 속절없이 내줄 뿐 아니라, 국내법은 물론 연방정부와 주 정부 간의 균형에도 심각한 간섭을 조장할 것이다.

제1조는 "정치·경제·사회·문화·시민권 등, 모든 분야에서" 여성 차별을 철폐하는 데 목적을 둔다는 것이다. 하지만 사적인 관계는 정부가 개입할 일이 아니며, UN이 관여할 일은 더더욱 아니다.

제2조는 '관습과 관행'을 비롯하여, "개인이나 조직 또는 기업이 행사하는 여성차별을 모두 철폐"한다는 점을 거듭 강조하고 있다. 이처럼 뻔뻔하기 그지없는 UN 조항의 영향권에 속하지 않는 인간의 행동은 없다. 또한 조약은 군대에서의 완전한 성통합이라는, 페미니스트의 숙원을 의무로 규정하고, 지상 전투에 여성을 배치할 뿐 아니라 군 인사에 관한 모든 결정을 UN에 넘길 것이다.

제3조는 정치뿐 아니라 "사회·경제 및 문화 분야"에서도 신규 연방법 통과를 요구한다.

제5조는 "남녀의 사회·문화적 행동 패턴을 수정"하고 "가족교육 family education"에 관한 UN의 지침을 따르고 있다는 보증을 요구한다.

제10조는 "교육의 수준과 양상을 막론하고, 남녀 역할에 대한 고정관념을 … 교과서와 교육법 개정을 통해 삭제"하는 것을 연방정

부의 책임으로 규정한다. 미국인들이 검열에 자발적으로 동참해줄 것을 설득할 수 없는 페미니스트들은 UN에 이를 맡기려 하고 있다.

제11조는 평등한 노동이라는 객관적 기준이 아니라 '동등한 가치 equal value'라는 주관적 개념에 따라 임금이 책정되어야 한다는, 페미니스트의 목표에 우리를 속박하고, 연방정부에 '보육시설 네트워크' 구축을 요구할 것이다.

제16조는 여성이 "자녀의 수와 출산 간격을 자유롭고 '책임감 있게' 결정할 수 있도록" 요구한다. 페미니스트 이론에 따르면, 이는 미국이 이유와 시기를 막론하고 낙태를 허용해야 한다는 것이다. 하지만 여기에는 중국 정부의 강제 낙태 정책으로 희생된 중국 여성은 보호하지 못한다는 맹점이 있다. 중국은 여성이 둘 이상의 아이를 낳으면 "무책임하다"고 주장하기 때문이다.

제16조는 주의 권한에도 맹렬한 공격을 가한다. UN 협약은 결혼과 이혼, 자녀 양육권 및 재산 등 모든 가족법을 연방정부에 이관하는 것을 의무로 규정할 것이다.

제17조는 협약으로 어떤 '진전이 있는지' 조사하기 위해 23명의 '전문가'로 구성된 여성차별철폐위원회를 설치한다. 힐러리 로댐 클린턴과 바버라 복서Barbara Boxer 같은 페미니즘 이데올로기의 '전문가'가 영입된다는 것은 불 보듯 뻔하다.

(ㄱ) 에드먼드 S. 머스키Edmund S. Muskie는 국무부 메모를 통해 이 협약은 "미국 법이 적용되지 않는 민간 조직과 개인의 사생활"에 적

용된다는 것을 솔직히 인정하는가 하면, "주정부와 연방정부 간의 권한 분담"을 충분히 고려하지 못했다는 점도 시인했다.

1980년 지미 카터 대통령은 이 심각한 협약에 서명했지만, 상원은 그 이후로 비준을 거부하는 현명한 판단력을 발휘해왔다. 상원은 앞으로도 냉철한 판단력을 잃지 않으리라 믿는다. 클린턴 대통령은 부끄럽겠지만 말이다.

1997

폴라 존스와 애니타 힐

필자는 폴라 존스가 페미니스트를 곤경에 빠뜨렸다는 점을 비롯하여, 친애하는 대통령과 이념을 수호하기 위해—결국에는 헛수고였지만—페미니스트들이 모순된 논리를 제기했다는 사실을 곰곰이 생각해 보았다. 빌 클린턴이 아칸소 주지사 시절에 벌인 성추행 혐의로 유죄 판결을 받을지는 아직 미지수지만, 존스는 페미니스트들의 위선과 내로남불에 '유죄 판결'을 내린 것이나 진배없다. 리버럴 성향의 언론조차 페미니스트들을 비웃고 있다.

페미니스트들이 자초한 일이라는 점에서 실소가 나온다. 옛 속담에서 침대를 만들었으면 누울 사람이 필요하다고 했던가. 페미니스트들은 현재 통용되고 있는 '성희롱sexual harassment'이라는 용어를 지어냈다. 고용법 제7조에는 성희롱을 정의하거나 금지하는 조항이 없다. 성희롱은 판례법이며, 이를 널리 확산시킨 장본인은 단연 페미니스트들이다.

애니타 힐로부터 시작된 페미니스트의 성희롱 반대 캠페인과, 성희롱이 사회 곳곳에 만연해 있는 문제라는 주장이 없었다면 폴라 존스의 소송도 없었을 것이고, 폴라 존스의 소송이 없었다면 모니카와 캐슬린, 돌리도 알 수 없었을 것이고, 클린턴의 위증과 공무집행방해, 그리고 입을 다물 줄 모르는 클린턴 측근의 협박도 몰랐을 것이다.

페미니스트들은 폴라 존스와 그녀를 지지하는 사람들이 "1992년 선거를 되돌리고 싶어 한다"고 주장한다. 클린턴이 이겨 견딜 수가 없다는 것이다. 오, 정말 그런가? 애니타 힐 청문회는 조지 부시가 보수성향의 대법원 판사를 지명할 권리를 박탈해 1988년 선거에서 쟁취한 승리를 무르고자 했다.

페미니스트들은 폴라 존스가 "너무 오래 기다렸다waited too long"는 이유로 주장을 믿어서는 안 된다고 말한다. 하지만 얼마나 기다려야 너무 오래 기다린 걸까? 애니타 힐은 10년을 기다렸는데 어떻게 폴라가 기다린 2년이 '너무 오래'가 될 수 있다는 건가? 폴라가 제기한 소송은 애니타 힐과는 달리, 고위직이라는 목표를 막기 위한 막판 기습은 아니었다.

페미니스트 이론가에 따르면, 고전적인 성희롱 모델은 상사Big Boss가 여성 직원에게 성적 향응을 요구하는 것이라고 한다. 페미니스트 도그마에서는 이런 '권력 관계'가 적대적인 업무 환경으로 이어지므로 구태여 협박이 없어도 성희롱 죄가 성립한다는 것이다. 빌 클린턴·폴라 존스 모델이 여기에 정확히 들어맞는다. 이를테면, 폴라 존스는 교육 수준이 상대적으로 낮은, 최저임금 사무원으로 근무한

지 두 달 만에 주지사의 호출을 받고, 주 경찰의 호위를 받으며 주지사를 '알현'했으니 말이다. 반면 애니타 힐은 자신의 권리를 알고 있는 변호사였으므로 공무원직에서 해고될 리 없었다.

페미니스트들은 폴라 존스가 빌 클린턴과 싸우는 정적의 지원을 받았기 때문에 그녀를 믿어선 안 된다고 주장한다. 그럼, 애니타 힐은? 클라렌스 토머스의 인준을 막으려는, 정치적 동기가 분명한 페미니스트와 리버럴에 둘러싸여 지원과 코칭까지 받았다. 인준 청문회에 참석한 사람이라면 전미여성기구와 전국낙태권리연맹the National Abortion Rights League, 테드 케네디 및 하워드 메첸바움Howard Metzenbaum 상원의원의 보좌진 등, 그녀 주변에 모여든 수많은 페미니스트와 리버럴을 목격했을 것이다.

목격자가 없어 어느 쪽이든 확실하게 입증할 수 없는 성추행 의혹이 터지면 사람들은 대부분 행동 패턴을 바탕으로 주장의 신빙성을 판단한다. 클라렌스 토마스는 리버럴 언론과 의원 보좌관들도 파헤쳐봤지만 유사한 혐의를 제기한 '제2의 여성'은 발견되지 않았다.

그러나 폴라가 제기한 혐의는 클린턴의 행동 패턴에 비추어 신빙성이 인정된다. 팻 뷰캐넌(Pat Buchanan, 1938년 출생, 미국 보수주의 정치 평론가이자 칼럼니스트, 정치인 겸 방송인—옮긴이)은 "폴라 존스는 법정에 서지 못할 수도 있겠지만 살점 한 파운드는 얻어냈다"고 술회했다. 클린턴은 미국의 수치로 역사책에 기록될 것이다.

1998

여성에게 행사하는 폭력

권한을 끊임없이 요구하는 연방정부는 '미국 대 모리슨United States v. Morrison' 사건에서 연방대법원 판결로 제동이 걸렸다. 대법원은 기각 결정으로, 1994년 여성폭력방지법(Violence Against Women Act, 이하 VAWA)의 핵심 조항을 무효화했다.

사건의 쟁점은 주 정부의 고유 권한이던 결혼과 가정의 이슈를 연방정부가 규제할 수 있는가였다. 급진 페미니스트와 동맹 언론은 정치적 압력이 쉽게 먹히는 연방정부로 이 권한을 이양시키려 했다. 이처럼 주에서 연방정부로 권력을 넘기려면 헌법 개정이 필요하다. 그러나 1992년 클린턴이 대통령에 당선되어 의회를 장악하자, 연방정부가 가정 관련 사안을 통제해야 한다는 세력은 좀더 직접적인 방안을 모색했다.

예컨대, 조 바이든 상원의원(민주당·델라웨어)은 가정 문제에 대한 지방의 통제권을 약화시키는 조항을—큰 주목을 받진 못했다—VAWA에 포함시켰다. 1991년 해군 테일후크 스캔들(Navy Tailhook convention, 1991년 9월 8일~12일 라스베가스 힐튼 호텔에서 열린 미 해군 내 제35회 연례 심포지엄에서 100명 이상의 해군 및 해병 항공대 장교가 최소 83명의 여성과 7명의 남성을 강간한 사건—옮긴이)을 둘러싼 언론의 선정주의에 편승한 것이다. 해당 조항(13981조)은 가정 이슈를 관장하는, 파격적인 권한을 연방법원에 부여했다. 대법원이 이를 인정했다면 가정 관련 영역을 두고 연방정부의 권한이 확장되는 데 걸림돌이 되는 헌법상의 제약이 없으므로, 결혼 및 가정 관련법을 연방정부가 장악하는 데 장족의 발전을 이루었을 것이다.

또한 VAWA에는 변호사 수임료를 지급하는 조항이 딸려있어, 강간 및 배우자 강간 혐의로 피고인을 협박하는 변호사에게는 막대한 수익이 돌아갔다. 각 주는 사실에 대한 신속하고 공정한 수사를 보장하기 위해 관련 소송에 합리적인 시간제한을 두고 있지만, VAWA는 변호사가 최대 4년 후에도 혐의를 제기할 수 있도록 허용했다.

범죄 피해자가 지역 경찰에 신고하지 않고 변호사를 선임하면 누구도 도움을 받을 수 없으며, 특히 여성은 더더욱 그럴 것이다. 혐의가 사실이면 현지 경찰만이 가해자의 지속적인 범죄를 막을 수 있다. 설령 혐의가 날조되었다 해도 연방법원에서 진위를 가려내는 절차가 몇년씩 걸리기 때문에 누구도 득을 볼 수 없는 것이다. 돈만 밝히는 변호사들이 연방법원으로 몰려가면 문제는 더 심각해질 공산이 크다.

결국에는 어느 대담한 연방판사(버지니아주)가 압력에 굴하지 않고 "지역에서 제기된 가정 분쟁은 지역 당국이 신속히 해결해야 한다"는 기본 원칙을 피력했다.

'미국 대 모리슨 사건'이 대법원에 올라갔을 때, 67개의 리버럴·페미니스트 단체는 연방정부의 개입을 위해 의견서를 제출했다. 이는 페미니스트들에게 매우 중요한 사건인지라 그들은 반드시 승소하겠다며 결의를 다졌다. 이때 변호사들은 매년 발생하는 수백만 건 이상의 가정 파탄에 VAWA를 적용할 기회에 군침을 흘렸다. 변호사 입장에서는 크게 힘들이지 않고도 수십억 달러 규모의 법조업이 탄생할 수 있었다.

다행히 대법원은 단도직입적인 판결을 통해, 헌법이 의회에 부여하지 않은 권한은 의회가 행사할 수 없다는 원칙을 분명히 했다.

언론과 VAWA 지지자들은 '미국 대 모리슨' 사건의 피고가 형사사법 당국에서 무죄 판결을 받았지만, 나중에는 객관적인 조사 없이 민사소송을 당한 흑인이라는 사실을 끈질기게 숨겼다. 수년간 명예훼손에 시달리던 이들이 이 사건에서 승리한 것은 정의가 이겼다는 방증이다.

2000

4부 군대가 성중립 지대인가?

그들은 여전히 당신의 행복한 세월을 믿는다
그대는 남자라 말하리라. 다이애나의 입술은
더 부드럽고 붉으며 너의 작은 목관악기는
처녀의 악기처럼 날카롭고 선명한 소리가 난다
게다가 모든 것이 여성다운 역할을 닮았다

― 『십이야』 중에서 ―

여성은 입대하면 안 된다

여성의 참전 의무를 면제한다는 법을 폐지하기 위해 압박을 강행하겠다는 것은 지금껏 '여성해방'이나 '페미니스트 운동'으로 알려진 모든 기행 중 가장 괴이한 일탈일 것이다. 전투가 벌어지고 있는 현장에서 여성이 복무한다는 발상 자체가 너무 기괴해 마치 인류의 죽음을 동경하는 것처럼 들릴 정도다.

지난 일요일자 신문에는 미국인이 혐오스럽다는 점을 토로하는 한 남성의 사진이 1면에 실렸다. 이란의 급진주의자들이 우리 민족을 깎아내린 것이다. 그는 "나를 걷어차라. 나는 미국인이다Kick me, I'm an American"라고 적힌 큼지막한 팻말을 들고 있었다. 그러나 지금은 여성해방운동의 대표자들이 하원 청문회에서 "나를 걷어차라, 나는 여자다. 나도 남자처럼 총을 맞고 포로가 될 수 있는 전쟁터에 보내 달라" 아우성을 치고, 일부 남성은 이를 내버려 두고 있는 형국이다.

딸아이를 흔쾌히 전쟁터로 내몰 정도로 미국이 몰락한 나라인가? 여성을 배려한다는 기사도 정신은 완전히 죽었는가? 아내나 연인이 나 어머니, 혹은 딸아이(혹은 누구든 간에)를 다치게 하고 생포하려는 세 력—누구든 간에—에 맞서 이들을 지켜내지 못할 만큼 남자는 죄 다 영혼이 죽은 채 숨만 쉬고 있는 것인가?

어느 역사를 보더라도, 여성을 전선에 배치하는 것이 국가안보를 증진하거나, 준비태세를 강화하거나 혹은 전쟁에서 승리하는 비결이 라는 명제의 증거는 찾을 수 없을 것이다. 실제로 기록된 모든 역사 는 혼성 육군이나 혼성 해군이 전투에서 이기지 '못한다'는 교훈을 준다. 이를테면, 히틀러와 일본도 병력이 부족할 때는 여성보다는 미 성년자나 고령의 남성을 전투에 투입하는 것이 더 효율적이라고 생각 했다. 2차 세계 대전을 다룬 수천 종의 책 중에서 히틀러나 일본이 여성을 전투에 투입해 병력 부족 문제를 해결했어야 한다고 쓴 사람 은 아무도 없다.

실험 차원에서 여성을 전선에 투입했던 국가는 모두 이 계획을 포 기했다. 예컨대, 이스라엘은 1948년 전쟁에서 몇 주간 여성을 전장에 투입했지만 이후 작전에서는 여성을 배제했다. 현재 이스라엘 여군은 남성과 다른 대우를 받고 있다. 복무 기간은 절반 정도에 불과하고 별도의 막사에서 생활하며, 결혼하거나 아기를 낳으면 병역은 자동으 로 면제된다. 이스라엘은 미국보다 군대 내 여성 비율이 더 낮다.

소련은 2차 세계 대전에서 여군을 일부 사용했지만, 이후에는 이를 완전히 포기했다. 오늘날 소련 군대에서 여성은 1퍼센트도 되지 않는다. 군대가 남성과 여성에게 다른 역할을 요구한다는, 역사의 만장일치 결정에는 분명 이유가 있다.

첫째는 평균적으로 여성의 체력이 남성의 60퍼센트에 불과하기 때문이다. 눈이 달린 사람이라면 뻔히 아는 사실이겠지만 숱한 연구를 통해서도 이미 확인된 바다. 하지만 페미니스트 운동의 압박으로 대다수 증거는 빛을 보지 못하고, 설령 빛을 보더라도 사과용 언어로 포장되고 있다. 예컨대, 미국 회계감사원 보고서 『군대 내 여성 일자리_발전과 문제Job Opportunities far Women in the Military: Progress and Problems』에서는 남성의 전유물이었던 군에 입대한 여성들의 경험을 조사했다. 감사관은 "공군 군의관의 말마따나, 여성의 체력이 남성의 60퍼센트에 불과하다면, 일반적으로 남성이 여성보다 더 잘할 수 있는 직업이 없지는 않은 듯싶다"고 밝혔다.

필자는 전국을 다니며 라디오 토크쇼를 진행하는데, 가는 곳마다 미군 남성에게서 똑같은 불만을 듣곤 한다. 이를테면, 여군은 임금과 계급이 남성과 같지만 동등한 업무를 수행하지 못하고, 여성들이 하는 업무 중 일부는 남성이 대신해야 하니, 공정하지도 않거니와 사기와 원만한 대인관계에도 악영향을 준다는 것이다.

군대에서 남녀를 성중립적으로 대우하는 것은 남성뿐 아니라 여성에게도 불공평하다. 육군 사병이나 해군 수병인 여성을 인터뷰하면 행정 정책을 따라야 하는 장교들과는 다른 이야기를 듣게 된다.

역사가 만장일치로 합의한 바와 같이, 군대가 남성과 여성에게 다른 역할을 요구하는 두 번째 이유는 여성은 임신하지만, 남성은 그러지 않기 때문이다. 이처럼 고정된 성역할은 오늘날 군대에서 큰 문제로 대두되고 있다. 이걸 의외라고 생각해야 할까? 18세에서 25세 사이의 젊은 남녀가 집을 떠나 먼 곳까지 와서는, 내키지 않는 업무와 외로움에 시달리며 지근거리에서 생활한다면 불가피한 일이 벌어질 수밖에 없는 것이다. 보도에 따르면, 군인 여성의 임신율은 약 15퍼센트라는데, 그중 5퍼센트는 낳은 아기와 함께 부대에 복귀한단다. 강간율도 민간인보다 약 두 배 더 높은 것으로 나타났다.

그러나 군대는 여성이 임신하더라도 제대가 어렵다고 들었다. 아기 아빠를 전역시키지 않으면 자칫 '성차별'이 될 수 있기 때문이다! 분명 아빠가 된 남성을 모두 전역시키는 것은 불가능할 것이다. 군대는, 남성은 아빠가 되더라도 업무 수행에는 방해가 되지 않지만, 여군은 임신하면 업무 수행이 어렵다는 뻔한 사실을 무시해야 하는 것이다.

장교에게 임부복을 지급하고 군부대에 어린이집을 개설하면 남성이 하는 일을 여성도 할 수 있다고 여기는, 작금의 상황은 어떻게 빚어졌을까? 이에 대한 해답을 찾으려면 여성해방운동의 그릇된 도그마를 살펴봐야 한다.

첫째는 남녀 간에는 (군이 언급할 필요가 없는 명백한 차이를 제외하면) 실제로 차이가 없으며, 눈에 보인다는 '차이'는 생득적인 것이 아니라, 성중립 교육과 법과 마음가짐이 달라지면 지울 수 있고, 의당 지워야 하는 고정된 성역할 관념 때문이라는 것이다. 성중립 도그마는 젠더프리(gender free, 성에 의한 제약이나 차별을 최대한 배제하려는 사회체제를 이르는 말—옮간이)나 유니섹스(unisex, 남녀의 성적 구별이 없다는 뜻—옮긴이), 혹은 '사회와 머릿속으로부터 성차별을 없애는 것' 등, 지칭하는 이름이 다양하다.

페미니스트가 생각하는 군대는 자국을 방어하는 도구가 아니라, 여성해방운동의 젠더프리 목표를 이루는 수단이다. 의회나 군대가 이를 깨닫지 못한다면 페미니스트가 제기하는 문제와 요구에 대처할 수 없을 것이다. 군대는 명령에 복종해야 하는 기관이므로 페미니즘 운동의 성중립 목표를 달성하는 데 더할 나위 없이 좋은 수단이다. 또한, 페미니스트에게 군 복무란, 여성을 비롯한 소수자의 사회적 출세를 위해 설계된, 거대한 사회복지 프로그램일 뿐이다.

미국을 안전하게 지키고, 대다수 젊은 남녀에게 정의를 구현하며, 국민의 희망을 존중하며, 합리적으로 처신하려면 남성과 여성의 역할이 달라야 한다는, 상식적인 전제하에서 군대를 정비해나가야 한다. 국방부 고위급 인사 중, 우대정책 '찬스'로 영입되어 어느덧 징집 연령이 훌쩍 넘은 페미니스트와, 동생뻘 되는 아가씨들을(보병으로서 행군을 감내해야 한다) 희생시키면서까지 좀더 인정을 받으려는 고위급 여성 장교의 무리한 요구로, 앞서 열거한 가치가 흔들리고 방향이 흐트러지는 꼴을 좌시해서는 안 될 것이다.

군대에서 성중립적인 대우를 바라는 여성의 욕구는 대개 계급에 반비례한다는 것은 흥미로운 사실이다. 일부는 여성이 '암체어 장성·제독(armchair generals and admirals, 전쟁이나 군사작전에 대한 이론적인 지식이나 경험 없이, 안락한 자리에서만 이론적인 명령과 전략을 내세우는 사람—옮긴이)'이라는 점을 인정해야 한다는, 비현실적인 망상을 품고 있지만, 혹시라도 전쟁이 벌어지거나 징집이 개시된다면 우리 딸내미들이 계급에 따라 처러야 할 대가는—준비태세의 저하만큼이나—너무도 클 것이다.

둘째, 여성해방운동의 그릇된 도그마는 도덕 및 몰도덕과 아울러, 가족 제도와 그 대안이 되는 라이프스타일 사이에서 중립을 지켜야 한다는 것이다. 1977년 휴스턴 국제여성의해전국대회에서 입증된 바와 같이, 페미니스트는 정부 시책이 레즈비언과 매춘부도 아내와 동일하게 존엄성을 허용하고, 사생아 출산도 친자 출산과 동일하게 존엄성을 허용하며, 낙태도 출산과 동일하게 존엄성을 허용하는가 하면, 비도덕적이고도 반가족적인 관행을 공적자금으로 지원해야 한다고 떼를 쓴다. 군대는 페미니스트를 존중한다는 미명하에 비도덕적인 관행에 편승, 아기를 병영에 데려오는 군인을 지원·관리하고 있다. 이런 공적자금 투입은 중단해야 한다.

군 복무의 목적은 자국을 방어하는 데 있다. 성욕이 왕성한 젊은 남녀에게 혈세로 안식처를 마련해준다거나, 대형 사회복지기관으로 거듭나는 것이 아니다. 전투 준비태세를 갖춘 군대와 강한 국방력의 필요성은 역사상 그 어느 때보다 높아졌다. 그런데도 여성에게 전투 임무를 맡긴다는 발상은 군사력을 평균 여성의 체력 수준으로 낮췄다는 메시지를 전 세계에 알리는 것이나 진배없다. 즉, 미국을 방어할 남성이 부족하다는 것을 세계만방에 알렸으니 약점이 될 게 뻔하다.

필자는 여군의 참전 면제법을 폐지하라는 모든 주장에 대해 의회가 거부할 것을 촉구한다. 또한, 의회는 군인 남녀의 역할이 서로 달라야 한다는, 검증된 규정을 보전·강화해야 한다. 이에 조금이라도 부응하지 못한다면 장교의 귀중한 에너지가 소모될 것이다. 제 식구만 챙기려는 페미니스트 대변인들의 요구가 점점 더 거세질 테니 말이다. 군의 최우선 과제는 미국의 군사력과 전투의 효율성을 재건하는 것이어야 한다.

1979년 11월 16일, 미 하원 군사위 군인사 소위원회에 제출한 증언

1979

미군, 페미니스트에 물들다

중동 테러리스트와 인질 문제가 한 주 내내 보도된 적이 있다. 이 때 『뉴욕타임스』는 '웨스트포인트(West Point, 미 육군사관학교—옮긴이), 생도 이끌 여성 후보생 선발'이라는 기사를 1면에 실었다. 사관학교의 최고 영예인 사관생도단 초대 단장이 된 그녀는 4,400명의 웨스트포인트 생도의 생활 전반을 감독하는 책임을 맡게 되었다.

사진을 보니 단장은 캐주얼한 티셔츠 차림에 덥수룩한 머리를 한 스무 살 소녀였다. 테러리스트와 소련군, 중국 조폭, 카다피 및 카스트로 등, 세계의 악당은 웨스트포인트 생도를 이끄는 이 아가씨의 모습에 어떤 생각이 들까?

웨스트포인트 총장인 데이브 R. 파머 장군General Dave R. Palmer은 단장이 "여성이기 때문에 직책을 맡은 건 아니다"라고 밝혔다. 말은 맞지만, 진심은 아니다. 총장은 끊임없이 목을 조르며 성에 찰 때까지 '출세기회career opportunities'를 요구하는 페미니스트에 굴복한 겁쟁이기 때문에 그녀가 이런 영광을 누리고 있는 것이다.

『뉴욕타임스』 기사는 독자를 안심시키려 했다. "우수한 학업 성적에, 축구와 크로스컨트리 스키 선수로 활약한 경력이 있으므로" 90퍼센트가 남성인 웨스트포인트 생도보다 리더십에 더 걸맞다는 것이다. 신문은 "국방부에서 연설문을 쓴 경력이 있다"는 점도 덧붙였다. 빅토리아 여왕의 말마따나, "웃기지도 않는 이야기"다.

졸지에 뉴스거리가 된 총장은 젊은 군인이라면 육상(정말 힘든 남성 스포츠는 아님)으로 건강을 유지하고, 평시에는 국방부 사무직에 영입되도록 훈련시키는 것이 사명이라고 생각했을 터이다. 그러나 웨스트포인트 생도가 그런 훈련만 받는다면 세금이 20분의 1로 적게 드는 주립대학에 다니는 편이 나을 성싶다.

세 차례의 전쟁에서 공을 세운 영웅이자, 웨스트포인트를 졸업한 생도 중 가장 뛰어난 성과를 거둔 더글러스 맥아더 장군은 1962년 5월 12일 웨스트포인트 졸업식 연설에서 "의무와 명예와 국가Duty, Honor, Country"를 기치로 이런 말을 남겼다. "제군의 임무는 변치 않고 확고하며 신성한 것이다. 임무는 전승이요, 다른 이력은 모두 부수적인 것일 뿐이다. 제군은 싸우려고 훈련받는 사람이다." 그러고는, "여러분은 직업군인답게 이기려는 의지가 있어야 한다. 전쟁에서는 그 무엇도 승리를 대신할 수 없으며, 싸움에서 지면 국가가 멸망한다는 사실을 확실히 알고 있으라"고 덧붙였다.

시대와 무기는 변했지만, 웨스트포인트 졸업생의 임무는 과거와 같다. 아니, 반드시 같아야 한다. 아가씨가 아니라(설령 스키 실력과 연설문 글발이 탁월하다손 치더라도) 진짜 사나이가 감당해야 할 임무를 두고 하는 말이다.

맥아더의 말마따나, 웨스트포인트는 "포탄으로 숭숭 뚫린 진창길에 발목이 빠지고, 입술이 파래지고, 곤죽이 된 폐수와 진흙을 뒤집어쓴 채 비바람에 몸이 싸늘해지거나," 혹은 지구 반대편에서 "더러운 여우굴의 오물과 을씨년스러운 참호에서 풍기는 퀴퀴한 악취와, 물이 뚝뚝 떨어지는 대피호의 슬라임과," "고독하고 황량하기 그지없는 정글" 속에서도 적을 사살할 힘과 담력을 동원할 사람을 졸업시켜야 한다.

체중 50킬로그램에, 신장이 150센티미터인 아가씨가 전시상황에서 죽음의 위험을 무릅쓰고 남성 군대를 이끌 수 있을 거라 믿는가? 설마!

페미니스트를 위한 공식 변명은 베이비붐 세대의 입대 연령이 지난 탓에 자원입대할 남자가 부족하다는 것이다. 하지만 자원입대자가 부족한 진짜 이유는 인구가 아니라 군대가 남자답지 않게 다소 물러터졌기 때문이다. 장정들은 사나이다운 면모 때문에 복무를 결심한다. 하지만 여성에게는 용감한 군인에게 필요한 자질—적을 공격하고 위험을 감수하고, 몸을 부대끼며 벌이는 경쟁을 즐긴다—이 누가 봐도conspicuously 없다.

전쟁은 강인하고 집요하고 대담한 남성이, 똑같이 강인하고 집요하고 대담한 데다, 어쩌면 악랄하고 가학적이기까지 한 적과의 전투에서 살아남기 위해, 매우 원시적이고도 미개한 환경과 고통을 감내해야 하는 임무다. 모든 적국(지금은 아니어도)의 육·해군은 남성으로만 조직되어 있으며, 전투 준비태세를 약화시키는 여성은 없다.

여성도 군인다운 자질이 필요한 임무를 얼마든 동등하게 감당할 수 있다는 주장은 표리부동으로, 국방 체제를 저해한다. 아울러 남성의 입대 의사를 꺾고 군인의 사기를 떨어뜨리는가 하면, 정작 국가가 위기에 봉착했을 때 더글러스 맥아더와 조지 패튼(George Patton, 제2차 세계 대전 당시 지중해 전선에서 미 7군을 지휘한 육군 장성—옮긴이) 같은 위인을 배출할 노하우 개발도 저지할 것이다.

1989

엄마를 전쟁터에 보내다

걸프전 당시 참전을 위해 떠나는 엄마가 아기에게 눈물로 작별을 고하는 사진이 신문에 게재된 적이 있다. 이는 페미니즘 이데올로기가 무엇을 요구하는지 몰랐던 미국인들에게 충격을 주었다. 심지어 미군은 생후 몇 주밖에 안 된 영아에게 젖을 주는 엄마들을 파병하기도 했다.

얼마나 미개한 나라인가? 국가 차원의 비상사태가 벌어진들 이런 비인간적인 희생을 요구한 적은 없었으며, 중동을 둘러싼 어떤 명분도 이 같은 국가적 망신을 변호해주진 못했다.

작년 가을, 조지 부시 대통령은 국방부 연설에서 "생활양식way of life"을 지키기 위해 중동에 군대를 파병했다고 밝혔다. 엄마를 전쟁터에 보내는 것은 징집·가임 연령을 훌쩍 넘었거나, 딸이 없는 페미니스트라면 또 모를까, 모든 미국인의 '생활양식'은 아니다.

갓난아기 엄마가 "언제든 투입될 수 있다fully deployable"는, 어처구니없는 규정을 만든 장본인은 누굴까? 분명 의회나 국민은 아니었다. 국방부가 만들었으니 이를 해결해야 할 당사자도 국방부라야 옳을 것이다. 미국 법은 엄마뿐 아니라 모든 여성을 참전 임무에서 배제하고 있다. 한때 카터 행정부가 이 법을 폐지하려 하자 의회는 청문회를 열고 이를 잊으라고 말했다.

하지만 페미니스트들은 포기하지 않았다. 참전 의무는 미국을 명실상부한 성중립사회로 바꾸겠다는 목표를 이루는 데 가장 혁신적인 발상이었기 때문이다. 국방부뿐 아니라, 세금으로 운영되는 국방여성자문위원회(Defense Advisory Committee on Women in the Services, DACOWITS)(특수이익단체)에 소속된 강성 페미니스트들은 수많은 '전투관련combat-related 직책'을 비롯하여, '전투지원combat-support' 및 '전투지역combat-zone' 직책을 여성으로 채우며 서로 구분이 모호해질 때까지 군대에 로비를 벌였다.

위대하고 강한 미군은 남성과 여성—설령 자녀가 있더라도—이 다르지 않은 데다, 출산에 대해서는 다리 골절 같은 일시적인 장애일 뿐이라고 주장해왔다. 이런 가식을 떨기 위해 공식 국방정책은 상식과 가족의 숭고한 위상family integrity과 미국 문화를 무시해왔다.

페미니스트들의 말마따나, 평시 군대라면 여성이 경력을 쌓고 출세를 도모할 수 있어 이런 가식도 달콤했을 것이다. 하지만 최근 한 머리기사가 밝혔듯이, 실제로 총알이 난무하는 전쟁이 벌어지니 "전방 여군에게 비전투 임무 따위는 존재하지 않더라"는 것이다.

미군은 어처구니없는 속임수로 가장 큰 피해를 본 아기를 고의로 무시하려 했다. "여성들은 자발적으로 지원했으며, 혹시라도 파병이 될 수 있으니 집에 두고 온 아이를 위해 '돌보미care provider'를 구해두었다는 사실을 밝힌 서류를 제출했다." 가슴에 훈장을 잔뜩 단 덩치 큰 장교들의 볼멘소리를 듣고 있으려니 낯부끄럽기 짝이 없다. 규정이 사기였다는 점이 명백해진 것이다.

스무 살 아가씨들은 아기가 태어나는 동시에 총격전이 벌어지면 세상이 어떻게 돌아갈지 이해하지 못했다. 물론 한 살이라도 더 먹은 장교가 상황을 제대로 파악해야 했지만 그들은 젊은 아가씨들이 '출산과 복무를 병행할 수 있고 복무는 전쟁과 무관하다'고 믿는 꿈의 세계에서 살도록 내버려 두고 말았다.

군으로부터 걸프전 파병을 명 받은 아기 엄마는 서약도 했지만, "어머니일 때도 있고 군인일 때도 있으니" 참전하는 게 당연하다고 밝혔다. 둘이 똑같이 중요하다는 듯이 말이다! 사실 엄마가 어느 누구보다 잘할 수 있는 일은 자신이 낳은 아기의 엄마가 되는 것, 그 한 가지뿐이다. 미국에는 걸프전에서 그녀를 대신할 수 있는 장정이 100만이나 있다.

국방부와 군에 소속된 남성들은 강성 페미니스트에게 속절없이 당해온 탓에, 이런 낭패를 우리나라에 들이고 말았다. 남성이 어머니를 비롯한 여성을 적진으로 내몬다는 것은 미개하고 천박하며 야만스러울 뿐 아니라 부끄럽기 짝이 없는 발상이다. 이는 미국 문화와, 남녀를 존중하는 마음과, 가족 및 모성의 중요성에 대한 믿음에 역행하는 것이다.

게다가 자신의 싸움을 여성이 대신 치르게 하는 남성을 존중할
사람은 아무도 없다.

1991

임신 문제

여성에게 전투 임무를 맡기자는 제안은 남녀가 다르지 않다는 페
미니즘 이데올로기, 이를테면 남성과 여성은 모든 직군에서, 심지어는
가장 힘들고 잔인하고 위험천만한 군 전투에서도 서로를 대체할 수
있다는 이데올로기에 근거를 둔다.

그렇다면 여성은 임신할 수 있고 남성은 그럴 수 없다는 문제는
어떻게 처리할까? 군인은 임신하면 즉시 전역(복무 기간 종료)하거나, 한
정된 범위 내에서 복무하며 의료서비스를 전액 지원받고 6주에서 두
달에 이르는 유급 출산 휴가가 끝나고 나면, 전 세계 어디로 파견되
든 이를 수락한다는 서약서를 써야 한다.

기종에 따라 다소 차이는 있겠지만 미군에서 조종사 하나를 훈련
하려면 줄잡아 100만 달러가 든다. 여성 조종사는 전쟁통에 격전이
벌어지더라도 선택권을 행사할 것이다. "미안하지만, 임신 중이라 9개
월은 조종간을 놓아야 할 것 같은데, 회복도 필요하니 두어 달 더
쉴게. 너희가 적을 물리치면—목숨이 붙어 있으면—1년 후에는 다시
보겠네"라면서 말이다.

여성 조종사라고 모두 임신을 하지는 않겠지만 전혀 없지는 않을 것이다. 훈련을 개시할 때 임신을 않겠다 서약하더라도 일부는 마음을 바꾸게 된다. 실제로 불시에 조사해보니, 군내 성통합 이후에는 여군 중 10퍼센트 정도가 임신 중이었다고 한다. 사막의 방패(Desert Shield, 걸프전 당시 실시된, 미군을 중심으로 한 연합군의 바그다드 공습 작전, 1990년 8월 2일부터 1991년 1월 17일까지 실시됨—옮긴이)와 사막의 폭풍 작전(Desert Storm, 1991년 1월 17일부터 종전까지 실시된 작전—옮긴이) 동안 임신으로 전역한 육군 병력은 평소의 4배에 달했다.

군대는 뉴스 관리가 철저한데도 몇 가지 사실이 유출되었다. 이를테면, 아카디아호Acadia가 샌디에이고에 정박했을 때 임신한 승조원은 36명이었고, 옐로스톤호Yellowstone가 정박했을 때는 20명이 임신 중인 것으로 나타났다. 해군 대변인은 "이들도 임신할 권리가 있다"며 변명조로 항의했다.

칼럼니스트 잭 앤더슨Jack Anderson은 사우디아라비아의 한 의사의 말을 인용, "양성 결과가 나오면 집에 갈 수 있어 임신 테스트를 신청하는 여성이 가장 자주 찾는다"고 보도했다.

공정하지도 않거니와, 정의롭다거나 공평하지도 않은 상황이 벌어지고 있다는 이야기다. 평시 군인은 보람과 흥분을 느끼며 모종의 성과를 얻기도 하지만 전시의 삶은 불쾌하고 위험한 데다 자칫 목숨을 잃을 수 있는 변수가 곳곳에 도사리고 있다. 자원병은 모두 자발적으로 입대하나, 막상 입대 후 전쟁이 터지면 전시 임무의 수행 여부는 자의로 결정할 수가 없다.

여성의 전투 면제법이 폐지되면 여성은 평시에 값비싼 항공기 훈련을 받고도 고된 임무가 닥치면 임신을 이유로 이를 거부할 수 있다. 물론 남성에게는 그런 선택권이 없다.

임신은 문제가 되지 않는다는 점을 지적하기 위해 패널이나 텔레비전 방송에 출연하는 여군은 대개 자녀가 없고 가임기가 훌쩍 넘은 커리어 우먼이다. 전투 배치가 가능한 여성은 18세에서 26세 사이의 가임 여성인데 말이다.

이 딜레마에서 벗어날 방법은 없다. 시대와 대중의 생각이 변했다는 말도 끊임없이 듣지만, 젊고 건강한 여성이 임신하기 쉽다는 사실에는 변화가 없기 때문이다. 페미니즘 이데올로기가 아무리 기승을 부린들, 군이 임신한 조종사를 공중전에 투입할 것이라 단정할 정도로 우리 생각이 썩어빠지진 않았다.

전투 면제법을 폐지하자는 주장은 '평등권'이나 '차별 종식'이라는 명분으로도 정당성이 인정될 수 없다. 이는 남성뿐 아니라, 군대에서 임신을 피하며까지 진지하게 경력을 쌓으려는 여성에게도 명백한 차별이 될 것이다.

임신과 출산 휴가로 꼬박꼬박 월급을 받으며 1년을 보내는 동안, 동료 군인은 그녀의 빈자리(일부 혹은 전체)를 채울 터인데, 이때는 엄마의 역할 문제도 얽히게 마련이다. 현행 정책은 엄마와 아빠의 역할이 서로 다르지 않으며, 출산 휴가가 끝나면 아기 엄마는 전 세계 어디든 즉각 파견돼도 괜찮다는 페미니즘식 발상에 근거를 두고 있다. 따지고 보면, 자발적으로 입대했으니 엄마가 감당해야 할 역할도 알아서 준비하라는 것이다.

군대가 엄마의 역할과 임신 문제에 적극 대응하지 못한 상황에서 참전 여성을 운운한다는 것은 어폐가 있다. 현행 정책은 전투 준비태세와 상식뿐 아니라, 유대가 돈독한 가정을 존중하는 태도와도 상반된다.

1991

군대의 소수집단 우대정책

여성 장교가 전장에서 전투기를 조종할 수 있도록 전투 면제법을 폐지한다는 것은 남성과 동등하게 경쟁할 수 없는 직군에서 여성을 위한 우대조치 쿼터를 실시하겠다는 뜻으로 읽힌다. 알다시피, 오늘날 여성이 군대에서 남성과 동등한 성과를 내지 못하고 있다는 증거가 산더미처럼 쌓여 있는 탓에 이런 결과가 나왔을 것이다.

웨스트포인트 여성 생도 전용 우대조치를 둘러싼 증거를 밝힌 버지니아 군사연구소VMI 재판에 감사할 따름이다. 여성 입학을 강요하고 커리큘럼의 강도를 낮추기 위해 VMI를 상대로 소송을 제기한 사람들은 웨스트포인트 대변인인 패트릭 토플러Patrick Toffler 대령을 증인으로 신청했다. 그들은 성통합이 제대로 이루어졌다는 증언을 들으리라 내심 기대했다. 하지만 대령은 선서 후 5시간 동안 진행된 반대 심문에서 웨스트포인트가 그간 숨겨왔던 수많은 진실을 폭로했다.

토플러 대령은 웨스트포인트가 남성에게 요구하는 체력을 여생도에게는 요구하지 않는다는 사실을 털어놓았다. 또한, 웨스트포인트에는 남녀에 따라 다르게 적용되는 이중잣대가 있고, 여생도는 남성과 동일한 체력 테스트를 통과하지 못하는 데다, 설령 같은 임무를 수행하더라도 여생도가 더 높은 성적을 받는다는 것이다. 여생도는 가산점으로 리더의 직책을 맡을 수 있었다.

대령은 여생도가 "심리적으로 위축되지" 않도록 그들의 체력에 걸맞게 훈련이 변경('수정modified'이라고 표현)되었다고 했다. 이를테면, '상체 근력이 상당히 필요한' 장애물 코스를 없애고 군화 대신 조깅화를 신고 달리며 소총도 좀더 가벼운 것으로 교체하는가 하면, 권투대신 유도가 허용되고 무거운 군장을 메는 행군을 없앴다는 것이다.

토플러 대령은 웨스트포인트가 졸업 후 여생도의 배속(이를테면, 공병대 배치)을 위해 성 쿼터제를 시행해왔다고 밝혔다. 그는 "쿼터는 반드시 지켜야 한다"고 덧붙였다. 그러다 보니 여생도는 동료 남성이 아니라 지정된 쿼터 자리를 두고 서로 경쟁했다.

대령의 증언에 따르면, 웨스트포인트는 남성에 비해 성적이 미달인 여생도도 수용하기 위해, 일괄적으로 같은 훈련을, '비슷하거나 그에 상응하는 훈련'으로 바꾸었다고 한다. 다시 말해, 남녀가 '각자에 상응하는equivalent' 노력을 기울여도 '동일한equal' 성과를 달성한 것으로 간주하여 순위를 정한다는 개념이다. 예컨대, 여성은 턱걸

이를 할 팔 힘이 부족하기 때문에 '팔굽혀 매달리기'로 '얼추 비슷하게 따라가기만' 해도 된다는 것이다.

대령이 사실이라 맹세한 증언은 남녀가 비슷한 성과를 거두어도 여생도에게 더 높은 점수를 주는, 이른바 '젠더 표준화gender norming'에 웨스트포인트가 관여해왔다는 점을 입증한 셈이다.

아울러 웨스트포인트에서는 여성의 성과를 자유롭게 거론할 수 없다고 한다. 여생도들은 '체어퍼슨(chairperson, 의장)'이 아닌 '체어맨chairman' 같은 말을 쓰는 고참은 잘못을 바로잡을 수 있지만, 남성은 여생도에 대해 부정적인 발언을 할 수 없다. 5월 26일자 『뉴욕타임스』는 여생도의 성과를 깎아내리는 남성을 가리켜 '커리어 킬러career-killer'라고 보도했다. 토플러 대령은 성통합 프로그램을 장려하기 위해 생도들에게 감수성 교육도 시행한다고 밝혔다.

1991

이스라엘 여군에 대한 오해

여성의 참전 의무를 배제하는 법과 규정을 폐지하기 위해 페미니스트들이 끌어다 쓰는 근거는 이스라엘 군대에서는 여성이 남성과 더불어 제대로 싸우고 있다는 것인데, 이는 틀린 주장이다. 그들은 주장을 뒷받침한다며 이스라엘 여군이 무기를 파지한 채 훈련하고, 행군과 사격 교육을 받는 사진을 내밀어왔다.

모두가 조작된 주장이다. 이스라엘은 1948년 전쟁에서 여성을 전투에 투입하려 했지만 이를 오판이라며 포기했고, 이후 전쟁에서는 이를 시도조차 하지 않았다. 이스라엘 여군은 군인 남성과 같은 대우를 받지 않는다.

『시카고 트리뷴』의 한 여기자가 예루살렘에서 쓴 기사를 대도시 신문사로 보내면서 이 사실이 처음으로 가감 없이 밝혀졌다. 총을 들고 사내와 함께 싸우는 여군이 아니라, "답답한 사무실에서 지루하게 시간만 죽이는 18세 소녀가 남성 지휘관에게 커피를 타주는 것이 가장 설레는 군사 임무"라는 게 현실이었다.

이스라엘에서는 여성도 징집되지만, 남성은 3년 복무가 의무인 반면 여성은 2년만 복무하면 된다. 남성은 거의 다 복역하지만, 징집 여성의 3분의 1 이상은 결혼이나 엄격한 유대교 신도라는 이유로 면제된다. 현역 복무 후 남성은 1년에 최소 1개월을 예비군으로 복무하는데, 지난 4년간 수많은 남성이 한 해에 2개월씩 예비군 훈련을 받았다. 간호사를 제외한 여성은 예비군 의무가 면제된다.

기초훈련은 남성은 6개월이요, 여성은 1개월에 불과하다. 많은 사람들이 여군 훈련을 "대개는 장난joke"이라고 말한다. 한 여군은 "남자 군인이 하는 것을 흉내 내는 게임일 뿐 나중에 하는 일과는 무관하다. 사격을 가르치고 행군 대열에 끼워주긴 하지만 그러고 난 다음에는 비서로 보낸다"고 말한다. 『시카고 트리뷴』은 한 여군 장교의 말을 인용, "[이스라엘] 군대에서 여군은 연주만은 금지된 오케스트라의 연주가와 같다. 군대는 지독한 성차별주의 집단이며, 이것이 달라질 리는 없다. 여성은 늘 조력자니까"라고 밝혔다.

여성은 제2차 세계 대전 당시의 와스WACS(Women's Army Corps, 육군여군단)와 웨이브스WAVES(Women Accepted for Volunteer Emergency Service, 해군여성예비부대)처럼 별도의 여군단에 배속된다. 하지만 참모총장인 에후드 바라크 장군General Ehud Barak은 예산 절감을 위해 여군단을 해산시키려 했으니 여군단이 필수적인 것은 아닌 듯싶다. 실은 이스라엘 여군 중 3분의 1 이상이 비서로 일하고 있다.

기자와의 인터뷰에 따르면, "대다수 이스라엘 사람은 여성이 남성만큼 전쟁의 압박을 감내하진 못할 거라고 생각"한단다. 한 여군은 "우리는 남성처럼 무거운 것을 짊어질 수도 없거니와, 압박과 환경을 견딜 수도 없다. 여장부도 그럴 수 있다는 사람 말은 믿지 말라"고 밝혔다.

기초훈련이 끝날 무렵 그녀는 여군단장이 소집병에게 주문한 말을 인용했다. "여군의 임무는 군대에 활기와 세련된 멋chic을 불어넣는 것이다. 사무실에 꽃을 가져와 장식하고, 미소를 지어 보이고, 군복 단추는 잘 채워져 있는지 확인하라." 현행 여군 규정에 전적으로 동감하지 않는 사람도 있지만, 기자는 "여성에게 참전을 주장하는 사람은 없다"는 사실을 알아냈다.

기자에 따르면, "교관으로 복무하면서, 훈련생이 탱크나 병력수송차의 운전대를 잡고 전쟁터에 나가는 모습을 지켜본 여성들조차도 싸우고 싶진 않다"고 한다. 군대가 규정을 바꿔 참전을 종용하더라도 말이다. 한 교관은 "좌절감을 느낄 때도 있지만, 사람을 죽여야 할지, 말아야 할지 판단하지 않아도 된다는 사실에 감사한다"는 심경을 토로했다.

이스라엘 군대는 근본적으로 미군과 다르다. 미국에서는 참전 의무가 아니라 출세를 위해 경력을 쌓는 기회로 여긴다. 군에 입대해 세상을 보고, 교육을 받으면 뭐든 될 수 있다는 것이다. 미군은 오늘날 약 10퍼센트에 달하는 여군의 비율을 끌어올리는 데 동반된 이중기준—이를테면, 여성 쿼터제와 젠더 표준화—를 감추며 기회 평등을 지향하는 고용주가 되고 싶은 척 해왔다.

현행 전투 면제법의 폐지를 둘러싼 의회 논쟁은 군대에서 따로 적용되는 이중기준을 둘러싼 진실을 폭로하기에 더할 나위 없이 좋은 기회다. 예컨대, 육군 체력 테스트 중 2마일(3.2킬로미터) 달리기는 여성이 남성보다 3분 더 허용되고, 팔굽혀펴기는 남성은 40회지만 여성은 16회만 해도 된다. 해군 테스트의 1.5마일(2.4킬로미터) 달리기도 여성에게 3분을 더 준다. 팔굽혀펴기는 남성은 최소 29회요, 여성은 11회이며 해병대 남성은 턱걸이를 세 번 해야 하지만 여성은 턱걸이 대신 팔굽혀 매달리기를 16초만 하면 된다.

이스라엘은 전쟁 위협이 상존해온 탓에 사회적 실험 같은 사치를 부릴 여유가 없다. 한 이스라엘 장성은 미군의 성통합 규정을 두고 "미국처럼은 안 한다. 유감스럽지만, 이스라엘은 전쟁을 진지하게 생각해야 하기 때문이다"라고 밝혔다.

1991

여성은 참전해선 안 된다

여성이 군에서 전투 임무를 감당할 수 있느냐가 아니라, 과연 그렇게 '해야 하느냐'가 문제다. 즉, 일부 여성이라도 숱한 군사 환경에서 훌륭한 성과를 이뤄냈느냐가 아니라(물론 불가능한 것은 아니다), 군대가 성중립사회라는 페미니스트 목표보다 가족이라는, 미국의 근본적인 가치를 우선시할 것인지를 물어야 한다는 이야기다.

걸프전을 돌이켜보면 젖을 물던 아기(생후 2개월)에게 눈물을 흘리며 작별을 고하는 군인 엄마의 모습이 아직도 눈에 선하다. 이는 국가적 망신이었다. 어떻게 이런 괴이한 일이 벌어졌을까? 중동에는 '사나이답게' 근무할 수 있는 건장한 장정이 부족하지도 않았는데 말이다. 이 참담한 사건은 국방부 정책이 페미니스트 독트린—군인 남녀는 서로 대체할 수 있고, 성별에 관계없이 배속되어야 하며, 아울러 군대는 완전한 성평등을 입증하기 위해 사회적 실험의 도구가 되어야 한다—을 고의로 묵인한 결과였다.

참전 여성은 어제오늘의 이슈가 아니라, 일찌감치 미 전역에서 널리 논의되어온 문제다. 1972년부터 1982년까지 10년간 ERA(성평등헌법수정안)를 둘러싼 논쟁에서 찬반론이 첨예하게 대립한 쟁점이었으니 말이다. ERA가 합헌으로 결정됐다면 미국 사회는 성중립이라는 구속복을 억지로 입었을 테고, 당국은 (무엇보다도) 여성이 목전에 둔 결과—전장에 투입—를 초래했을 것이다.

예일대 로스쿨의 토마스 에머슨 교수는 『예일법학저널Yale Law Journal(1971년 4월호)』에 실린 100페이지 분량의 기고문에서 ERA에 대한 공식 입장을 제시해 널리 인용된 바 있다. "젊은 남성을 학대하는 것과 젊은 여성을 학대하는 것 사이에는 선택지가 거의 없다. … 여성은 어느 부대서든 복무할 것이고 참전 의무도 완수해낼 자격이 있다"는 것이다. ERA가 패배한 주요 원인은 이런 군사문제에 있었다. 주요 정치인·단체의 막대한 지원과 넉넉한 자금뿐 아니라, 언론도 전 세계에 소란을 일으켰지만 소용이 없었다.

미국은 많은 전쟁을 겪으면서 젊은 남녀에 대한 처우가 달랐다는 점을 인정해왔다. 하지만 숱한 페미니스트 리더는 토론을 해보면 한결같이 이렇게들 말한다. "그래, 여성도 입대해서 참전해야지. 우리는 참전을 원한다. 그것이 평등이니까!" 그들은 이토록 어색한 정책에 대해 국민을 설득할 수 없었다. 이는 ERA가 폐기된 주요 원인이었다.

페미니스트들은 1981년 '로스트커 대 골드버그' 소송을 통해 미 대법원에 자신의 요구를 전달했다. 전미여성기구는 소장에서 여성의 징병 면제가 "노골적이고도 유해한 차별"이라고 규정, 여성을 "2등 신분"으로 전락시킨다고 주장했다.

로스트커 대 골드버그 사건에서 대법원은 병력등록·징집·군사작전은 하나의 연장선에 속하므로 의회가 등록 및 징집 대상에서 여성을 면제한 것은 합헌이라고 판시했다. 연방대법원은 징병제가 전투 부대 양성을 목적으로 한다는 사실에 근거하여 이런 판결을 내린 것이다. 따라서 여성은 전투병으로 복무할 수 있는 '자격이 없다'는 한 가지 이유로 헌법상 징집·등록에서 면제돼야 한다.

특히 대법원은 해군·공군에서는 여성 참전이 법적으로 제한되어 있다는 규정(10 U.S.C. 6015 및 8549)을 인용, 여성이 징집돼서는 안 된다고 밝혔다.

문화와 사회와 가족, 임신과 실용적인 명분 등, 여성이 징집되지 말아야 할 이유는 한둘이 아니다. 여성은 아기를 돌보고 가정을 지키는 등, 더 중요한 역할을 해야 한다. 물론 여성도 자원해서 입대할 수는 있지만 대법원이 면제 사유로 참전 배제를 명시한 것은 이 땅의 법이니 누구든 판결에 비추어 결정을 내려야 할 것이다.

여군을 전투에 투입한다는 결정은 자원입대한 여성에게만 피해를 주진 않는다. 앞으로 징집 대상이 될 모든 여성의 생명과 가족마저 위협할 테니 말이다. 젊은 여성에게 입대를 강요할 징병제 원복과 전쟁을 두고는 미래가 어떻게 될지 알 도리는 없다.

여성 전투병은 자원입대한 여군이 원하는 기준을 적용해 결정해서는 안 된다. 군인의 길을 선택하지 않은 99.8퍼센트 여성의 복지를 위해 결정되어야 한다. 이를테면, 가족이 우선이라고 믿는 여성을 비롯하여, 전 세계가 남자 일로 단정하는 업무를 처리하느라 가임기를 허비하고 싶지 않은 여성과, 전투기나 탱크를 운전하는 것보다 엄마 노릇이 더 중요하다고 믿는 여성을 두고 하는 말이다.

미국 문화는 남성과 여성이 명백히 다르고, 앞으로도 영원히 다를 거라는 점을 존중한다. 군대도 남녀의 차이를 존중한다는 것이 미국 문화의 생각이다. 미국 여성은 단연 아버지와 형제와 남편과 남친이 세상의 악당으로부터 자신을 지켜줄 거라고 기대한다. 미국은 여성이 적과 싸우러 나가 있는 동안 집에만 있는 남성 이미지를 수긍하지 않는다.

또한, 군은 남녀가 거둔 성과의 차이에 대해서는 정직한 기준을 끝까지 밀어붙이길 바란다. 이중잣대와 젠더 표준 테스트와 우대 및 쿼터제도 모자라, 이를 비판하는 남성에게 '성희롱'이라 협박하며 국민을 기만해서는 안 된다. "시대가 변했다"는 말은 끊임없이 들리지만, 여러 중요한 면에서 남녀가 다르다는 점과, 젊고 건강한 여성이 임신한다는 점, 그리고 대장부끼리의 동지애와 남녀의 유대감 사이에는 크나큰 차이가 있다는 점—전장에서 생사를 가를 수도 있는 변수—등, 인간의 본성을 둘러싼 명백한 사실에는 전혀 달라진 것이 없다. 설령 사회가 달라졌다손 치더라도 미군의 정책은 결혼과 모성의 존엄과 가치를 존중해야 할 것이다.

여성은 가정뿐 아니라 수많은 미군 일선에서 조국에 헌신하고 있다. 하지만 그들을 군사작전에 투입해서는 안 된다.

1992년 6월 9일, 대통령직속 군대내여성배속위원회에 제출한 증언

1992

페미니스트, VMI를 공격하다

버지니아 군사학교(이하 VMI)는 기강이 탄탄하고 명예로운 청년을 졸업시키겠다는, 독보적인 스타일의 학부 교육을 한 세기 반 동안 실시해왔다. 타의 모범이 되는 시민이자, 전시에는 조국을 위해 입대할 준비가 된 남성이 대상인데, 물론 남성도 대개는 이수하기가 힘겹고 여성은 시도조차 해본 적이 없는, 한마디로 버거운 교육 프로그램이었다. 테드 코펠(Ted Koppel, 1980년~2005년까지 ABC뉴스 '나이트라인'의 간판 앵

커—옮긴이)은 "케케묵었다quaint"고 비아냥댔지만, 1839년 이후 탁월한 지도자와 시민을 적잖이 배출했다는 점이 VMI의 가치를 증명한다.

경험과 상식이 있는 사람이라면 여성이 VMI 입학을 서두르지 않은 이유를 짐작할 수 있을 것이다. 여성은 대개 머리카락을 4분의 1인치(2.5센티미터)만 기르라고 강요하거나, '브라더 랫Brother Rat'이라 부르거나, VMI 신입생처럼 모욕을 당하며 명령을 받거나, 공중화장실을 남성과 함께 쓰는 것을 좋아하지 않는다. 게다가 문을 잠가두지도, 커튼을 치지도 못한다거나, 낯선 사람이 밤낮을 가리지 않고 침실에 들락날락하는 등으로 사생활이 침해당한다거나, 혹은 몸뚱이를 자주 부딪치는 스포츠를 좋아하지 않기 때문이다.

법무부가 오만가지 법적·형사적 문제를 처리하느라 분주하리라 생각하겠지만, 당국은 1990년 어느 한가한 날에도 VMI를 상대로 소송을 제기했다. VMI가 여성을 입학시키지 않아 성차별 혐의를 적용한 것이다.

남성이 전부인 VMI에 여성을 들이려는, 이 사악한 소송의 목적은 "성차별을 종식"시킨다거나, "남성이 받는 교육 혜택을 여성도 동일하게 받을 수 있도록 조치하려는 것"이 아니었다. VMI를 여성다운 학교로 만들겠다는, 급진 페미니스트와 연방정부의 한통속이 벌인 거침없는 투쟁이었다. 페미니스트는 국내 어떤 기관이라도 남성만의 대장부다운 면모를 드러내는 교육을 하면 발작하기 일쑤다. 그들은 남성을 위협·통제하기 위해 성중립사회를 구현하고 싶은 것이다.

페미니스트들의 자칭 숙원은 중성 사회다. 그들은 헌법의 의도와 역사, 전통 및 인간의 본성을 부정하며, 공과 사를 막론하고 남녀가 다르다는 점을 인정하지 못하도록 막고 있다.

페미니스트의 전략은 단순하다. 수 세기에 걸친 '억압'과 '고정관념'의 피해자 코스프레로 징징대고, 남성에게 죄책감을 심어주는가 하면, 남성에게서 무언가를 챙길 때 써먹던 진부한 문화 기법도 활용한다. 그런 다음에는 입법·사법·행정부에서 연봉을 받는 페미니스트를 이용, 국민이 순순히 따르도록 법을 바꿔 버릴 것이다.

그래서 연방대법원은 루스 베이더 긴즈버그를 통해 "VMI가 여성을 배제한 것은 위헌"이라고 판시했다. 157년 동안 국민에게 인정도 받고 명성도 쌓으며 승승장구하던 군사기관이 1996년 6월, 어느 날 갑자기 헌법에 위배된다고 말할 수 있다는 것—정신이 어떻게 된 것도 아닌데rationally—자체가 참으로 어처구니 없는 발상이다. '면밀히 검토했다scrutiny'는 긴즈버그의 기만술과 판사를 동원한들 사법적 오만함은 벗어날 수 없을 것이다.

대법원 판결이 있기 전, 페미니스트가 내심 바란다고 공개한 바는 여성 생도도 남성과 똑같이 대우해달라는 것이었지만, 알고 보니 핵심은 평등이 아니었다. 재닛 리노Janet Reno가 이끄는 페미니스트 법무부는 법정에서, 여성 신병의 훈련이나 환경 혹은 규정 등을 조정하지 않으면 여성이 지원하지 않거나 중도에 탈락할 수 있으니 그 역시 '차별'이라고 주장했다. 법무부 소속 변호사들은 VMI가 여성 생도를 유치·관리할 뿐 아니라, 이를 위한 교육 개발을 위해서도 폭넓은 노력이 필요하다고 밝혔다.

VMI 사건은 페미니스트의 전략·전술 및 목표의 본질을 이루는 거 짓과 이중잣대와 기만과 위선을 보여주는 또 하나의 사례일 뿐이다.

1996

켈리 플린의 불편한 진실

여성으로는 최초로 B-52(보잉사가 제작한 전략폭격기로, 1950년대부터 운용되었고 현재도 미 공군의 핵전력 중심 전략폭격기로 활용되고 있다─옮긴이)을 조종한 켈리 플린Kelly Flinn은 공군의 성통합을 대표하는 공군의 간판스타였다. 군대에서도 여성이 남성과 '어깨를 견줄' 수 있다는 것을 '입증한' 금발 아가씨였달까. 아울러 켈리는 의회에서 여성을 군사작전에 투입할 것을 요구하던 퍼트리셔 슈로더 의원의 모범답안이기도 했다.

하지만 간통과 위증과 불복종에 빠져 기회를 날리고 말았다. 켈리는 입대한 남성과의 부적절한 관계도 모자라, 입대한 여성의 남편과도 성관계를 맺었다. (친목 도모라고는 하나) 간통 중에서도 장교로서는 당최 용납할 수 없는 혐의였다.

공군이 그녀를 징계하자 언론은 이를 집중보도하기 시작했다. 이때 페미니스트가 그녀를 피해자로 규정, 결국 켈리는 페미니스트의 셀럽이 되었다. 빌 클린턴의 정치 자문위원인 딕 모리스(Dick Morris, 특히 심각한 불륜으로 악명을 떨치고는 돈이 되는 출판 계약을 맺은 인물)는 "그녀는 매우 중요한 페미니스트이자 대변인이 될 것 같다"고 예측했다. 다행히 예측은 실현되지 않았다.

당국은 증거가 너무 많아서 법적 조치를 취할 수밖에 없었다. 켈리 플린은 홀로 '각별한' 우대를 받진 않았으나, 전년도에 간통죄로 회부된 60명의 남성과, 그보다는 훨씬 가벼운 범죄로 경력이 단절된 수많은 남성 장교들과 비교하면 아주 황송한 특혜를 받은 건 사실이다.

이에 게일라 지고Gayla Zigo는 공군 수장에게 보낸 서한에서 억울한 심경을 밝혔다. "우리가 기지에 도착한 지 일주일도 채 되지 않았을 때 켈리는 침대에서 내 남편과 성관계를 하고 있었다. … 퇴근 후 집에 와 보니 몇 번은 마크와 함께 있었다. 켈리는 우리집에서도 늘 전투복 차림으로 자신이 공군사관학교를 졸업한 최초의 여성 폭격기 조종사라는 점을 과시하곤 했다." 게일라는 "누군가와 정착하고 싶다"는 켈리의 말을 인용하며, "그 누군가가 내 남편인 줄은 몰랐다"고 덧붙였다.

군대는 켈리 같은 젊은 아가씨가 남자다운 일을 할 수 있다고 오해하게 만든 책임이 있다. 물론 그녀는 전투기를 조종할 수는 있지만, 조종보다 중요한 것도 많다. CBS 「식스티 미니츠」에 출연해서는 "고작 스물다섯 살이라, 결단을 내리기가 어려웠다confused"며 변명을 늘어놓으려 했다. 핵무기를 탑재한 B-52 조종사가 그렇게 우유부단해서야 되겠는가?

동기들은 아내가 있지만, 켈리는 남편 없이 기지에서 근무해야 하므로 직책상 성숙한 정서와 체력이 필요했다. 그녀는 외로웠다. 어머니는 궁지에 몰린 딸아이를 두고 울먹였다. 켈리가 "첫사랑"이라 부른 생도가 "딸아이를 여자로 느끼게 해준 첫 남자"라는 것이다.

'군대녀'도 '군대남'과 같은 성과를 낼 수 있다는 말은 줄기차게 들어왔다. 하지만 지금은 최고의 여성 폭격기 조종사도 자신을 여자로 봐주길 원한다는 사실을 알게 되었다. 공군이 서면으로 관계를 끊으라고 명령하자, 켈리는 『뉴욕타임스』와의 인터뷰에서 "적어도 마크 [지고]와의 관계는 회복할 수 있으리라 본다"며 화려한 경력 대신 연인을 선택했다.

켈리 플린의 공군 이력을 살리기 위한 싸움에서 패배한 페미니스트는 합참의장 후보로 지명된 조셉 랠스턴Joseph Ralston 장군에게 복수를 감행했다. 임명을 훼방하기 위해 랠스턴 장군의 옛 간통 사건을 파헤친 것이다.

랠스턴 사건은 켈리 플린의 것(불륜, 불복종, 위증)과는 성격이 아주 달랐지만 페미니스트의 공세에 밀려 차이가 희석되고 말았다. 그래서 우리는 간통죄가 고위직 승진에 걸림돌이 되어야 하는지를 두고 공개 토론을 몇 주씩 지켜봐야 했다.

미디어 그룹을 대상으로 지난 10년간 실시한 조사에 따르면, 국내 여론조사 기관은 간통이 잘못되었다고 생각지는 않는 것으로 일관되게 나타났다. 그들은 간통이 사회적으로 용인되기를 원했다. 예컨대, 『뉴욕타임스』는 군대의 "해묵은 간통 규정"을 조롱하기도 했다.

그러나 갤럽 조사에서는 미국인의 94퍼센트가 간통을 비위wrong라고 응답했다. 자유로운 성행위를 두둔하는 사람은 부부의 정조에 동감하는 사람을 '위선자'로 낙인찍으려 하고 있다. "미국인은 어찌됐든 불륜을 저지른다"는 증거가 있기 때문이라는데, 그건 '위선'이라기보다는 '(종교적) 죄sin'라야 옳을 것이다. 기독교인은 인간이 타락한 본성을 가지고 있어 죄를 범하기 쉬우며, 용서는 잘못을 인정하는 데서 비롯된다고 믿는다.

1960년대에 시작된 성혁명은 지금껏 자유와 즐거움이라는 약속에 부응한 적이 없다. 기록적인 이혼율과 불륜과 성병을 낳고, 삶을 모조리 망가뜨렸으니 말이다. 이처럼 미국에서 벌어진 문화전쟁은 숱한 사상자를 냈고 앞으로도 더 많은 사상자를 초래할 것이다. 신규 윤리 규정을 제정한답시고 위원회를 설치하는 것은 고통을 연장시킬 뿐이다. 기존의 규정은 여전히 유효하다. 결국, 군 당국이 신성한 부부관계와 명예와 의무를 회복하는 데 앞장선다면 사상자는 감소할 것이다.

1997

다 이룰 수 있는가?

국방부는 신병의 수효가 급감해 거의 위기 수준이라며 볼멘소리를 내고 있다. 육군과 공군은 목표치에 한참 못 미치고, 해군은 기준을 낮추고 쿼터제를 도입하며 근근이 버티고 있다. 베테랑 조종사들이 이례적으로 많이 떠나고 있는 데다, 거액을 제시해도 재입대를 유도할 수 없는 실정이다. 육군은 수천 달러의 '계약 보너스'를 내밀며 젊은이들을 유치하고 있다. 최대 5만 달러(대학 등록금) 등을 포함한 보너스도 추가된다. 하지만 군인의 임금을 인상하고 첨단 장비를 구매한들 문제가 해결되지는 않을 것이다.

오늘날 군대가 직면한 두 가지 주요 문제로는 (1) 자국의 안보와 무관한 해외 분쟁에 미군을 파병하는 것과 (2) 군대의 여성화를 꼽는다. 아울러 UN 제복을 착용하지 않는다거나, 논란이 된 실험용 탄저균 백신을 '접종'하지 않았다는 이유로 존경받는 군인을 군법에 회부하는 것도 문제다.

국방부는 풍요로운 사회와 낮은 실업률, 민간인의 취업기회, 18세에서 22세 사이의 남성 인구 감소, 특히 고등학교 졸업자 수가 감소한 사실을 원인으로 본다. 그래서 육군은 고교 졸업장이 없는 수천 명이 입대 자격을 갖출 수 있도록 GED(General Educational Development, 고등학교 졸업에 준하는 자격증) 학습비를 지원하는 프로그램을 개시했다. 이는 신병이 공립학교에서 배우지 못한 것을 가르쳐야 하니 세금을 추가로 투입하겠다는 뜻이다.

글로벌 경찰과 사회복지사는 미군의 본질이 아니므로, 군대의 임무를 전환하려던 클린턴의 계획은 병력 모집 및 유지율 하락의 주요 원인으로 지목되고 있다. 게다가 클린턴 행정부의 선전과는 달리, 아이티와 소말리아 및 보스니아에서의 평화유지 원정은 국가건설이 목적은 아니었으며, 유고슬라비아 원정 또한 인도주의 차원은 아니었다.

코피 아난Kofi Annan 사무총장은 올가을 UN 총회 연설에서 "개입에 대한 약속"을 촉구한 적이 있다. 유고슬라비아 전쟁에서 클린턴이 미 헌법을 위반해, 대통령이 아닌 의회에 전쟁 결정권을 넘겼듯이, 가짜 '인도주의' 목적을 위해 국가의 주권을 침해하겠다는 코피 아난의 주장은 UN과 NATO 헌장을 위반한 것이다. 미국 젊은이가 입대하지 않는 이유는 고액 컨설팅이나 설문조사 없이도 알 수 있다. 그들은 정의도 불분명한 데다 위헌인 목적을 위해 외국 지휘관이 이끄는 해외 부대에서 복무하는 것을 원치 않는다.

하원 군인사 소위원회의 스티브 바이어Steve Buyer(공화당·인디애나) 위원장이 핵심을 정확히 짚어냈다. "GED 프로그램이나 광고비로 문제가 해결될 것이라 생각했다면 그건 착각이다. 미국은 외교 정책이 달라져야 한다."

"할 수 있는 건 다 이루라Be All That You Can Be"는 기억에도 오래 남고 효과도 톡톡히 본 20세기 광고 슬로건 중 하나였다. 육군은 3억 달러 규모의 모병 홍보에 주력하기 위해 컨설턴트를 영입했고, 그의 조언에 따라 이 유명한 슬로건을 포기하고 있다.

육군은 수백 명의 신병에게 고향으로 돌아가 옛 지인을 붙잡고 입대를 권유하라고 명령한 적이 있다. 『뉴욕타임스』 기자가 한 신병에게 무슨 말로 설득했는지 묻자 그는 "그닥 구리진 않다it ain't so bad"고 말했단다. 이제 당국은 "입대하세요. 그닥 구리진 않아요Join the Army—It Ain't So Bad"라고 적힌 광고판을 세울 것이다.

국방부에서 새로 영입한 홍보 컨설턴트가 광고를 기획하려면 '젊은이들의 마음가짐과 습관'을 연구해야 한다. 하지만 성중립 군대를 목표로 잡고, 남녀에게 똑같이 어필해야 한다는 사고방식에서 출발한다면 당국은 시간을 낭비하고 있는 것이다.

성중립 군대는 페미니스트들이 25년간 주장해 온 것인데, 이제 그들이 클린턴 국방부의 운전석에 앉았으니 얼마나 어리석은 목표인지는 조만간 알게 될 것이다. 페미니스트들이 진정으로 원하는 것은 명령을 내리며 남성을 겁박해 복종시키려는 데 있다.

성중립 군대를 추진하려는 클린턴 행정부의 사회변혁social engineering하에서 군인이 "할 수 있는 것을 모두 이룰 수 있는" 방법은 없다. 상식이 있는 사람이라면 누구나 다 아는 사실이다. 남녀공용 기초훈련과 아울러, 장교 임관 시험에서 당국이 여성의 불합격을 허용하지 않는 것은 군대의 기준이 여성의 성취 수준으로 하향조정되고 정의가 달라졌다는 것을 의미한다.

성통합 기초훈련으로 기준은 낮아지고, 여성 부상자는 늘고, 남성들의 분노는 커지고, 강간 및 성희롱 같은 추문 사건도 벌어졌다. 세금을 지원받아 실시된 공식 설문조사에 따르면, 남성 교관의 76퍼센트와 여성 교관의 74퍼센트는 성통합 훈련으로 기강이 해이해졌다고 답한 것으로 나타났다.

진짜 사나이라면 "여성이 할 수 있는 것은 다 이루라"는 조직에는 들어가고 싶지 않을 것이다. 1992년 대통령직속 군대내여성배속위원회는 미국 해군사관학교의 신검 채점 결과, 1.5마일 달리기에서 여성의 'B'점은 남성의 'D'점과 거의 같다는 사실을 알아냈다. 팔굽혀펴기는 여성의 'A'점이 남성의 'C'점과 같았고, 야외 장애물 코스field obstacle course에서는 남성이 여성보다 2피트(약 60센티미터) 더 높은 벽을 뛰어넘어야 한다. 이를 젠더 표준화라 한다.

군대가 존재하는 목적은 세상의 악당으로부터 미국인을 방어하는 데 있다. 남성만이 혹독한 훈련을 받는다는 전사 문화warrior culture로 장정들은 개인의 안락과 안전을 포기한 채, 군에 입대해 군복을 입고 국가를 위해 헌신한다.

클린턴이 내정한 정치인과 훈장을 받은 군인들이 남녀의 동등한 성과를 계속 과시할 수 있도록 신체적·심리적 요건을 완화하는 것은 여러 이유로 사기를 떨어뜨리는 짓이다. 무엇보다도 거짓말이라는 점이 가장 중요한 이유일 것이다.

재미있게도, 해병대는 이 문제가 성가시지 않은 모양이다. 해병대는 남녀 혼성 기초훈련에 굴복하지 않았기에, 남녀 신병 모두가 현실적으로 할 수 있는 건 모두 이루려는 뜻을 품어도 좋을 것이다.

클린턴 동조자들이 도덕성을 공격하는 것은 인사 문제로 사기를 떨어뜨리는 수법이다. 예컨대, 아내가 아닌 여성과 48시간 동안 격리된 공간에서 단둘이 지내야 한다는 규정을 '위반했다'는 이유로 우수한 복무실적을 가진 군인이 진급 대상에서 제외되는 징계를 받기도 했다.

노스다코타주 미노트 공군기지Minot Air Force Base는 두 명의 장교를 미사일 격납고 기지로 내려보내 스쿨버스만한 공간에—커튼 뒤 침대와 화장실을 하나씩 두었다—24~48시간 동안 격리시키는 관행이 있다. 미노트 미사일 부대는 남성이 250명, 여성이 83명인지라 남녀 혼성 2인 1조로 구성될 공산이 크다.

가톨릭 신자인 라이언 베리 중위Lieutenant Ryan Berry(기혼)는 아내가 아닌 여성과 시시덕거리며 단둘이 지내는 관행에 반대했다. 그는 "기회평등이 공군의 최우선 과제"라는 페미니스트식 주문을 외우는 지휘관에게 징계를 받았다. 이처럼 베리 중위의 사례는 여성에게 평등한 기회를 제공하려면 상식과 본성의 현실과 부부의 존엄성을 외면하고, 가정을 지키는 아내를 존중하지 않는 무분별한 임무가 필요하다는 것을 입증했다.

1999

여성은 잠수함을 탈 수 없다

국방여성자문위원회DACOWITS는 세금을 지원받으며 국방부의 정책 수립에 기여하고자 조직된 민간 페미니스트 로비 단체로, 잠수함 근무에 여성도 배속할 것을 수년간 촉구해왔다. 여성이 잠수함에 탑승한다는 것은 아주 가혹한 발상이다. 해군 최고위급 제독들은 강력히 반대하고 있지만, 클린턴 행정부의 강성 페미니스트들은 행정 명령을 통해 제 뜻을 관철시키려 하고 있다.

이는 해저에서의 생활이 꽤 어려운 잠수함 승조원에게도 매우 불공평할 것이다. 중형 주택 한 칸에 130명이 6개월 동안 생활한다고 상상해 보라. 잠수함은 신선한 공기와 햇빛과 사생활이 보장되지 않는, 비좁은 공간에서 바다를 순찰한다. 수면 공간과 위생 시설은 수상함보다 절반에서 3분의 1 수준으로 다른 함정보다 훨씬 작다. 예컨대, 잠수함의 샤워 부스는 승조원 50명이 쓰지만, 수상함은 25명이 이용한다. 승조원의 약 40퍼센트는 세 명이 두 개의 침대를 번갈아 써야 하고('핫벙크hot bunk') 하급 승조원은 시끄러운 어뢰실에서 매트리스를 깔고 자는 경우가 허다하다.

여성을 수용한답시고 잠수함을 개조하면 생활수준이 더 낮아지거나 작전 장비가 제거될 수도 있다. 이때 투입될 수백만 달러는 준비태세나 사기진작보다는, 미 국방부의 민간 페미니스트를 만족시키는 데 보탬이 될 것이다.

또한 가임기 여성은 잠수함에서 질병이나 상해에 노출되기도 한다. 잠수함 내 공기가 지속적으로 재순환되는 과정에서 일산화탄소와 같은 대기 중 미량 원소가 걸러지지 않기 때문이다. 성인에게는 비교적 안전하지만, 태아에게는 유독할 수밖에 없다.

임신한 여군이 기형아를 우려한다면 잠수함 사령관은 어느 것도 타당하지 않은 대안—가장 위험한 시기에 태아가 독성 물질에 노출되거나, 잠수함의 위치가 누출돼 비밀 임무가 위기에 빠진다—중 하나를 선택해야 한다. 바다 한가운데서 헬리콥터에 달린 들것으로 누군가를 대피시킨다는 건 모두에게 위험천만한 행위일 것이다.

러시아 쿠르스크호(Kursk, 원자력 잠수함으로 2000년 대규모 폭발 사고로 118명 전원이 사망했다—옮긴이)의 참극은 잠수함이 우주보다 더 위험한 환경에서 작전을 수행한다는 사실을 전 세계에 일깨워준 사건이었다. 잠수함은 무고한 생명을 위협하는 페미니즘 실험이나 민간인의 강요로 타협점을 찾는 곳이 아니다.

여성이 전투 현장에서 무슨 역할이라도 해야 한다는 강박은 국방부 지휘관이자 '암체어' 장성을 꿈꾸는 페미니스트의 환상일 뿐이다. 전투기 조종사라는 멋은커녕 버겁고도 위험한 임무를 감당해내야 하는 여군을 희생시키면서까지 경력을 쌓으려는 여성 장교들만 이런 강박 증세를 보이고 있다. 아울러 참전 면제법을 폐지하자는 주장은 여군에게 배신감을 안겨줄 것이다. 애당초 법을 믿고 참전하지 않을 거라는 생각으로 입대했을 테니 말이다.

1997년 랜드연구소가 발표한 「군대의 성통합 동향_준비태세와 결속력 및 사기에 미치는 영향Recent Gender Integration in the Military: Effects Upon Readiness, Cohesion and Morale」에 따르면, 육군 여성 중 사병의 79퍼센트와 부사관의 71퍼센트가 참전에는 반대하는 것으로 나타났다. 여성과 남성의 처우를 두고는 이등병privates과 상병(corporals, 부사관 계급)의 10퍼센트만이 같아야 한다고 응답했다. 노스웨스턴대학의 찰스 모스코스Charles Moskos 교수는 파나마 침공작전에 참전했던 수십 명의 여성을 인터뷰했지만, 참전(면제법 폐지)에 찬성하는 사병은 단 한 명도 찾지 못했다.

2000

로비스트 '국방여성자문위원회'

언론은 엔론(Enron, 2001년 분식회계와 탈세로 결국, 파산을 선언한 에너지 기업—옮긴이)의 로비스트를 비판하는 데는 열을 올리지만, 워싱턴에서 선전하고 있는 특수 이익 로비스트는 간과하고 있다. 그들은 행정부의 고위 관리와 회동하며 주요 국가안보 정책에 영향력을 행사하고(강요했다는 소문도 있다), 3성 장군급이라는 의전서열을 과시하기도 했다.

비판하는 논객 앞에서는 오만했고, 언론에는 비밀투성이였고, 무엇을 요구할 때는 독불장군이었으며 권력을 위해서는 양심까지 팔았다. 빌 클린턴이 퇴임하기 전, 도널드 럼스펠드 국방장관의 자동 서명 펜automatic signature pen을 몰래 빼돌려, 빌 코헨 전 국방장관이 꼽은 지인들의 인준 결재서류에 서명할 만한 배짱을 가진 사람이 또 누가 있을까?

이 로비스트들이 급진 페미니스트라는 점과, '폴리티컬 코렉트니스'라는 성을 지키고 있다는 점을 눈치챘다면(죄송한 이야기지만), 당신이 제대로 본 것이다. 이때 로비스트는 세금을 지원받는 국방여성자문위원회(이하 DACOWITS)의 위원들을 두고 하는 말이다. 그들은 급진 페미니스트들이 성중립 군대를 만들기 위해 로비 활동을 벌일 수 있도록 기회를 제공해왔다.

DACOWITS는 잠수함과 다연장로켓시스템(Multiple Launch Rocket Systems, 지상 전투 작전 중 로켓을 발사하는 차량) 요원, 육군 레인저 같은 특수 작전 부대의 헬기 조종사뿐 아니라, 심지어는 적과 직접 교전하는 지상 전투 부대에도 여성을 배치하라며 목소리를 높였다.

이러한 정책은 채택되면 훈련 기준을 저해하고 사기를 떨어뜨리며 배치 문제를 악화시키는가 하면 모병·관리에도 타격을 주고, 여군과 임무를 분담해야 하는 남성 군인의 생명도 위협할 것이다. 체력 테스트에서 평균 남성만큼의 점수를 받는 여성이 고작 3퍼센트에 불과한데다, 여성은 대부분 수류탄을 멀리 던지지 못해 자폭을 막을 수도 없다는 사실을 무시한 정책이다.

미군에서 사회적 실험을 장려해온 50년 동안, DACOWITS의 황

금기는 단연 친페미니스트인 클린턴 행정부였다. 빌과 힐러리 클린턴의 백악관이 국방부 차관보를 임명할 때는 DACOWITS가 아주 극단적인extreme 권고를 하진 않았다(오히려 백악관이 임명한 새라 리스터Sara Lister 차관보는 해병대를 "극단주의자extremist"라고 공격했다). 빌 클린턴이 임명한 DACOWITS 위원단은 전쟁 전문가들의 반대에도, 33대 0이라는 찬반 표결로 군대의 페미니스트 정책을 관철시키려 했다.

페미니스트들은 헤더 윌슨(공화당·뉴멕시코) 하원의원을 이용하여 국방부 관리에게 자신의 뜻을 호소했다. 윌슨은 폴 울포위츠 국방장관과의 회동에서 복무 중인 여성들이 "지휘계통 밖에서 목소리를 내야 한다"고 주장했다. 물론 사기성 발언이었다. DACOWITS는 군대 내 '여성'을 위한 목소리가 아니라, 대다수가 전투 배치를 원치 않는 여군의 우려를 희석하려는 여성 장교를 위한 목소리였기 때문이다.

윌슨 의원은 울포위츠에게 두 가지 사례를 들며 DACOWITS가 여군에 필요한 경위를 설명했다. 모두 유감의 뜻을 밝혀야 할 대목이다. 이를테면, DACOWITS는 기지 내 매점에서 여성용 위생용품을 구매할 수 있도록 조치했고, 여성 조종사가 아기를 낳으면 다른 병가를 낸 여성 조종사보다는 늦게 복귀해야 한다는 '문제'를 해결했다고 한다. 또한 DACOWITS는 임산부용 군복을 충분히 공급해야 한다고도 주장했다.

DACOWITS의 목표는 전투 준비태세를 망가뜨리면서까지 승진가도를 달리겠다는 여군 장교들의 경력주의careerism였다. 지금은 전쟁이 벌어지고 있으니, 성중립형 군대를 꾸준히 추진하고 있는 클린턴 페미니스트들을—달래지지도 않겠지만—달랠 때가 아니다.

부시 행정부는 2002년 2월 28일부로 기존의 DACOWITS 헌장을 만료시키고, 클린턴 행정부의 잔류 인원 22명을 비롯한 스태프를 대거 해고했으며, 좀더 제한된 헌장에 따라 DACOWITS의 임무를 재정립했으니 칭찬받아 마땅하다.

2002

5부 혼인과 모성

오, 내 사랑은 어딜 배회하고 있는 거요?
가만히 들어보시오, 진짜 사랑이 가고 있지 않소
고음이든 저음이든, 노래도 잘 한다오
더는 가지 마시구려, 사랑스러운 그대여
연인을 만나는 곳에서 배회가 끝난다는 것은
현자의 아들이라면 다 알 거요

— 『십이야』 중에서 —

진로 선택

대다수 여성이 가장 많이 선택하는 진로 1순위는 항상 '결혼'과 '엄마'였다. 결혼과 엄마가 현대 여성도 성공할 수 있는 진로일까? 그것은 종속일까, 자아실현일까? 여성해방운동의 말마따나, 과거의 잔재는 아닐까? 여성이 정체성을 찾고 자아실현을 이루기 위해 필히 벗어나야 할 '제도화된 노예 신분institutionalized serfdom'을 두고 하는 말이다.

여성해방운동은 무엇으로부터 여성을 해방시키려는 것일까? 페미니즘 문헌을 객관적으로 읽어보면 결혼과 가정, 남편, 가족 및 자녀에게서 해방시키겠다는 것이 결론일 수밖에 없는데, 이는 여성이 '2등 신분'이라는 것을 보여주는 증거이기 때문이란다. 페미니즘 문헌은 결혼을 노예로, 가정(베티 프리던의 글을 인용하자면)을 "안락한 강제수용소

comfortable concentration camp"로, 남편을 폭군으로, 가족을 여성의 행복과는 무관한 시대착오적인 집단으로, 자녀를 고단한 일상—현대 여성이 좀더 만족스러운 경력을 쌓기 위해서는 반드시 탈피해야 할 대상—으로 규정한다.

'주부'는 여성해방운동이 등장해 이를 조롱의 대상으로 만들기 훨씬 전부터 독보적인 존엄성을 지니고 있었다. 1933년에 발행된 『옥스퍼드 영어사전』에서는 주부를 '집안일을 관리하거나 감독하는 여성(대개는 기혼 여성), 한 가정의 안주인, 혹은 집주인의 아내를 가리킨다.(대개는 수식어를 붙여) 기술과 근검절약으로 가정을 관리하는 여성이자, 가정 경제학자a domestic economist'라고 정의했다. 주부는 계획·조직하고, 앞장서서 조율·통제하는 가정 경영자이다. 또한, 일정과 기준을 정할 수 있어, 육아와 시민활동, 정치 및 정원 가꾸기 등, 모든 일을 자유롭게 할 수 있다. 직장에 출퇴근하는 어떤 남성이 그렇게 할 수 있을까? 엄마의 역할과 결혼이 모든 여성을 위한 것은 아니겠지만, 젊은 여성이라면 이는 무조건 거부하기보다는 진지하게 고민해야 할 대안 중 하나일 것이다.

여성은 인생에서 무엇을 원할까? 사랑하고 사랑받기를 원한다면 결혼은 목표를 달성할 수 있는 최고의 기회를 제공할 것이다. 남자라면 식당에서 메뉴 고르듯 하는 섹스를 원한다고 생각한다거나 실제로 그럴지는 몰라도, 여성은 대개 옛 팝송에서 노래하는 "일요일 같은 사랑(a Sunday kind of love, 1947년에 발표된 노래로, 일상의 스트레스에서 벗어나 상대에게 집중하는 사랑을 뜻한다—옮긴이)"을 항상 원한다. 결혼과 엄마는 여성에게 새로운 정체성을 부여하고, 모든 면에서 성취감을 만끽할 기회를 줄 것이다.

골다 메이어 이스라엘 전 총리는 당대의 뛰어난 커리어 우먼이었다. 남성이 장악한 세계에서 여느 나라 여성보다 더 많은 업적을 남겼고, 외모나 각선미가 아닌 능력으로 모든 것을 해냈다. 갤럽 조사는 메이어 총리를 세계에서 가장 존경받는 여성으로 여러 차례 선정한 바 있다. 그럼에도 골다 메이어는 출산을 여성이 해낼 수 있는 가장 뿌듯한 업적이라고 밝히며, 여성해방론자들을 "브래지어나 태우는 미친 집단"이라 꼬집었다.

젊은 여성이 고위직에 선출된다거나, 가슴 설레는 해외로 멀리 출장을 떠난다거나, 많은 사람을 관리한다거나, 중요한 재판에서 승소한다거나, 혹은 재산을 모으는 것이 아기를 낳을 때보다 더 큰 보람을 느끼리라 생각한다면 그건 오산이다. 아기를 낳고 돌보며, 엄마의 애정 어린 보살핌 아래 아기가 반응하고 무럭무럭 자라는 모습을 지켜보는 쾌감과 보람과 희열에 비할 수 있는 성공의 척도는 없을 것이다.

엄마가 누리는 기쁨은 인생 후반부에 손자가 나타나면 다시 찾아온다. 글로리아 스타이넘과 저메인 그리어, 케이트 밀렛 및 시몬 드 보부아르를 비롯한 페미니스트 리더들은 대부분 아이를 갖지 않기로 했다. 그러니 손자·손녀를 통해 '거듭나는' 짜릿함은 결코 알지 못할 것이다.

아멜리아 어하트Amelia Earhart는 홀로서기로 흥미진진한 삶을 살았기에 페미니스트의 오랜 영웅으로 추앙받아왔다. 하지만 1976년 10월, 아멜리아를 소재로 삼았다는 드라마에서 그녀는 다른 여성의 아기를 꼭 껴안으며 제 아이면 좋겠다고 말했다.

테일러 콜드웰Taylor Caldwell은 20세기에 대성한 작가 중 하나다. 소설 『캡틴 앤 킹Captains and Kings』이 9시간짜리 텔레비전 프로그램으로 제작된다는 사실에 보람을 느끼느냐는 기자—『패밀리 위클리Family Weekly』—의 질문에, 그녀는 이렇게 답했다. "나 같은 여자는 직업에서 보람을 느끼진 못한다. 가정도 없거니와, 진정한 자유도 없고, 희망도 없고, 기쁨도 없고, 내일에 대한 기대도 없고, 만족할 줄도 모르니 말이다. 전 세계에서 받은 표창장과 상패, 레지옹 도뇌르 훈장 리본the Ribbon of the Legion of Honor, 재산과 은행 계좌보다는 한 남자를 위해 식사를 준비하고 슬리퍼를 가져다주며 그의 품에 안겨 있는 자신을 느끼고 싶다."

앤 모로우 린드버그는 『아워 오브 골드, 아워 오브 리드Hour of Gold, Hour of Lead』에서 대다수 여성을 대변했다. "내가 사랑받고 있다는 사실이 믿기지 않았지만, 그 사실 덕분에 세상과 인생에 관한 생각이 바뀌었다. 자신감과 힘이 생기고 성격도 거의 달라졌다. 결혼할 그이가 내 역량과 가치를 믿어주었다. 그리고 나니 애당초 마음은 끌렸지만 실현할 수는 없을 것만 같았던 미지의 세계에서도 생각보다 많은 것을 이룰 수 있었다. 그이가 '진짜 삶'의 문을 열어준 것이다. … 엄마가 된 후 몇 달은 지극히 평범하고 즐겁고 보람찬 나날을 보냈다. 집에서 아무것도 않고 아가만 보고 있어도 행복했을 것이다. 가장 근본적인 '진짜 삶'은 이를 두고 하는 말이다."

결혼과 육아에는 시련과 고초가 따르게 마련이지만, 어떤 인생이라고 그러지 않겠는가? 가정을 우리cage라 치부하면 사무실이나 공장도 갇혀 있는 건 매한가지다. 가정으로부터 도피하겠다는 것은 거짓된 희망과 희미해지는 환상을 좇아, 자신과 책임과 여성의 본성으로부터 도피하겠다는 뜻이다.

남편의 노예나 다름없다고 불평한다면 직장 상사의 노예는 더 견디기가 어려울 것이다. 상사는 세상 사람 누구에게나 있다. 여성은 대개 감독이나 사무실 관리자보다 남편과의 원활한 협력이 더 쉽다.

150여 년 전, 저명한 알렉시스 드 토크빌(Alexis de Tocqueville, 프랑스 논객)도 미국 여성이 축복받았다는 점을 강조했다. "미국 여성이 가정이라는 협소한 울타리 안에 갇혀 있는 데다, 어떤 면에서는 전적으로 의존할 수밖에 없는 형편이지만 여성이 더 높은 지위를 차지한 곳은 여태 없었다. 필자는 미국인들이 이룩한 주요 업적을 쓰고 있다. 집필을 마무리하는 이때, 그들이 누리고 있는 특출한 번영과 성장동력이 대체로 누구의 덕인지 묻는다면 나는 우월한 아내 덕이라고 말할 것이다."

1977

신데렐라 콤플렉스

그레이스 공주Princess Grace의 타계 소식은 각종 뉴스와 특집기사뿐 아니라 『타임』 표지 사진의 소재가 되기도 했다. 기사는(의도와는 관계없이) 그레이스 공주의 삶이 '마지막 동화the last fairy tale'요, 그녀의 사랑 이야기는 두 번 다시 볼 수 없는, 유일무이한 사건이었다는 소식을 암시적으로 전했다.

이처럼 언론의 분위기가 싸한 까닭은 여성해방운동이 오랫동안 경멸해온 『신데렐라』의 현대판 인물이 그레이스 공주였기 때문이다. 공주의 존재는 미국판 신데렐라가 백마 탄 왕자와 백년가약을 맺고 언덕 위 궁전으로 이사해, 그 이후로 오래오래 행복하게 살 수 있다는 것을 입증했다.

1970년대 여성해방운동이 사회적으로 큰 반향을 일으켰을 때, 그들의 유별난 특징 중 하나는 『신데렐라』를 열렬히 반박했다는 것이다. 이 동화는 아무런 피해를 주지 않았음에도 여성해방운동의 혐오 대상이 되어 아동도서에서 제외되는 등, 여성 탄압의 모델로 낙인찍히고 말았다.

페미니스트 이념가들은 신데렐라를 둘러싼 '(그릇된) 통념myth'과 '망상delusion'을 신랄하게 비난했다. 소녀에게 백마 탄 왕자님이 나타나 둘이 오순도순 행복하게 살 수 있다는 믿음을 심어주었기 때문이다. 그들은 신데렐라를 '성차별' 육아의 극치라 매도하기도 했다.

그런 와중에 1981년 콜레트 다울링Colette Dowling이 쓴 『신데렐라 콤플렉스The Cinderella Complex』가 출간되자 여성해방운동은 큰 충격에 빠졌다. 저자는 페미니스트인데도 "여성은 대부분 저를 먹여 살리고 보호해 줄 남편에게 의존하려는 욕망을 감추며 산다"고 주장한 것이다.

하루는 텔레비전 방송 스튜디오에서 한 젊은 여성 피디가 "슐래플리 여사님, 『신데렐라 콤플렉스』라는 책의 논지를 믿으시나요?"라고 물은 적이 있다. 이때 나는 "네, 여성은 대개 자신을 부양하고 보호해 줄 남자와 결혼하고 싶어 하죠"라고 답했다. 그러자 "맞는 말씀이지만, 그 생각을 떨쳐버리려고 노력 중입니다"라고 하더라.

피디는 20대로 젊은 데다 외모도 예쁘니 '신데렐라 콤플렉스'를 극복할 필요는 없다고 귀뜸해주었다. 언젠가는 왕자님이 나타날지도 모르니까. 가슴은 내 말이 옳다고 하지만, 해방된 정신은 이를 인정하지 않았다.

한 가지는 분명하다. 왕자님을 찾지 못할 거라고 단정하면 절대 찾지 못한다는 것이다. 오래오래 행복하게 사는 것이 불가능하다고 지레 포기하면 그럴 수 없겠지만, 할 수 있다고 마음먹으면 뭐든 가능할 것이다. 나도 겪은 일이라 잘 안다.

필자는 일리노이 남부의 어느 작은 마을—인구 4만 명—에 있는 작은 법률 사무소에서 백마 탄 왕자님을 만났고, 미시시피강이 보이는 절벽에서 오순도순 행복하게 살았다. 나보다 가능성이 훨씬 낮은 곳에서 자신만의 왕자님을 만난 여성도 수백만은 된다. 그들은 원만한 부부생활을 위해 노력했기 때문에 행복하게 산 것이다.

그레이스 공주는 (할리우드 '여왕들'과는 달리) 혼인서약에 충실해서 현대판 신데렐라가 될 수 있었다. 그레이스 켈리가 사업이나 전문직에서 성공할 수 있는 미국 남성을 마다하고 유럽 왕족을 선택한 이유는 이해하지 못했지만, 어쨌든 선택은 각자의 몫이고 사랑하면 다 극복하게 되어있다.

요컨대, 여성해방운동의 선전propaganda과 환경이라는 큰 걸림돌이 있더라도, 지긋하고 행복한 결혼생활은 가능하다. 다른 여성들은 그레이스 켈리만큼 미모가 뛰어나지도 않고, 왕자님이 그렇게 부유하지도 않은 데다, 모나코 궁전만큼 방도 많지가 않다. 하지만 지그시 사랑하고 자족하며, '죽음이 갈라놓을 때까지' 행복하게 살고 있다.

우리는 그레이스 켈리에게 갚아야 할 빚이 있다. 전통적인 가정에서 아내와 엄마가 느끼는 성취감은 유력한 신세대 여성도 만끽할 수 있다는 사실을 세계 무대에서 입증해 주었기 때문이다.

1982

엄마는 다 어딜 갔을까?

오후까지 집에 붙어있는 엄마가 많지 않다. 설령 집에 있더라도 대개는 '래치키 아이'(latchkey kids, 부모님이 외출하거나 일을 하러 나간 후 집에서 혼자 지내는 어린이—옮긴이)'의 '엄마들'이다. 텅 빈 집에 가야 하는 아이들은 되도록 엄마가 집에 있는 친구 집이 더 끌리게 마련이다.

사실, 이른바 '전문가'가 래치키 아이들에게 그렇게 하라고 가르친다. 예컨대, 9~13세 어린이가 대상인 래치키 과정에서 이런 객관식 문제가 출제된 적이 있다.

수업 후 집에 가는데 차를 탄 아저씨가 따라오고 있는 것 같다. 어떻게 해야 할까?

① 가만히 서서 무엇을 하는지 지켜본다
② 빠른 걸음으로 집에 들어가 문을 잠근다
③ 이웃집에 가 있는다
④ 기타

정답은 ③이다. "집에 가서 문을 잠그더라도 따라올 수 있고, 도와줄 사람이 집에 없을지도 모르기 때문이다."

『엄마는 다 어딜 갔을까?Where Have All The Mothers Gone?』의 저자 브렌다 헌터Brenda Hunter는 래치키 아이였던 자신의 삶을 설득력있게 술회했다. "바깥 날씨가 아무리 화창해도 빈집은 항상 춥고 어둡고 외로웠다. 나는 항상 침대 밑을 살피고 옷장을 뒤지며 도둑이 집에 들어오지는 않았나 확인하곤 했다."

해방된 라이프스타일은 아내이자 엄마에게 각자의 일을 장려한 탓에 아이들에게는 외로움과 우울감과 빈집이라는 짐을 떠넘기고 말았다. 래치키 아이들은 엄마의 사랑을 간절히 바란다. 성공가도와 물질적 욕구는 접어두고 자녀의 행복에 '올인'할 수 있는 사랑을 두고 하는 말이다.

미 인구조사국은 변화하는 사회·경제적 추세를 조명하면서, 수백만의 엄마는 아직 물질보다는 육아가 더 중요하다는 증거를 보여주는 통계수치를 발표했다. 「결혼한 부부의 1981년 가계소득Earnings in 1981 of Married-Couple Families」이라는 특별 보고서에서 부부가 함께 사는 온전한 가족에 관한 통계를 공개했다. 국민 대다수가 이에 해당할 것이다. 기혼 부부는 4,960만 쌍(미국인 9,900만 명)으로 집계되었다. 단, 한부모 가족은 연구 대상에서 제외되었다.

배우자 중 한 명 이상이 취업한 부부 4,220만 쌍만 따져보면, 외벌이 가족(남편·외벌이 가장, 아내·전업주부)과 맞벌이 가족의 생활수준은 격차가 크다는 것을 알 수 있다. 남편은 직업이 있지만, 아내는 그렇지 않은 전통적인 가정 1,400만 가구의 평균 소득은 2만 2,300달러인 것으로 나타났다.

한편 맞벌이 2,630만 가구의 평균 소득은 2만 8,560달러이며, 둘이 모두 풀타임으로 일할 경우라면 3만 4,560달러까지 치솟는다. 이는 아내가 전업주부인 부부의 소득 수준이 현저히 낮다는 것을 보여준다. 전업주부는 노동 인구에 속한 여성보다 자녀가 더 많을 공산이 크므로 생활수준의 격차는 수치보다 훨씬 더 클 것이다.

국내 언론과 페미니스트 대변인들은 국민을 설득하기 위해 주야장천 노래를 부르고 있다. 이 시대의 어머니라면 의당 "일을 해야 하고" 정부는 어린이집을 '의무적으로should' 제공하여 이런 라이프스타일을 촉진해야 한다는 것이다. 하지만 인구조사국이 발표한 보고서에 따르면, 1,400만 명의 어머니는 이를 거부하고 소득 수준이 낮더라도 전통적인 어머니의 역할을 선택한 것으로 나타났다.

오늘날 수백만 명의 아내가 남편의 외벌이 수입으로 가족을 먹이고 입히기 위해 한 푼이라도 아끼고 절약하며 살고 있다. 돈으로는 살 수 없는 더 소중한, 엄마의 정서적 안정감을 주기 위해 노력하는 것이다. 이처럼 어머니의 역할에 헌신하겠다는 의욕은 세법과 사회 법규가 좌절시키기보다는 오히려 장려해야 마땅할 것이다.

그러나 연방 소득세법은 전업주부가 아니라, 직업을 선택한 아내에게 연간 수천 달러에 이르는 특혜를 제공하고 있다. 따라서 래치키 아동 문제를 해결하는 첫 관문은 취업한 아내에게 돌아가는 소득세법상의 혜택을 전업주부도 공평하게 누리는 것이리라.

1985

빅브라더는 빅마마가 되고 싶다

'조기교육'은 주 의회나 교육 세미나에서 자주 듣는 말이다. 공립 초등학교가 현대 사회에서 제 기량을 발휘하는 데 필요한 기술과 지식을 가르치지 못해 대중과 사립학교와 고용주의 실망이 큰 터라 교육 관료들은 "더 이른 나이에 아이를 학교에 보내라"는 집단 요구에 응하고 있다.

'조기'란 3세와 4세 아동을 위한 학교를 뜻한다. 지금은 희망자만 적용되겠지만, 나중에는 의무화할 방침이며 빈민가를 기점으로 차차 확대해나갈 계획이다. 일리노이주 의회에 제출된 한 법안은 아이가 '태어나자마자 유치원에 다닐 때까지' 학교가 수용해야 한다고 주장하기도 했다.

'조기교육'은 1985년에 검토한 포괄적 '교육개혁' 패키지에 작은 글씨로 몰래 삽입된 후로 아직도 유효하다. 교육 관료는 이처럼 비싸지만 혁신적이라는 계획을 뒷받침할 증거가 없는 까닭에 국민이 사태를 파악하기 전에 법안을 처리하고 싶어 할 것이다.

아이들이 좀더 이른 나이에 입학한다고 해서 더 똑똑해지거나 학업 성취도가 높아지거나, 혹은 또래 친구들과 더 잘 어울릴 수 있다는 증거 중, 검증이 가능한 것은 전혀 없다. 하지만 조기 취학이 도리어 피로감과 스트레스와 좌절감으로 이어져 나중에는 학습에 방해가 된다는 증거는 있다.

소아과학회는 현재 초등학교 1학년 어린이들에게서 '스트레스 관련' 증상이 급격히 증가하고 있다는 데 우려를 표명했다. 일부 학교에서는 1학년과 2학년을 위한 '스트레스' 과목을 개설하기도 했다!

터프츠대 학습심리학자인 데이비드 엘킨드David Elkind 교수은 조기교육이 아이를 '소진시킨다burning out'고 경고했으며, 캘리포니아대학의 윌리엄 로워William Rohwer 박사는 정규 교육을 훨씬 더 늦은 시기에 시작하라고 촉구했다. 로워 박사는 심층 연구 끝에 "고등학교 과정에서 학업성취에 필요한 모든 학습은 단 2~3년의 정규 학습으로도 달성할 수 있다"는 결론을 발표했다.

1학년 때 모든 학습은 하루 최대 2시간이 필요한데, 그렇다면 나머지 시간에는 학교에서 무얼 하고 있을까? 아이들은 또래 친구의 나쁜 습관을 배우고 세균에 감염된다. 최근 연구에 따르면, 유치원에 다니는 아이는 집에 있는 아이보다 병에 걸릴 확률이 15배 높고, 비행이나 폭력에 가담할 확률이 15배 더 높은 것으로 나타났다.

초등학교 5학년이나 6학년 이전에 부모보다 또래와 더 많은 시간을 보내는 아이는 또래 의존도가 강해진다는 증거도 허다하다. 또래 친구의 경쟁심과 조롱과 습관과 태도 및 가치관에 순응하는 요령을 습득하게 된다는 것인데, 결국 아이들은 그릇된 사고 및 행동에 영향을 받고 사회·도덕적 트렌드의 포로가 될 것이다.

아직 8세가 안 된 아이는 진학을 권하지 않는다는 소견으로 널리 명성을 얻은 레이먼드 무어 박사Dr. Raymond Moore는 조기에 입학한 아이에게 흔히 일어나는 특성을 다음과 같이 정리했다. ① 가족이라는 둥지를 떠나, 안전이 담보되지 않은 환경에 노출된다는 불확실성과 ② 교실이 주는 압박과 교칙에 대한 스트레스, ③ 뇌의 학습 역량이, 일정에 맞춰진 정규 수업과 압박을 처리하지 못한 데서 오는 좌절감과, ④ 좌절감에서 비롯된 긴장과 불안감, 과잉행동, ⑤ 성적 부진(낙오) 및 ⑥ 비행.

부작용은 여학생보다 남학생이 훨씬 더 심각하다. '(교육) 시스템system'상 남아는 더디게 발달해도 여아와 같은 나이에 입학해야 한다. 남학생이 여학생과 같은 나이에 유치원과 1학년에 입학하면 여학생보다 몇 배나 더 많은 남학생이 학업 성취도에서 낙오하거나 과잉행동 혹은 비행을 저지를 것이다. 오늘날 미국 고등학교를 살펴보면 정서장애 학급은 여학생 1인당 남학생이 8명이고, 교정학습 그룹은 여학생 1인당 남학생이 13명이다.

조기교육은 대다수 아이들의 피해를 크게 키우고 사내아이에게는 거의 극복할 수 없는 불이익을 가져다줄 것이다. 샘 게스Sam Guess 워싱턴주 상원의원은 방앗간 주인답게 비유로 조기교육의 정곡을 찔렀다. "파릇한 곡식을 갈면 가루가 나올 리 없다. 그저 씹는 껌만 얻을 뿐이다."

1986

어둠 속으로 크게 도약하다

1976년 지미 카터가 부통령으로 선출되기 전, 월터 먼데일Walter Mondale은 1971년 먼데일·브라데마스 아동발달법안Mondale–Brademas Child Development Bill의 공동 발의자로, 지역구인 미네소타주 밖에서도 매우 잘 알려져 있었다. 이 법안은 육아뿐 아니라 '종합적인 아동발달'을 목적으로 20억 달러 규모의 연방 보육기관 네트워크를 구축하는 내용을 담고 있었다.

월터 먼데일 상원의원(민주당·미네소타)과 존 브라데마스 하원의원(민주당·인디애나)은 지역구 주민들에게 이 법안은 1970년 백악관 아동현안회의 당시, "연방정부가 지원하는 공교육을 3세 아동에게도 제공해야 한다"는 권고에 근거한 것이라고 밝혔다. 아동현안회의는 "어린이집은 매우 중요한 시설이다. 생후 6개월부터 6세까지의 어린이를 돌보는 프로그램은 8,000시간 이상의 가치관과 두려움과 신념 및 바른 태도를 가르친다"고 설명했다.

먼데일·브라데마스법안은 리버럴과 페미니스트의 입김에 힘입어 의회는 통과했지만, 리처드 닉슨 대통령이 이를 거부하고 나섰다. 닉슨은 성명을 통해 이 법안을 "과격한 법안"이요, "어둠 속에 내디딘 큰 도약"이라며, "가족 관계의 변화로 이어질 것"이라 전망했다. 닉슨은

"훌륭한 공공정책은—사회적 태도와 양심이 형성되고, 종교적·도덕적 원칙이 처음으로 각인되는 중대한 시기라면—부모의 권위와 개입을 줄이기보다는 오히려 강화해야 한다"고 밝혔다.

1975년, 먼데일과 브라데마스는 연방정부가 육아 업무를 맡도록 재차 시동을 걸었다. 1975년 아동·가족서비스법안Child and Family Services Bill은 아동 돌봄서비스에 대한 철학적 원칙을 창출했다. 이를테면, 연방·주·지방 정부와 부모 및 지역사회 기관은 '파트너십'을 통해 자녀를 기르는 것이 '필수'라는 것이다.

아동·가족서비스법안은 '부모'를 '아동에 대해 일차적 책임이 있는 모든 사람'으로 재정의했다. 즉, 연방관료나 사회복지사, 혹은 아동을 감독할 수 있는 교사에게 부모의 권리를 이양하겠다는 뜻이다.

『뉴욕타임스』에 따르면, 1975년 아동·가족서비스법안은 "교육 단체들이 3세 아동부터 시작하는 보편화된 교육 프로그램 수립을 위한 첫 단추로 여긴다"고 한다. 또한 신문은 프로그램이 "수백만 명의 어린이들에게 공립학교를 개방하기 위한 첫 관문"으로 전미교육협회NEA와 미국교사연맹AFT의 지지를 받았다는 말도 덧붙였다. 호놀룰루에서 열린 미국교사연맹 전국대회를 계기로 작성된 『뉴욕타임스』 기사는 3세와 4세 아동을 공립학교에 배치하면 "교사의 취업에도 보탬이 되지만, 지능이 대부분 유치원 입학 전에 형성되기 때문이기도 하다"고 풀이했다.

따라서 권력층이 만 3세인 아이를 정부 기관에 보내고, 정부를 육아 '파트너'로 삼으려는 두 가지 이유는 첫째, 아이의 '가치관과 두려움과 신념 및 바른 태도'을 조성하고, 둘째는 실직한 교사의 일자리를 찾아주기 위함인 것이다.

1975년 법안은 민심이 크게 동요하고 의회에 서한이 쇄도한 탓에 폐기되었다. 아동·가족서비스법안에 대한 분노는 1980년 먼데일이 부통령 재선과, 브라데마스가 하원의원 재선에서 낙마할 때까지 지속되었다.

1984년 5월, 앞선 법안을 재탕한 학교시설보육법안School Facilities Child Care Act이 소수 의원만 참석한 가운데 하원을 통과했다. 법안을 발의한 의원은 제럴딘 페라로 의원(민주당·뉴욕)이었으며, 퍼트리셔 슈로더 의원(민주당·콜로라도)을 비롯한 다른 리버럴도 동참했다.

페라로 의원이 발의한 법안은 지역사회 단체와 지방정부 기관 및 교육자들이 방과 전·후 보육 프로그램을 대개는 공립학교에 설치할 수 있도록 연간 3천만 달러를 3년 동안 지원한다는 내용을 담고 있었다. 먼데일과 페라로는 1984년까지 국민 정서가 바뀌어 '육아는 개인이나 가족의 문제나 책임이 아니라 연방정부가 감당해야 할 공동의 책임'이라는 개념을 좀더 자연스레 인정하기를 바랐다. 아울러 그들은 노동 인구에서 엄마의 비율이 증가하는 경제 현상과 '래치키 아동' 문제에 대한 국민의 우려를 이용하여 연방정부의 목표를 실현할 수 있기를 내심 기대했다. 그러나 먼데일·브라데마스·페라로 계획은 다행히 수포로 돌아갔다. 부모는 대개 정부와의 '파트너십'을 통한 시간제 교사보다는 그 이상의 역할을 원하기 때문이다.

그럼에도 정부에 아이를 맡겨야 한다는 목소리는 사그라지지 않고 있다. 수많은 여성이 라이프스타일을 바꾸고 취업전선에 뛰어들었다. 아기는 분주한 직장 일정으로 불편을 겪고 있지만, 라이프스타일을 바꿔가며 빈집에 적응할 생각은 애당초 한 적이 없다. 전에도 그랬지만 지금도 아기는 까다롭다.

엄마들은 아이 봐줄 사람을 찾지만, 돈을 주고 쓰는 돌봄서비스는 가격이 만만치가 않다. 막대한 비용이 드는 결정적인 이유는 초등학교 교사는 한 반에 25명의 어린이를 가르칠 수 있는 반면, 미취학아동 교사는 평균 3명을 보살피고, 영아는 2명만 제대로 돌볼 수 있기 때문이다.

취업한 엄마는 비싼 돈을 줘가며 아이를 돌봐줄 사람을 찾고 싶지도 않다. 무료로 봐줄 사람을 찾거나 돈이 들면 육아 수당을 많이 받고 싶어 할 것이다. 그들은 어린이집 실비를 세금으로 충당하거나 동료 직원이 부담해주기를 바란다.

이보다 더 부당한 일이 있을까. 부모는 아이에게 예의도 가르쳐야 하지만 경제적 지원에 대한 책임도 있게 마련이다. 부모의 책임을 남에게 떠넘기겠다는 작자에게 보조금을 준답시고, 책임을 감당하는 사람에게 세금을 부담시킨다는 건 터무니없는 발상이다. 아이를 돌보는 저소득층 가정으로부터 세금을 걷어, 아이를 남에게 맡기는 고소득 맞벌이 부부에게 쥐어 주는 격이랄까.

사회는 외벌이 가장인 아버지와 전업주부로 이루어진, 전통적인 가족보다 더 나은 육아 방식을 설계하진 못했다. 이 같은 분업으로 비용이 절약되고 건강한 환경이 조성되고 있다. 아울러 아이들은 엄마의 '대상 항상성(object constnacy, 엄마가 눈앞에 있든 없든, 자신의 욕구를 충족해주든 그렇지 못하든 엄마에 대한 고정된 이미지를 간직하는 유아의 능력—옮긴이)'을 토대로 무럭무럭 자라고 있다.

1986

미국 사회의 두 계층

전통 가족은 1980년대의 시대착오적인 모습일까? 텔레비전과 라디오 토크쇼, 강연, 대도시 신문의 라이프스타일 섹션, 잡지, 연극·영화 및 여론 조사와 아울러, 사회 문화 트렌드를 보도하는 모든 채널이 그렇게 추정하는 것 같다. 이 암담한 메시지는 매주 노골적으로든 암묵적으로든 수천 가지 형태로 전달된다.

메시지의 경제적 측면을 보면, 아내들은 즉각 가정을 나와 돈을 받고 노동력을 제공할 터인데, 이런 추세는 경제적으로도 필요할 뿐 아니라 사회적인 선이기도 하다는 것이다. 외벌이 부부는 가족을 먹여 살릴 수 없으니 이제는 엄마도 "일해야 하므로" 가정을 지키는 아내는 이제 도도새처럼 멸종되었다는 말이 쉴새 없이 들려온다.

오만하기 짝이 없는 '여성운동'이라는 것이 여성을 고된 가사 노동에서 '해방'시켰고, 돈과 교환하는 노동력, 이를테면, 우주비행사부터 탄광 노동자까지 비전통적인(전에는 모두 남성이 장악했던) 업종에 취업할 기회를 제공한 듯싶다.

사회적 측면에서 볼 때, 성해방은 지속적으로 도덕의 기준을 바꾸고, 사회가 모든 성행위를 존중하게 했으며, 혈연과 혼인과 입양으로 맺어진 관계가 아니더라도 동거하는 집단은 모두 포함하도록 가족을 재정의했다. 이제는 연쇄 결혼(이혼으로 배우자를 자주 바꾸는 것)과 혼전 동거뿐 아니라, 동성애·레즈비언 커플을 비롯한 '생활양식의 대안alternate lifestyles'이 인정될 것으로 보인다. 성해방론자의 주장대로라면 십대 청소년의 혼전 성관계는 앞으로도 불가피한 현실이 될 것이다. 판단은 우리 몫이 아니니 부모 몰래, 혹은 동의가 없어도 피임과 낙태를 허용하면 죄책감과 임신에서 해방될 수 있을 것이다.

사람은 누구나 어느 시점에서는 이혼을 하게 마련이라고 들었다. 그러니 '한부모single parenthood'도 현대식 가족일 것이다. '속성이혼divorce on demand'은 배우자 중 누구라도 상대의 동의 없이 처리되어야 하며, '속성낙태abortion on demand'는 배우자(또는 미성년자인 경우 부모)의 동의가 없어도 모든 여성이 가능해야 마땅하다.

취업전선에 뛰어들고픈 엄마를 위한 어린이집과, 사생아를 낳은 청소년에게 제공할 주택과 넉넉한 생활비, 낙태 수술에 드는 비용, 그리고 부양 의무에서 해방된 남편과 이혼한 아내에게 쥐여 줄 풍족한 수당은 모두 혈세로 채워야 한다.

우리에게는 가치와 목표를 선택할 자유가 있다. 하지만 언론인들이 이런 반가족적 태도를 우리 목구멍으로 쑤셔 넣으려는 빈도와 강도(조롱과 풍자가 결합하는 경우가 더러 있다)를 보면 사회가 가치관의 변화를 수용해야 한다는, 감정적인 욕구가 감지된다. 그들은 전통적인 도덕 기준에 따라 사는 사람이 '시대에 뒤떨어진다'는 생각을 주입하기로 마음먹은 듯하다. 반가족적 발상은 커뮤니케이션의 판타지 세계는 장악했을지 몰라도 현실 세계에서는 성공한 적이 없다.

미국인은 결혼을 아프든 건강하든, 부유하든 가난하든, 평생 지켜야 할 서약으로 여긴다. 아울러 자녀가 아빠의 성을 따르고 엄마의 보살핌을 받을 수 있는 가족의 시초가 결혼인 것이다. 최근 조사에 따르면, 교회에서 혼인하고 정기적으로 교회에 출석하는 부부의 이혼율은 50쌍 중 1쌍인 것으로 나타났다.

미국 사회는 두 계층으로 갈라졌다. 계층을 구분하는 기준은 소득이나 교육 수준, 지위, 소질, 성별, 인종, 피부색, 혹은 금수저나 흙수저와는 무관하며, ① 도덕적인 가치(신이나 교회나 회당, 그리고 십계명을 존중하고)와 ② 가족의 가치(부부간의 정절, 엄마의 보살핌과 학부모의 교육권)와 ③ 직업윤리(근검절약, 저축 및 노동의 결실을 누리고 삶의 경제적 지위를 개선할 권리)에 헌신하느냐일 것이다.

오늘날 전통적인 신념을 지키는 미국인들은 소통 채널에서 거의 목소리를 내지 못하고 있다. 그렇다고 그런 미국인이 없는 건 아니다. 전통을 무용지물이라 주장할수록 미디어는 그만큼 신뢰를 잃을 것이다.

1986

남성 이해하기

아내가 직장을 다니고 남편이 가사와 육아를 전담하면 왜 안 되는 걸까? 대학 캠퍼스를 찾을 때마다 젊은 여학생들이 가장 많이 하는 질문이다. 물론 필자의 '정답stock answer'에 공감하진 않더라. "제 허락을 받을 필요는 없지요." 답변은 이렇다. "가사와 육아를 전담하고 싶은 청년을 만나면 그만입니다. 근데 평생을 찾아봤지만 그걸 흔쾌히 감당하겠다는 남자는 거의 없더라고요."

질문에 대한 실질적인 해답, 이를테면, 왜 그렇게나 많은 여대생이 그런 어리석은 질문을 하는지 답을 찾고 싶다면 조지 길더의 『남자와 결혼』을 읽어보라. 그는 민간 기업을 두둔하는 『부와 빈곤Wealth and Poverty』으로 베스트셀러 작가 대열에 합류한 바 있다. 길더의 책에는 필자가 남자 대학생들에게서 자주 받는 질문의 답도 나와 있다. "젊은 여성들은 남성으로부터의 독립과 경력에 집착하는 것 같은데, 왜 '돈과 … 좋은 직업과 … 유망한 경력'이 결혼하고 싶은 남성의 첫 번째 자질로 꼽힐까?" 아가씨들은 남성이라면 "감수성이 풍부하고" "자상하며" 기저귀와 설거지를 분담해 주기를 바라지만, 무엇보다도 높은 수입이 더 좋다고 말한다. 필 도나휴가 제시할 수 있는 자질은 가장provider 역할에 실패하면 무색해질 뿐이다.

『남자와 결혼』은 독특하다. 여느 책도 다루지 않는 근본적인 의문을 파헤치기 때문인데, 이를테면, 남성은 왜 결혼을 하며, 사회는 왜 부부관계와 가족 안에서 남녀의 서로 다른 역할에 의존하는지 답을 제시한다는 것이다. 지난 20년 동안 유행한 페미니즘은 남녀와 부부와 부모가 '호환'이 가능한 존재라는 그릇된 담론을 가르쳐

왔다. 길더는 풍부한 사회학적 지식을 동원하여 이것이 어불성설임을 입증한다. 남성과 여성은 본성도 다르고 목적과 기능도 각각 다르다. 이러한 차이를 이해하고 존중해야만 문명이 존재하는 것이다.

길더의 책은 두 가지 알레고리(allegory, 비유)로 생동감을 불어넣었다. 하나는 남자가 결혼하는 이유—총각으로 살면 자신과 사회는 어떻게 달라지는지도—를 밝히고, 또 다른 알레고리는 여성해방의 가장 큰 수혜자가 성공한 중년 남성인 이유를 빗대어 말한다. 조강지처를 스스럼없이 버리고, 출산이 가능한 젊은 아내를 얻어 호사를 누릴 수 있으니 말이다. 여성해방운동은 미국 사회에 지대한 영향을 미쳤다. 이혼율이 치솟고 낙태 건수가 2,000만을 기록하고 성별이 해체되는가 하면, 문란한 성관계와 비혼주의가 인정되기도 했다.

인구조사국은 올해 750만 명의 아버지가 사라졌다고 발표했다. 제1차 대전(292,131명)과 6·25전쟁(33,629명) 및 베트남전쟁(47,318명)의 전사자 수를 모두 합친 것보다 훨씬 더 많으니 재앙과도 같은 통계다. 자녀를 둔 가정의 4분의 1은 아버지가 없어 끔찍한 불이익을 당하고 있다. 아무리 많은 세금을 투입한들 개인과 사회가 감내해야 할 참극을 보상할 수는 없을 것이다. 야심한 밤, 외적이 도시에 침투해 아버지들을 학살한 것일까? 아니다. 여성해방과 성해방이 한 세대의 이성과 감성을 훔쳐 수백만 명의 남성과 여성을 결혼과 그 책임으로부터 '해방'시킨 것이다.

여성해방은 젊은 여성에게 아내와 엄마가 아니라 직장에서 성취감을 찾으라 일렀고, 성해방은 일부일처제라는 평생 약속 대신 일시적인 쾌락을 추구하라고 가르쳤다. 해방을 두둔하는 사람들은 아이가 치를 참혹한 대가는 경고하지 않았다.

『남자와 결혼』은 남녀 사이의 성공적인 관계, 이를테면 신비와 친밀감, 로맨스와 현실의 경이로운 관계를 설명하는 동시에, 전통적인 결혼이 안정적인 사회에 필수인 까닭도 제시한다. 청년은 모름지기 인생의 현실을 배워야 한다고 훈계하는 사람이 있다면 조지 길더의 책에서 강조하는 인생의 현실부터 배우라고 귀띔해주라. 이 책은 특히 젊은 여성이 읽어야 한다. 남자가 왜들 그러는지 알려주기 때문이다.

1986

잎은 더 하고 돈은 덜 번다

지난 세대에 나타난 사회 현상 중 하나는 아내와 엄마가 가정에서 직장으로 이동했다는 점을 꼽는다. 아내가 취업을 위해 집을 떠나면 가족의 실소득은 더 늘 것 같지만 연구에 따르면, 요즘 자녀를 둔 맞벌이 부부는, 아버지가 외벌이였을 때(어머니가 전업주부였던 시절)보다 실소득이 더 적은 것으로 나타났다. 즉, 이전 부모 세대보다 실소득은 적고 가족과 보내는 시간은 훨씬 더 적지만 근로 시간은 되레 더 늘었다는 이야기다.

미국은 지난 3년간 모든 경제 지표에서 성장세를 보였음에도, 미세대간형평성연구소Americans for Generational Equity의 필립 롱맨Phillip

Longman 팀장이 인구조사국의 통계를 바탕으로 베이비붐 세대의 경제 현황을 분석한 결과, 충격적인 사실이 드러났다. 생활수준이 부모 세대에 못 미치는 첫 세대가 그들이라는 것이다. 베이비붐 세대란 출산율이 급증했던 1946년에서 1964년 사이에 태어난 7천 800만 명의 미국인을 가리킨다.

일부 인구·통계학자들은 1973년을 남성의 경제적 지위에 대한 추세가 바뀐 분기점으로 보고 있다. 이때부터 남성의 소득이 감소하기 시작했다는 것이다. 베이비붐 세대와 그 부모 세대의 소득을 비교해 보자. 1973년 이전만 해도 젊은 남성은 승진과 급격한 소득 증가가 모두 가능했다. 예컨대, 1949년에서 1959년 사이, 당시 25세에서 35세 남성은—베이비붐 세대의 아버지 세대—평균 소득이 118퍼센트(10,800달러에서 23,500달러로) 증가했고, 1959년부터 1969년 사이에는 108퍼센트(13,900달러에서 28,900달러로) 증가한 것으로 나타났다.

1973년은 전환기였다. 1973년부터 1984년까지(11년) 25세에서 35세 사이의 남성(베이비붐 세대)은 평균 소득이 16퍼센트(21,200달러에서 24,600달러) 증가하는 데 그쳤다(인플레이션을 감안한 1984년 달러 기준).

그럼 이번에는 40~50세의 남성은 어땠는지 살펴보자. 1973년 이전, 해당 연령대의 남성은 주된 경력으로 이미 승진했어도 소득이 크게 오를 가능성이 없진 않았다. 1949년부터 1959년 사이 40~50세 남성(베이비붐 세대의 아버지)의 평균 소득은 34퍼센트 증가했고, 1959년에서 1969년 사이에는 29퍼센트 증가한 것으로 나타났다. 재차 말하지만, 1973년은 전환의 해였다. 1973년부터 1984년까지(11년) 40~50세 남성(베이비붐 세대)의 평균 소득은 2만 8,100달러에서 2만 4,100달러로 14퍼센트 감소했다.

현재 21세에서 40세인 베이비붐 세대가 입지를 잃고 있는 이유는 무엇일까? 수많은 변수가 작용한 결과로 봄직하다. 특히 1973년 석유 금수 조치로 촉발되어 지미 카터 대통령 시절 두 자릿수에 달했던 인플레이션과, 브래킷 크리프(Bracket Creep, 물가상승으로 명목소득이 늘어나면 납세자의 소득과 관계없이 높은 세율이 적용되는 것—옮긴이)와, 갑절로 인상된 사회보장세에서 비롯된 가파른 세금 인상이 주된 원인으로 꼽힌다. 세 번째 주요 요인은 미국 노동력이 급격히 확대되어 수요를 초과한 탓에 더 높은 임금을 지급할 필요가 없게 된 데 있다. 수많은 베이비붐 세대와 수백만의 여성과 수백만의 이민자가 고용 시장에 유입되면서 노동력이 대거 공급된 것이다.

1973년은 실질소득의 전환기이기도 했다. 2만 8,167달러를 정점으로 1984년에는 2만 6,433달러까지 떨어진 것이다. 소득이 감소하자 베이비붐 세대는 다양한 방식으로 대응했다. 결혼을 미루고 자녀를 적게 낳고 늦게 낳았다. 가장 중요한 사실은 수백만 명의 아내가 취업전선에 뛰어들면서 가족의 실질소득이 더는 감소하지 않았다는 것이다.

한편 생필품 가격은 급격히 상승했다. 가정 및 차량용 연료 가격은 50퍼센트 이상 올랐는데, 가장 큰 폭으로 상승한 것은 주택이었다. 1949년에는 30세 남성이 월 소득의 14퍼센트만 주택 대출을 상환하는 데 썼지만, 1983년에는 월 소득의 44퍼센트를 지출했다.

1974년 신용기회균등법Equal Credit Opportunity Act이 발효되면서 은행은 담보 대출금의 월 상환액을 결정할 때 '두 배우자의 소득'을 감안해야 했고(이에 따라 매입할 수 있는 주택의 가격도 결정되었다), 집을 사는 데 돈을 두 배로 투자할 수 있다는 그릇된 인상이 퍼지자, 주택 가격은 천정부지로 치솟기 시작했다. 신용대출로 더 비싼 주택을 매입하려 했기 때문이다. 젊은 부부들은 대개 성공하려면 두 사람의 소득이 필요하다고 생각한다. 하지만 실제 형편은 그보다 훨씬 더 열악할 것이다. 둘의 실소득을 합해도 아버지가 비슷한 나이일 때 혼자 벌어들인 소득보다 적을 가능성이 크니까.

1986

정부가 엄마를 위해 해야 할 일

오늘날 출산·육아비와 관련하여, 국민이 감당해야 할 가계부담에 대해 연방정부가 관심을 가져야 한다고 생각하는가? 당연히 그렇다. 의회는 우선, 어떤 아이와 엄마는 차별하고, 어떤 아이와 엄마에게는 특혜를 주는 차별은 없애야 할 의무가 있다고 본다.

여러 집단에 대한 사실상의 차별은 여전히 존재하지만, 일부 지역과 소수자에 대한 법적 차별(법에 명시된 차별)은 거의 사라졌다. 인종과 신앙, 피부색 및 성별에 따른 법적 차별은 법정에 서는 일도 거의 없거니와, 의회나 주정부 차원에서 차별 조장하는 법안을 발의할 배짱 있는 의원을 찾기도 어렵다.

그러나 미국인 중에는 심각한 차별을 공공연히 감내하고 있는 계층이 하나 있다. 1,600만 명에 달하는 전업주부를 두고 하는 말이다. 차별은 소득세법에서 가장 노골적으로 드러난다. 물론 차별적인 조항을 두둔하는 사람은 아무도 없다만, 공무원과 언론인들은 언급을 자제함으로써 문제를 회피하고 있다.

소득세법은 아이를 돌보는 엄마는 차별하고, 유로 돌봄서비스를 이용하는 엄마에게는 유리하다. 이렇게나 부당한 법안을 의원들이 어떤 배짱으로 통과시켰을지 자못 궁금해진다.

1986년 소득세 신고서 양식 1040호 41번째 줄과 첨부 양식 2441을 보면 직접 확인할 수 있다. 15세 미만의 자녀를 남에게 맡기면 첫째 자녀는 최대 720달러, 둘째 이상은 최대 1,440달러까지 소득세가 면제된다. 그럼 자녀를 직접 돌보는 어머니는 어떨까? 이런 세제 혜택을 받지 못한다.

어떻게 이런 법이 공론화 과정도 거치지 않고 연방법에 명시될 수 있었을까? 군이 해명을 하자면, 맞벌이 부부는 연평균 소득이 외벌이 부부보다 1만 1,000달러 더 많기에 세금 감면과 우대 혜택을 적극적으로 요구하지만, 직장을 다니지 않는 엄마는 자신의 요구를 공개적으로 알리기가 어려울 수 있다. 또는 사회복지기관이 정부지원 보육서비스의 수요를 좀더 늘리기 위해 로비를 벌였을 가능성도 있다.

차별을 시정하는 한 가지 방법은 육아 수당을 '보편화'하는 것이다. 이를테면, 엄마가 취업을 했든, 전업주부든 관계없이 모든 아동이 보편적으로 혜택을 받게 하면 된다는 이야기다. 6세 미만 아동

1,900만 명에게 1인당 500달러씩 지급하면 공정과 효율성을 모두 기대할 수 있을 것이다. 혹자는 "근데 너무 비싸지 않아요?"라며 반론을 제기할지도 모르겠다. 너무 비싸다고? 차별에 대해서는 비용을 운운해선 안 된다. 세금이 투입되는 문제라면 비용보다는 공정이 훨씬 더 중요하다.

육아 수당을 포기하는 대신 세금 감면 액수를 1,000달러 인상하는 방안도 있다. 그러면 2,000달러에서 3,000달러로 올릴 수 있을 터인데, 비용 논쟁이 다시 벌어지면 면세 혜택을 15세 미만이나, 혹은 6세 미만으로 제한하라. 사실, 오늘날의 소득세 제도에서 어린이가 35년 전과 가치가 같다면 감면액은 5,000달러가 되어야 한다.

전업주부를 차별하는 소득세법의 또 다른 규정은 개인연금계좌(이하 IRA)이다. 양식 1040호, 26번째 줄에서 직접 확인해 보라. 남편과 아내가 모두 직장인이면, 연간 총 4,000달러를 IRA 계좌에 예치할 수 있지만, 아내가 전업주부(국세청은 '비근로 배우자non-working spouse'로 오기)면, 부부는 총 2,250달러만 IRA 계좌에 넣을 수 있다. 그러니 매년 1,750달러뿐 아니라 IRA에 누적된 소득도 차이가 벌어질 수밖에 없는 것이다.

전업주부도 직장인과 마찬가지로 노년기에는 자금이 필요하게 마련이다. 노후를 대비해야 할 전업주부가 IRA에 비과세 자금을 저축할 기회가 거부되는 이유는 무엇일까?

1987

포르노 피해자들

사람이 공공장소에서 성행위를 하거나 옷을 다 벗거나 대소변을 보면 체포될 것이고, 체포되어야 마땅하다. 몇 건의 법률을 위반하는 것도 문제지만 법은 차치하더라도 사람들이 눈살을 찌푸릴 게 뻔하다. 이런 행위는 사적인 공간에서는 모두 합법이지만 공공장소에서는 허용되지 않는다.

공공장소와 아울러 사적 공간이라도 누군가를 강간·폭행하거나 구타한 사람은 체포될 것이고, 체포되는 게 당연하다. 성폭행과 몽둥이질, 구타, 그리고 원치 않는 신체 접촉은 법에 어긋나므로 사회가 가해자를 처벌할 것이고, 그래야 마땅하다.

하지만 이런 행위를 찍은 사진을 보여주는 것은 위법이 아닌데 왜 그럴까? 지면이나 영상으로 가공된다고 해서 사회가 이를 용인해도 되는 걸까?

질문에 "그렇다"고 하는 사람은 수정헌법 제1조를 내세워 불법을 포장한다. 그들은 '검열'을 들먹이며, 불법 행위를 공공연히 전파하는 것을 막고 영리를 끊어내려는 사람들을 되레 겁박한다.

이번에는 두 번째 물음(지면이나 영상으로 가공된다고 해서 사회가 이를 용인해도 되는 걸까?)에 한 가지 가정을 덧붙여 보겠다. 불법 행위의 대상이 흑인이나 유대인, 아메리카 원주민 혹은 아동뿐이라면 어떨까? 지난 25년 동안 발전해온 모든 민권법과 소송절차가 무자비하게 작동하지 않을까? 지면이나 영상 기록물이라 하더라도 사회적으로 용납

될 수 없다는 것이 일반적인 통념이므로, 출판사와 정기 간행물 발행처와 엔터테인먼트 회사 및 유통업체는 폭력적인 인종 차별을 암시하는 문헌이나 영상을 무모하게 공개하진 않을 것이다. '검열'이라는 목소리가 나오더라도 말이다―물론 검열도 아니지만.

그렇다면 강간이나 폭행, 구타, 성희롱, 혹은 학대의 표적이 여성일 때는 왜 이런 행위가 위법이 아닐까? 여성이 피해자라는 이유만으로 이런 행위가 사회적으로 용납될 수 있을까? 가해자의 자유가 피해자의 권리에는 우선한다는 것일까?

미국은 대기질과 수질을 정화하기 위해 끊임없이 노력해왔다. 아무리 합법이거나 타당하거나 혹은 필요한 사업이라 해도 모두가 호흡하는 공기나 마시는 물을 오염시켜서는 안 된다는 것이 사회적 통념이다. 오염을 일으킨 장본인은 법적 조치뿐 아니라 사회적 비난으로 커다란 압박을 느끼게 마련인데, 특히 산업 현장에서 내뿜는 역청탄 연기와 흡연자의 담배 연기로 대기가 오염될 때 대개는 사회적 비난이 법적 제재보다 강도가 더 컸다.

그렇다면 폭력 및 변태적인 사진으로 사람의 마음을 오염시키는 것이 법과 사회적 통념에 어긋나지 않는 이유는 무엇일까? 오염을 두둔하는 자들은 사회가 정신적·도덕적인 오염과 반사회 및 파괴적인 행위로부터 자신과 가족과 자녀를 보호할 수 있다는 주장만 해도 게거품을 물며 "검열"을 외친다.

"검열"을 외치는 작자들은 연간 80억 달러 규모의 포르노 산업과 앞서 열거한 행위로 돈을 버는 사람이 전부다. 이를테면, 미디어―특히 영화 광고를 게재하는 대도시 신문사와, 텔레비전 방송사 및 케이블방송사—와 엔터테인먼트 업계와 낙태 클리닉을 비롯하여, 포르노 제작자의 기부금이나 수수료로 운영되는 단체(이를테면 미 시민자유연합), 그리고 삶이 망가진 사람들의 숫자를 늘려 커리어를 쌓는 수많은 사회복지 관련 업체가 여기에 포함된다.

포르노는 막대한 수익을 창출한다. 포르노 사업에 뛰어든 사람은 여느 투자자보다 더 높은 수익을 얻을 수 있다. 유통업체는 대개 다른 어떤 상품보다 음란물에 더 높은 이윤을 남긴다. 포르노는 자체적으로 조성한 자금을 바탕으로, 자체 광고와 자체 홍보 캠페인 및 대행사를 통해 변태 행위를 수정헌법 제1조로 포장하고, 이에 반기를 든 사람은 "검열관censors"이라는 오명을 씌우며 흑색선전을 벌이고 있다.

1986년 중반 법무부 산하 음란물위원회Commission on Pornography가 보고서를 발표하자, 언론은 "검열"과 "금서조치"라며 반발했고, 보고서가 수정헌법 제1조와 "읽을 권리"를 침해할 것이라는 주장도 쇄도했다. 이렇게나 진부한 레퍼토리는 포르노 제작자들이 기획한 광고 캠페인의 일부였다.

워싱턴 DC에서 가장 큰 광고업체인 '그레이 앤 컴퍼니Gray and Company'는 포르노 제작자 협회에 제안한 계약서(6페이지 분량)를 바탕으로 수익성 높은 계약을 따냈다. 그레이가 보낸 서한에는 90만 달러로 추정되는 대규모 홍보를 위한 두 가지 주요 전략이 명시되어 있었다. 첫째는 "특정 도서와 잡지, 신문, 영화, 텔레비전 방송, 연설 및 공연을 금지하는 캠페인은 모든 이의 자유를 위협한다는 점을 국민에게 설득하려 했다"는 것이다. 서한에는 '일선' 그룹—'읽을 권리를 위한 미국인Americans for the Right to Read'이나 '수정헌법 제1조 연합The First Amendment Coalition'이라는 그럴싸한 조직명을 붙여—을 투입하여 "음란물위원회의 신뢰를 떨어뜨리려는" 계획도 기록돼 있었다.

둘째, 그레이 앤 컴퍼니의 광고 전략을 보면 포르노를 반대하는 목소리는 "계획·목표가 미국의 주류 사회를 대표하지 않는 종교적 극단주의 집단"에서만 나온다는 점을 지적하는 동시에, 종교적 "극단주의 압력단체"가 "편협한 도덕적·사회적 아젠다를 다수에 강요한다"는 주장을 거듭 반복했다.

그레이 앤 컴퍼니는 이 두 가지 주제를 공개 토론의 '프레임'으로 삼기 위해 엄청난 자금을 쏟아가며 기자 회견 일정을 잡고, 주요 신문·잡지에 '광고성 기사advertorials'를 내는가 하면, 텔레비전·라디오 뉴스와 공영방송 및 토크쇼 등을 활용하려 했다. 포르노를 다룬 토론 방송을 보거나 들어보면 폭리를 취하는 포르노 제작업체가 노골적으로 혹은 은밀하게 심어놓은 유료 정치 광고라는 확신이 들 것이다.

그렇다면 이 작자들은 정말 검열에 반대할까? 음란물 광고와 수익을 감추기 위한 위장 전술은 아닐까? 실은 "검열"을 외치며 포르노를 두둔하는 사람들이야말로 무소불위의 검열관이다.

법무부 산하 음란물위원회는 1985년 6월 19일부터 1986년 1월 22일까지 6개의 대형 미디어 센터—워싱턴 DC와 시카고, 휴스턴, 로스앤젤레스, 마이애미 및 뉴욕—에서 청문회를 개최했다. 주제는 시의적절하고 중요하면서도 논란의 여지가 있는 것이었다. 증인으로 법 집행관과 내과의, 임상의, 심리학자, 정신과 의사, 사회학자, 영화 제작자, 출판업자, 의회 의원 및 피해자가 채택되었다. 그러나 정작 청문회에서는 피해자를 보도한 공중파 방송이나 뉴스 매체는 전혀 없었다. 미국의 거대 뉴스 매체들이 피해자의 증언을 보도하지 않은 것이다. 청문회가 끝날 무렵, 속기록은 약 3,000페이지에 달했지만, 이 충격적인 증언을 애써 공개하고 대중에 알린 사람은 없었다.

최악의 검열이었다. 청문회에서 나온 핵심 정보를 대신할 만한 자료가 없었기 때문인데, 이처럼 포르노 제작자들은 검열을 통해 포르노가 "피해자 없는 범죄"라는 의식을 전파할 수 있었다. 물론 포르노가 피해자 없는 범죄일 리는 없다. 본디 포르노 피해자는 항상 '당하는 입장subordinate'이기 때문이다. 학대를 당한 사람이 있는데 학대했다는 사람이 없다는 건 어불성설이다. 포르노는 과거의 학대를 적나라하게 그려, 미래의 학대를 조장하는 도구가 된다.

음란물위원회는 피해자가 목격담을 증언할 기회를 최초로 제공했다. 증언은 유쾌하지도 않거니와 위안이나 재미를 주지도 않는다. 추악하고 암울한 이야기뿐이다. 피해자들 모두 잘못이 아주 없지는 않다손 치더라도 음란물 범죄는 해결책이 필요하다. 피해자의 증언은 포르노가 타락을 조장하고, 통제를 벗어난 포르노는 타락으로 이어질 수밖에 없다는 것을 입증했다. 증언에 따르면, 포르노는 중독성이 있으며 중독된 사람들은 더 기괴하고 변태적인 포르노를 찾고, 피해자에게는 더 냉담해진다고 한다. 피해자가 아내라도 그렇다는 것이다. 포르노는 안정적인 부부관계를 갈라놓는 가증스러운 적이다.

포르노는 여성 개인이나 전체에 대한 의식과 태도를 바꾸고, 남성의 감각을 떨어뜨려 예전 같으면 혐오스러워 상상할 수조차 없었던 것을 수용하고, 심지어는 이를 바람직한 것으로 착각하게 만든다. 한때의 환상은 현실이 되고 만다. 어느 시인의 말마따나, "진실은 진실이다. 이를 밝히면 악마는 수치를 느낄 것이다."

1987

가정폭력은 모두의 관심사다

"가정과 가정생활은 미국이 물려줄 유산의 핵심이다. 가족의 유대감은 과거의 연결고리와 미래에 대한 희망을 준다. 가족 내에서 전통이 만들어지고 개인이 성장하며 신앙이 길러지는 것이다." 로널드 레이건 대통령이 1984년에 한 말이다.

수백만 가정의 안정은 은밀한 그늘에서 기승을 부리는 범죄로 위협받고 있다. 가정폭력은 세대를 거듭하며 참극이 벌어지기 전에는 누구도 보지 않고 말하지 않으며 대처하지 않는 범죄였다. 대다수는 일면식도 없는 사람이 자행하는 폭력이 두려움의 주된 원인이지만 일부 국민은 가족을 극심한 두려움의 원인이라고 본다. 굳이 집 밖을 나오지 않아도 학대와 폭행을 당하거나 불구나 변사체가 된다는 것이다.

아내나 자녀를 학대하는 사람은 대개 가장이다. 가족을 먹여 살리고 안전을 책임져야 할 가장이 되레 불안감을 조장하기도 한다. 그러면 가정은 안식처가 아니라 절망과 모욕과 폭력이 난무하는 감옥이 될 것이다. 여성을 밀치고, 주먹으로 때리고, 발로 차고, 두드려 패고, 뺨을 때리고 흉기로 찌르는 일이 있는데, 일부는 목숨을 잃기도 한다. 1986년에 벌어진 살인 사건은 약 20퍼센트가 가족이 범행을 저질렀다고 한다.

여성이 단 한 번만 피해를 입는 것은 아니다. 학대는 단일 사건으로 끝나는 경우가 거의 없다. 전미범죄연구소The National Crime Survey에 따르면, 1978년부터 1982년까지 가정폭력을 당한 피해 여성은 특히 당국에 신고하지 않는 경우, 재차 피해를 당할 확률이 상당히 높은 것으로 나타났다. 피해 여성 중 약 3분의 1이 6개월 이내에 거듭 학대를 당했다고 한다.

개인적인 가족 문제로 치부해 신고를 꺼린 사람은 통계에 포함되지 않았다. 사법 당국은 배우자 폭행을 미국에서 가장 적게 보고되는 범죄로 간주한다.

가정폭력은 경제에도 영향을 준다. 가정폭력으로 부상을 입으면 연간 30억~50억 달러의 기업 손실이 발생하는 것으로 추정된다. 여기에는 의료와 응급 지원 및 후생 등, 범죄로 발생하는 다른 비용은 포함되지 않았다.

미국인은 대개 가정폭력이 매우 심각하고도 현실적인 문제라는 사실을 인정하고 싶어 하지 않는다. 어찌 된 영문인지, 우리 사회는 가정폭력이 시대의 비극이라는 점을 인정하지 않겠다는 집단의식이 있는 것 같다. 우리는 폭력을 외면하거나, 되레 피해자를 비난하거나, 편을 가르기 일쑤고, 이 참담한 문제가 학대의 대물림으로 발전하도록 내버려 두는 성향이 있다. 폭력이 이웃과 지인, 심지어는 우리 가족에게도 악영향을 준다는 사실을 깨달아야만 가정폭력 근절에 앞장설 수 있을 것이다. 범죄를 덮거나 범죄 뒤에 숨는 것은 이를 저지르는 것만큼이나 그릇된 행위가 아닐까 싶다.

『뉴포트 뉴스(버지니아) 데일리 프레스타임스 헤럴드the Newport News (Virginia) Daily Press-Times Herald』의 톰 클리퍼드Tom Clifford는 "가정폭력 피해자들은 공포의 폭정 속에 살고 있다"고 말한다. 그들은 갈만한 은신처도 없거니와, 자신의 이야기를 진심으로 들어줄 사람도 없다고 단정해 비참한 궁지에 몰려 있으며, 자신과 사회가 안긴 죄책감을 망토처럼 걸치고 있다.

가정폭력은 단순한 정치적 이슈가 아니다. 가족을 살리는 문제요, 남성의 문제이자 여성의 문제며, 교회의 문제이기도 하고 시민의 문제와 범죄의 문제이기도 하다. 가정폭력은 모두의 문제다. 우리는 모두 가정폭력에 개입하고 이를 예방하며 피해자를 지원·보호하기 위해 적극 나서야 한다. 우리의 생활뿐 아니라, 미국의 위대성을 드높이는 가치가 후세에도 지속되기를 바란다면 가정폭력은 모두가 책임져야 할 인권 문제일 것이다.

1987

페미니즘 이데올로기와 육아

페미니즘 운동이 젊은 여성에게 비현실적인 기대감을 불러일으킨 것은 너무도 애석한 일이다. 페미니즘 대변인들은 꾸준히 설교를 늘어놓고 있다. 이를테면, 가사는 남편과 분담해야 하고 육아는 사회가 이를 위한 보조금을 지원해야 하며, 집안일—건강한 식습관과 청결을 장려하여 가정이 가정답게 돌아갈 수 있도록 한다—은 대학물 먹은 여자가 감당하기에는 아주 비천한 잡무라는 것이다.

페미니즘 이데올로기는 아기 보는 것이 여성비하이므로 엄마의 역할을 없애고, 여성이 취업을 통해 자아를 실현해야 하니 정부가 육아를 책임져야 한다고 가르친다.

더 큰 문제는 여성 문제 해결이 다른 누군가의 의무라는 생각을, 페미니즘 운동이 널리 퍼뜨렸다는 데 있다. 그렇다면 개인의 책임은 없다는 말인가? 가족이 구성원에게 제공해온 신체·정신적 지원과 금전적 지원은 다 사라졌다는 말인가?

보조금을 압박하는 장본인은 소득은 넉넉하지만, 비싼 민간 보육료에 분노하는 취업 여성이 대부분이다. 이는 소아과 의사인 수전 아델만Susan Adelman 박사(디트로이트)가 최근 『아메리칸 메디컬 뉴스American Medical News』에 기고한 논평—「의료기관은 여의사의 요구를 들어야 한다Medical organizations must meet the needs of women physicians」—에서 여실히 드러난다.

수전 박사는 속내를 솔직히 털어놓았다. "여의사는 대개 뭘 바랄까요?" 그녀가 운을 뗐다. "답은 단순합니다. 아내예요." 그렇다, 읽은 그대로다. 박사가 말을 이었다. "여의사가 필요한 건 집안일과 음식 준비와 아이 보는 일을 도와줄 사람이죠."

수전 박사는 자신의 소견을 피력하기 위해 확신에 찬 어조로 글을

써 내려갔다. 여성 회원을 좀더 유치하려면 미국의사협회American Medical Association와 산하 학회가 여의사에게 가사 도우미를 제공해 집 청소의 부담을 덜어주어야 한다는 것이다. 지역 및 주 의사회는 여의사가 손수 요리를 하지 않아도 되게끔 케이터링 서비스를 제공해야 한다.

박사는 병원이 보육서비스를 제공하여 자녀도 돌볼 필요가 없어야 한다고 밝혔다. 또한 병원과 기타 고용주들이 여의사의 급여 이상으로 가정부나 돌봄서비스를 제공할 때는 세금 감면 혜택도 받아야 한다고 덧붙였다.

수전 박사는 자신의 요구를 관철하기 위해 투쟁에 가까운 태도를 보였다. 여성 회원이 필요한 의사회와, 여의사의 환자가 필요한 병원에 말하기를, "'아내' 서비스를 제공해야만 여의사가 가입한다는 사실을 밝힐 때가 왔다"는 것이다.

우리가 사는 세상에는 의사나 변호사나 기업 임원을 시켜주고, 아무리 높은 연봉을 준다 한들 여성의 '아내'가 되기를 바라는 사람은 많지가 않다. 우리가 사는 세상에는 집안일과 요리와 육아를 기꺼이 하는 남편은 많지 않으며, 아내가 남편을 위해 흔쾌히 하는 의무 중 상당수를 기탄없이 감당하겠다는 남편도 거의 없을 것이다.

미국 사회는 수많은 문제에 봉착해 있으며, 불우한 이웃은 어떻게든 도움의 손길이 필요하다. 하지만 남이 가정부와 요리사와 돌보미를 얹어주기만을 바라는 전문직이나 비즈니스 여성의 고충은, 남이 구제책을 마련해야 하는 민원 리스트에 등록돼선 안 된다. 외과의는 가사 도우미와 돌보미 서비스를 직접 고용할 수 있을 만큼은 번다.

그러니 울보족 같은 짓은 그만두고, 스스로 선택한 직장 생활의 보조금을 애먼 사람에게 요구하지는 말자.

1988

아이가 있어야 할 곳은 가정이다

영유아가 있어야 할 곳은 집이며, 아이와 엄마의 돈독한 유대감과 애착을 대신 조성할 수 있는 장소는 없다는 연구 결과가 점점 쌓이고 있다. 유아기에 안정적으로 형성된 애착은 자립심과 자기절제의 근간이 되고, 궁극적으로는 성숙한 대인관계를 발전시킬 역량과 자립할 힘을 제공한다.

런던 타비스톡 클리닉Tavistock Clinic의 아동 심리학자 존 보울비 John Bowlby에 따르면, "육아의 주된 목표는 아이에게 평생 가는 안정감을 주는 데 있다"—이를테면, 세상을 돌아다니다가 언제 돌아가도 반갑게 맞이하고 허기진 배를 채워주고 위안과 안정을 누릴 수 있는 기반을 두고 하는 말이다—고 한다. 보울비는 '애착 이론'의 중요성을 강조하는 심리학자 중 하나다. 돈독한 정서적 유대감을 형성하는 능력과 정신건강, 그리고 자신의 역할을 감당하는 힘은 부모와의 애착 중에서도 특히 엄마와의 신체적·정서적 접촉의 강도와 양상에 따라 달라진다.

버지니아대학의 메리 에인스워스Mary Ainsworth와 캘리포니아대학의 메리 메인Mary Main 및 미네소타대학의 앨런 스루프Alan Sroufe의 연구에 따르면, 영유아기에 발달하는 애착 패턴은 엄마의 준비성뿐 아니라, 자녀가 보내는 신호를 민감하게 감지하고 안정 및 보호 욕구에 정확히 반응하느냐에 영향을 받는다고 한다.

엄마가 항상 곁에 있고 행동에 반응해주고 도움이 된다는 확신이 생길 때 아이는 안정적인 애착 패턴을 형성한다. 심층 연구에 따르면, 생후 12개월까지 형성된 애착 패턴은 아이가 어린이집에서 행동하는 방식뿐 아니라, 청소년과 성인과 부모가 되었을 때의 행동 방식까지도 예측할 수 있다고 한다.

과학적·의학적 증거가 엄마의 일관된 준비성이 중요하다는 것은 보여주지만, 그렇다고 완벽한 엄마가 필요하다는 뜻은 아니다. 미국에서 벤저민 스팍 박사만큼이나 영국에서 영향력이 컸던 소아과 의사 겸 정신분석가인 도널드 위니콧Donald Winnicott은 "(완벽하진 않더라도) 비교적 양호한 엄마 노릇good-enough mothering"으로도 안정적인 애착 조건이 충족된다는 것을 입증했다.

위니콧은 아기를 포근하게 '안아주는 것'이 정서 발달에 필수이며 아이의 공감 능력을 발달시키는 데 매우 중요하다고 밝혔다. 아이는 엄마가 '착하고 행복한good and happy' 사람이라는 것을 몸소 체감해야 하고, 자신도 엄마에게 '착하고 행복한' 아기라는 것을 의식하고 있어야 한다. 나중에 아기는 엄마가 없을 때 이런 이미지를 내면화함으로써 자신을 위로하기 때문이다. 착하고 행복한 이미지는 아이가 성인이 되어 다른 사람을 위로할 때 쓸 수 있는 자원이 될 것이다.

펜실베이니아 주립대학교의 심리학자 제이 벨스키Jay Belsky(전에는 어린이집을 두둔했다)의 결론은 이렇다. 최근 연구 결과가 보여주듯, 어린이집은 "불안정한 유아·부모의 애착과, 반항심 및 공격성 발달의 위험 요인"이라는 것이다. 벨스키가 관찰한 어린이집 아동의 절반은 엄마와의 애착 관계가 불안정했고 불쾌한 행동이 다양한 양상으로 나타났다.

물론 모든 아동의 비행을 어린이집 탓으로 돌릴 수는 없다. 벨스키는 이른바 어린이집의 '생태'를 밝혔다. 이는 아동을 둘러싼 전반적인 환경을 뜻하며, 여기에는 엄마와 아빠의 정서적 태도 및 능력과 가족의 사회경제적 형편, 그리고 엄마가 아이와 만났을 때의 행동 등이 포함된다.

최근 다른 학자들이 실시한 연구에 따르면, 엄마 없는 육아의 가장 큰 적신호는 장기간 혹은 빈번한 분리에 따른 엄마·영아 애착의 부재라고 한다. 어린이집에 맡긴 아이는 잘 울고, 자주 말썽을 일으키고, 친구와 어울리지 못해 외톨이가 되고, 또래의 영향을 쉽게 받을 뿐 아니라, 어른 말을 안 듣고, 과제를 중도에 포기할 확률이 비교적 높다. 어린이집이 모든 아이에게 해가 된다고 단정할 수는 없지만 상당한 수준의 고민거리와 갈등을 더한다는 것은 분명한 사실이다.

1989

마미트랙과 선육아후취업

1989년 1월~2월, 『하버드 경영리뷰』에 실린 펠리스 슈워츠의 글이 '마미트랙mommy track' 논란을 불러일으켰다. 그녀에 따르면, "출산은 문화보다는 생물학으로 접근해야"하며 단순히 해산에서 그치는 것이 아니라, 임신에서 유대감 형성을 거쳐 육아로 이어지는 연장선이라고 한다.

페미니스트는 남성과 여성의 역할이 다를 수 있다는 점을 암시하는 용어에 불쾌감을 느끼며, 사회가 엄마에게 육아를 기대하는 것 자체가 여성 탄압이라고 생각한다. 그들에게 '역할'은 더러운 욕설에 불과하다.

슈워츠는 공인자격을 취득한 커리어 우먼으로, 경력과 엄마를 둘러싼 딜레마의 해결책을 제시했다. 이를테면, 관리직 여성 임원에게는 업무에 100퍼센트 집중하는 남성만큼의 성과를 어리석게 기대하지 말고 '엄마 역할에 충실'하라는 것이다. 페미니스트들은 이런 이단사설 같은 주장에 분노했다—꼬마가 이런 심정으로 "임금님이 벌거벗었다"고 말하지 않았을까 싶다. 팻 슈로더 하원의원은 이를 "참담하다tragic"고 비난했고, 다른 페미니스트 대변인들은 분노에 찬 편지를 쓰며 워드 프로세서를 뜨겁게 달구었다.

슈워츠는 페미니스트식 관점을 갖고 있다. 그래서 일부 여성이 '경력 지상주의자career primary'여도 괜찮다는 점을 인정하고 그들도 남성과의 경쟁에서 정상에 오를 기회를 잡아야 한다고 주장한다. 하지만 기업이나 전문직으로 성공하려면 여성에게 좀더 많은 시간과 희생이 필요하므로 "독신으로 살거나, (결혼해도) 자녀를 갖지 않거나, 설령 자녀가 있더라도 남이 돌보는 데 만족해야 한다"는 것이다.

슈워츠의 주장에 따르면, 대다수 여성은 파트타임이나 유연 근무나 일자리 공유, 혹은 임금과 승진율이 낮은 '마미트랙'을 제공하면 직장을 계속 다닐 사람들이라고 한다. '일과 가정을 겸비한 여성'이랄까. 슈워츠는 "일과 가정을 모두 포기하지 않겠다는 여성은 전적으로 그런 희생을 감수할 의향이 있다"고 밝혔다. 기업으로서는 유능한 엄마를 계속 고용할 수 있고, 훗날에는 이들에 대한 투자수익을 실현할 수 있어 현명한 비즈니스라는 것이다.

한편, 『아메리칸 메디컬 뉴스』는 '의학+모성Medicine+Motherhood'이라는 기사에서 '선육아후취업sequential careers'에 성공해 이를 만족스럽게 이어가는 여의사들의 진솔한 이야기를 게재했다. 기사에서는 먼저 아이를 키우고 나서 의대에 진학하거나, 졸업 혹은 레지던트 수련 직후에 아이를 낳아 10년에서 20년간 휴직했다가 다시 의사 생활을 시작한 여성들의 사례를 소개했다.

물론 풀타임 전문의만큼 벌지는 못하지만, 대개는 5만 달러 이상의 수입을 올리고 일부는 7만 달러를 넘는다.

기사는 '선육아후취업' 여성이 누리는 흡족한 마음을 전했다. "부모와 의사라는 두 마리 토끼를 다 잡았다"거나, "멋진 딸아이와 보낸 10년이 전혀 아깝지가 않다"거나, 혹은 "딸내미에게도 아이를 일찍 낳고 나중에 전문직을 고민해보라고 귀띔해 주련다"는 등의 소감을 남긴 것이다.

『뉴욕타임스』와 『워싱턴포스트』조차도 우리가 '포스트페미니스트post-feminist' 시대에 살고 있다고 인정한 지금, 모성을 둘러싼 페미니즘의 편견에서 벗어나—젊은 여성도 남성처럼 '경력 지상주의자'가 되어야 한다는, 미디어의 선전과 또래 집단의 압박이 없진 않겠지만 —여성 대다수가 경력 지상주의를 원하는 것은 아니라는 사실을 의식해야 할 때다. 서른이 넘었다면 특히 더 그럴 것이다.

여성이 경력을 위해 자녀 없이 살든, 선육아후취업이나 혹은 시간제로 엄마와 일을 병행하든, 그건 선택의 문제다. 법과 비즈니스 관행으로 허용되어야 할 선택지일 뿐, 개념 없는 성중립법으로 규제하는 것은 곤란하다고 본다.

1989

보육정치

1988년 1월 7일, 『맥닐레러 뉴스아워MacNeil-Lehrer NewsHour』는 미국에서 가장 뜨거운 이슈로 '보육'을 꼽았다. 이는 국민에게 연방 재정의 지원을 받는 일반 보육서비스를 지지해달라는 거대 미디어 캠페인의 신호탄이었다. 이 캠페인은 빈궁한 사람을 돕는 것이 아니라 중산층이 보육서비스 혜택을 누리게 하려고 기획된 것이었다.

NBC「투데이쇼Today Show」는 곧 베티 프리던 및 퍼트리셔 슈로더와의 우호적인 인터뷰를 통해 연방 차원의 보육서비스를 위한 홍보 열차에 탑승했다. 신문은 보육비와 안전상의 '위험'에 대해 가공된 뉴스를 쏟아내기 시작했다. 그리하여 '가용성availability과 가격 적정성affordability과 보육서비스 품질quality'에 대한 목소리는 연방정부가 모든 어린이집을 세우고 이에 보조금을 지급하며 규제까지 해야 한다는 요구로 이어졌다.

1988년 2월 21일, 댄 레더Dan Rather는 「CBS 이브닝뉴스CBS Evening News」에서 연방정부가 어린이집에 재정을 지원하고 이를 규제해야 한다고 주장했다. 그는 러시아의 한 어린이집 영상을 보여주며 "소련은 다른 건 몰라도 아이 돌보는 데는 진심이다. 생후 2개월부터 모든 아이를 관리한다"고 밝혔다.

1988년 4월에는 PBS 방송도 이 대열에 합류했다. PBS-TV는 연방 보육 주간을 선포하고 「세서미 스트리트」를 포함한 8개 프로그램을 통해 메시지를 전파했다. 4월 13일에 방영된 한 시간짜리 '다큐멘터리'는 노골적으로 편향된 방송으로, 연방 어린이집을 위한 대국민 설득전을 펼쳤을 뿐 아니라, 반대하는 패널 하나 없이 크리스토퍼 도드Christopher Dodd 상원의원과 민주당 대선 후보인 마이클 두카키스Michael Dukakis와의 '짜고 치는friendly' 인터뷰를 방영하기도 했다.

1988년 보육 문제를 다룬 언론을 보면 연방정부의 지원·규제를 받는 어린이집에 우호적인 보도가 최소 90퍼센트를 차지했다.

의회가 이 홍보전의 중심이 되는 도드·킬디 ABCDodd-Kildee ABC 법안을 검토하기 시작할 무렵, 소위원회 위원장인 크리스토퍼 도드 상원의원(민주당·코네티컷)과 데일 킬디Dale Kildee 하원의원(민주당·마이애미)은 청문회를 조작해도 반대 의견에 대한 공정성 논란은 없으리라 확신했다. 1988년 2월 25일, 하원 교육노동 소위원회 청문회 당시 22명의 증인은 모두 이 법안에 지지했다. 반대 증언은 단 한 명도 허용되지 않았다. 3월 15일에 열린 상원 노동인사 소위원회 청문회에서도 16명의 증인이 연방 보육시설에 찬성하고 한 명만 반대했다.

이런 편향성을 두고 불만의 목소리가 고조된 가운데, 윌리엄 베넷 William Bennett 교육부 장관을 비롯하여 연방 어린이집 법안에 반대하는 몇몇 사람이 마침내 4월 21일에 열린 킬디 소위원회 청문회에서 증언할 수 있게 되었다. 도드·킬디 법안에 반대하는 사람들은 자녀를 직접 돌보는 엄마에게는 모든 혜택이 거부되고, 연방정부가 승인한 어린이집에서 보육서비스를 이용하는 엄마에게만 혜택을 주는 '차별적인' 법안이라고 주장했다.

이때 한 공화당 의원이 연방 어린이집을 지지하는 사람에게 정곡을 찌르는 의문을 제기했다. "할머니나 이모(이미 자식 셋을 키운 적이 있다)에게 아이를 맡기는 '직장맘'도 어린이집에 아이를 맡기는 '직장맘'과 똑같은 혜택을 받아야 한다고 생각하진 않습니까?"

리버럴 성향의 패널은 이렇게 답변했다. "할머니나 이모가 면허를 취득하고 규제를 받고 정부 차원의 교육을 받아야만 가능한 이야기겠지요." 이 발언으로 워싱턴이 술렁이자, 로널드 레이건 대통령은 할머니에게 면허나 등록증을 요구하는 법은 절대 불가하다며 선을 그었다.

1988년 미국 국민이 접한 편향 보도로, 정치연합을 결성한 4개 이익단체의 전문 홍보력이 드러났다. 그들은 어린이집에 연방 재정을 쏟아붓고, 연방정부가 모든 어린이집을 규제하는가 하면, 영유아 및 미취학 아동을 위한 그룹 관리서비스를 사회적 관행이자 중산층이 누릴 수 있는 권리로 설정하려 했다. 넷으로 구성된 연합의 첫 번째 주축은 페미니스트였다. 그들의 이데올로기는, 엄마가 아이를 돌봐야 한다는 사회의 통념은 애당초 불공평하거니와, 여성이 직장 일에 전업으로 뛰어들어 남성과의 경제적 평등을 실현해야 하는데 이를 방해한다고 가르친다.

두 번째 그룹은 1970년 백악관 아동현안회의의 불신임 권고와 먼데일·브라데마스 보편아동발달법안의 실패한 발의를 되살릴 기회를 찾고 있던 아동 '발달주의자developmentalists'로 구성되었다. 보육에 대한 연방 규제와 통제를 두둔하는 사람들 중 최고 권위자는 예일대학교 부속 부시아동발달센터Bush Center in Child Development의 에드워드 F. 지글러Edward F. Zigler 교수이다. 1987년 9월 18일에 열린 창립 10주년 기념 만찬에서 그는 자신을 비롯한 '발달주의자들'의 실제 계획과 목적을 공개했다.

지글러는 "연간 750억~1,000억 달러"가 투입될 연방 보육 프로그램을 요구했다. 새로운 연방 보육 시스템은 "모든 어린이가 보육서비스를 동등하게 이용할 수 있어야 하고 모든 인종과 사회·경제적 집단이 최대한 통합되어야 한다"는 원칙에 따라 "사회 구조에 편입되기를 바란다"는 것이다. 아울러 그는 "보육 해결책은 될 수 있는 한 임신 초기부터 적어도 생후 12세까지의 아동을 포괄해야 한다"고 촉구했다. 그는 공립학교에 본부를 둔 '부모와 보육교사 간의 파트너십'이 보육서비스를 담당하길 바랐다.

연합의 세 번째 축은 리버럴계 민주당 의원이었다. 1988년 1월 주말, 민주당 의원 131명은 1988년 선거에서 이길 방안을 논의하기 위해 웨스트버지니아주 화이트 설퍼 스프링스에 자리 잡은 그린브리어 리조트에 모였다. 그들은—레이건 행정부 시절 '가족의 가치'를 내세워 승리한 공화당에—빼앗긴 선거구를 되찾기 위해 '아동 문제'를 들먹일 심산이었다.

애널리시스 그룹The Analysis Group Inc.의 스탠리 B. 그린버그Stanley B. Greenberg는 이슈 보고서, 『정치에 활용하는 아이들_1988년 민주당 선거 전략Kids As Politics: A Proposed Campaign Strategy for Democratic Candidates in 1988』을 발표했다. 보고서는 민주당이 '어린이'를 주제로 정치적 메시지를 전하면 "지난 수년간 공화당이 장악한 공개 토론에 대응해 나간 것과는 달리, 정치적 담론을 주도할 절호의 기회"를 잡을 수 있다고 밝혔다. 어린이를 매표 수단으로 삼겠다는, 냉정하고도 계산적인 발상은 고액 선거 컨설턴트의 말마따나, "어린이는 우산이요 … 어린이는 공동화폐며 … 어린이는 공동주화"라는 컨셉에도 여실히 드러난다. 보고서에 따르면, "민주당은 유권자들이 미래에 대한 불안감에 집중하여 그런 부정적인 감정을 실감하도록 부추겨야 한다. 이때 아이는 최고의 수단"이란다.

연합의 네 번째 축은 사회복지 전문가 그룹이다. 그들은 세금으로 월급을 받아가며 지위와 임금과 입지를 키우고 싶어 하는데, 그러려면 관리와 상담이 필요한 사회 문제가 더 많이 벌어져야 한다는 것이 핵심이다. 자신에 기생하는 존재가 바로 관료체제다.

사회복지 전문가 집단은 자신의 네트워크를 연합의 다른 세 축과 통합하여 아동보육행동캠페인Child Care Action Campaign을 결성했다. 이들은 입법 관련 목표에 집중하기 위해 1988년 3월 17~18일 뉴욕의 월도프아스토리아호텔Waldorf-Astoria Hotel에서 컨퍼런스를 개최했다. 이는 도드·킬디 ABC 법안에 대한 지지를 유도하여 세금이 지원되는 영역을 대폭 확대하고자 기획된 것이었다.

기조연설자로는 대표적인 리버럴계 민주당 의원인 크리스 도드와 페미니스트 대표주자인 글로리아 스타이넘이 나섰다. 둘은 모두 자녀가 없었다. 보육 관련 이슈 중 한 가지 문제는 영아 10명 혹은 20명씩 돌본 경험은 고사하고 단 한 명의 기저귀도 갈아본 적이 없는, 자칭 '대변인'이라는 작자들이 경솔하게 집단 보육을 주장하는 경우가 허다하다는 것이다. 아기를 몇 명씩 모아 관리하자는 사람들은 대개 아기 하나를 키우는 데도 일과 사랑이 무진장 필요하다는 사실을 전혀 모르더라.

컨퍼런스의 하이라이트는 필 도나휴와 함께한 조찬이었다. 아동보육행동캠페인 이사회에는 전 전미여성기구NOW 대표인 엘리너 스밀과 페미니스트 단체, 이를테면 NOW 법적방어교육기금NOW Legal Defense & Education Fund과 전국여성정치코커스National Women's Political Caucus 및 『미즈』 매거진의 현역 대표들이 포진해있다. 아동보육행동캠페인은 루스Ruth 박사 같은 전문가들이 보육에 대한 지침을 전하는 소식지를 발행했다.

이 무소불위 연합의 목표는 보육을 사회 '인프라'의 일부로 만드는 것이었다. 연합에 가담한 네 그룹은 각자의 목적을 위해, 국민을 설득하여 미취학 아동의 보편적 집단 보육을 채택하고 이에 공적자금을 지원함으로써 문화를 바꾸고 싶어 했다.

보육서비스는 거대 정부 기관이 친가족과 반가족 중 어느 편을 선택할지를 두고 근본적인 문제를 제기한다. 세금은 인하할 것인가, 인상할 것인가? 정부는 가족의 역할을 좀더 떠안을 것인가, 아니면 좀더 포기할 것인가? 서방 국가 중 보육 정책이 없는 유일한 나라가 미국이라는 볼멘소리가 종종 들린다. 물론 보육 정책은 꼭 필요하다. 이를테면 미국의 자유와, 가족의 숭고한 위상integrity과 경제 성장의 조화를 이루는 보육 정책을 두고 하는 말이다. 자녀가 있는 가정은 세금을 깎아주라. 100퍼센트 자유의사로 힘들게 번 돈은 더 많이 쓸 수 있어야 한다.

1989

이혼으로 해방되는 사람은 누구인가?

여성해방운동이 탄력을 받기 시작한 1970년, 뉴욕대학교의 워렌 패럴Warren T. Farrell 교수는 여성해방운동이 남성의 지지를 받아야 하는 이유에 대해 이론적 근거를 제시했다. 기본 논지는 남성이 화대 없이도 마음껏 섹스할 수 있는 날을 고대하기 때문이라는 것이다.

패럴은 현실과는 동떨어진 세상a never-never land을 대변했다. 남편이 한 푼도 주지 않고 조강지처를 버려도 "극심한 죄책감에 시달리지 않는" 세상을 두고 하는 말이다. 패럴은 미국정치학협회the American Political Science Association에서 남편이 실직하더라도 가족을 위해 취업을 해야 한다는 압박을 느껴선 안 된다고 주장했다. 패럴 교수는 학술적인 용어로 말했지만 메시지는 단순명료했다.

패럴 교수가 그토록 간절히 바라고 예견했던 남성 밀레니엄 시대는 대개 현실이 되었다. 현재 해방된 사회의 가장 큰 변화는 무과실 이혼이 도입되었다는 것이다.

달라진 이혼법은 지난 20년에 걸쳐 진행된 어떤 변화보다 사회적·경제적, 문화 및 법적 구조에 큰 영향을 주었다. 다른 건 무시하거나 소신을 지키면 그만이지만 이혼을 둘러싼 법과 태도가 변하면 모두가 영향을 받게 마련이다. 낙태를 억지로 시킨다거나, 음란물을 읽으라고 강요하는 사람은 없다. 학교에서 기도할 수 없다면 집이나 교회에서 하거나 마음속으로 하면 된다. 즉, 조건이 마음에 안 들면 직장이나 학교를 옮기면 해결된다는 것이다.

하지만 이혼—삶과 명예, 이름과 헌신 및 미래를 약속한다는, 양자 간의 엄숙한 계약을 파기하는 것—은 여러분의 동의가 없어도 강제할 수 있다. 혼인은 두 사람이 필요하지만, 이제는 한쪽이 배우자의 동의 없이도 결혼을 해지할 수 있게 된 것이다. 모든 남편과 아내의 머리 위에 매달려있는 다모클레스의 검(sword of Damocles, 그리스 신화에서 유래한 표현으로 항시 위험에 노출된 상황을 가리킨다—옮긴이)은 결혼이 헌신과 책임보다는 자기만족에 근거한, 임시적 계약이라는 발상을 입증한다.

급진 페미니스트 운동은 간편한 무과실이혼을 여성해방의 일환인 것처럼 선전했지만 사실 대다수는 남성해방으로 봄직했다. 페미니스트들은 간소화된 이혼이 대개는 여성에게 경제적 파탄을 가져온다는 점을 입증한, 레노어 와이츠먼Lenore Weitzman의 『이혼 혁명The Divorce Revolution(1985년)』이 출간되고 나서야 자신의 오판을 깨달았다.

아울러 이혼으로 발생한 인적 비용의 상당 부분은 자녀가 감당하고 있다는 사실도 누군가는 큰소리로 알려야 할 때다.

1990

페미니스트가 기혼 여성을 공략하는 이유

미국 문화가 지난 30년 동안 기다려온 책이 있다면 캐럴린 그래글리아가 쓴 『가정의 평온Domestic Tranquility』이 아닐까 싶다. 삼류 페미니스트 작가의 지루한 글로 도서관 서가가 활기를 잃고 대학 강의가 강성 연구Oppression Studies로 변질되면서, 우리는 캐럴린이 제시한 페미니즘의 학술적 개요가 절실히 필요했기 때문이다.

그래글리아 덕분에 우리는 페미니스트 세뇌 수업이라고 해야 할 여성학 강의에서 가르치는 지루한 책과 민망한 논쟁을 읽지 않아도 되었다. 그녀는 사이비 페미니스트의 한풀이, 이를테면, 모순투성이 이데올로기를 일관성 있게 설명한 뒤 그들의 가식을 완전히 벗겨냈다.

그래글리아 여사는 페미니스트식 강성 캠페인의 진짜 목표를 정확히 파악했다. 이는 여성이 시장에서 누려야 할 평등이나 기회도 아니고, 진로나 라이프스타일의 선택을 촉진하겠다는 것도 아니다. 페미니스트의 목표는 전업주부의 역할이 시대에 뒤떨어지고 경제성도 없거니와, 아주 비합리적인 것으로 몰아 이를 없애는 데 있다. 그들의 목표는 심리적으로는 지위를 하락시키고, 경제적으로는 돈줄을 쥐어 전업주부를 퇴치하는 것이다.

왜 그래야 할까? 우대조치가 법에 명시되어 다른 여성과의 경쟁이 완화돼도 경력을 쌓으려는 페미니스트로서는 내심 족하지 않을까?

페미니스트 이데올로기를 이해하면 그렇지가 않다. 페미니스트는 남성 경쟁자가 전업주부—식사를 준비하고, 자녀를 돌보고, 가정을 경쟁세계의 대피소로 만들고, 사랑하는 가족을 부양하기 위해 더 열심히 일할 수 있도록 의욕을 북돋운다—라는 '천군만마advantage'를 얻은 한, 공평한 경쟁의 장이 성립할 수 없다는 것을 너무도 잘 알고 있다. 페미니스트들은 출세라는 목표를 성취하려면 남성 경쟁자에게 아내가 있다는 특권을 박탈해야 한다고 생각한다. '그런 까닭에Ergo' 아내를 모두 가정에서 직장으로 내몰기로 한 것이다.

페미니스트가 아내를 몹시 증오한다는 사실에 문득 러시아 우화가 떠오른다. 보리스Boris에게는 염소가 있지만 이반Ivan에게는 염소가 없었다. 어느 날 착한 요정이 나타나 이반에게 한 가지 소원을 들어주겠다고 하자, 이반이 소원을 빈다. "보리스의 염소가 죽었으면 좋겠어요."

그래글리아 여사는 페미니즘의 모든 위장술과 모순을 철저히 해부한다. 예컨대, 전통적인 가족을 상대로 벌이는 사악하고 무자비한 투쟁을 비롯하여 외벌이 가장과 주부를 제거한다는 괴멸전(a take-no-prisoners war, 포로를 남기지 않을 정도로 확실히 승리한 전쟁—옮긴이)이라는 민낯을 까발린 것이다. 페미니스트 전술에는 남편에게는 죄책감을, 아내에게는 모욕감을 주어 제 역할에 대한 불만을 조장한다는 계략도 있다.

페미니즘은 사실상 모든 여성의 노동력 참여가 목표이므로 남편에 대해서는 법을 바꾸고 아내는 '네이밍name-calling'으로써 재정적인 안정을 저해하고 자존감을 무너뜨리려 하고 있다. 1960년대 중반부터 우리는 주부의 자존감을 무너뜨리기 위해 짜낸 온갖 망언으로 심리적인 타격을 입어왔다. 이를테면, 페미니스트는 직장에 다니지 않는다는 이유로 주부를 기생충 취급하고 육아에 전념하는 일을 헛수고라 치부했으며 어른다운 능력이나 지능을 쓰지 않고 산다는 악담을 퍼부었다.

그래글리아 여사가 정곡을 찔렀듯이, 사랑과 연애를 경험하기에는 아직 미숙한 여성에게 페미니즘이 미친 영향은 실로 놀라웠다. 수천 명의 미국 여성이 참담한 실수를 저질렀지만, 그들은 오히려 이를 두둔하고 정당화해야 한다는 정서적 당위성을 느끼고 있다.

경제학자이자 사회 이론가인 조지 길더는 1989년 1월 워싱턴에서 열린 어느 컨퍼런스에서 페미니즘이 20대와 30대 초반 여성에게는 경력에 집중하고, 직장에서 승진가도를 달리며 남성과 치열하게 경쟁하다가 "모든 것을 누리고 싶다"는 욕구가 생기면 40세쯤에 결혼을 생각하라는 설득 과정을 밝혔다. 하지만 나이 40이 되면 여성은 결혼하기가 훨씬 어렵고, 설령 그렇지 않더라도 이상형과의 결혼은 정말 힘들다는 것을 직감하게 된다. 길더에 따르면, 어린이집을 둘러싼 논란의 본질적인 핵심은 "페미니스트의 실수, 즉 1970년대와 1980년대 당시 수백만 명의 여성이 저지른 참담한 실수를 공개적으로 확인시키려는 것"이란다.

페미니스트가 범한 잘못을 확인하려면 그들을 찾아봐야 한다. 애인은 과시하면서도 커리어를 위해 결혼과 모성을 거부하고, 투철한 독립심과 적극적인 성관계를 표방한 신여성의 아이콘 저메인 그리어는 불혹이 된 후 영국 잡지 『아우라Aura』에 이런 글을 투고했다. "나는 아기를 간절히 원했다. 이를 입증할 병원비 청구서도 있다. 나는 여전히 임신을 꿈꾸며 가능성이 전혀 없는 일을 기다리고 있다."

『뉴욕타임스』 메트로의 조이스 퍼닉Joyce Purnick 편집인은 바너드 대학 졸업식에서 "생체시계가 없는 척 연기하지 마라. … 때가 이르면 창은 곧 닫힌다"고 역설했다. 그녀가 아이를 갖고 싶다는 진심을 깨달았을 때는 이미 너무 늦었다.

또한 캐럴린 그래글리아는 젊은 여성의 단정한 행동거지와 순결, 그리고 혼전 성관계를 금하는 전통을 포기하라는 페미니스트 운동의 결과를 폭로한다. 페미니즘은 피리 부는 사나이처럼 남성과 여성이 직장에서뿐 아니라 주방과 어린이집, 그리고 침대에서도 대체할 수 있다는 믿음을 심어주었다. 여성해방은 여성도 남성처럼 구속성이 없는 '원나잇' 섹스에 가담하고 이를 즐겨야 한다는 발상을 뜻하게 되었다. 문학과 엔터테인먼트 및 교육에 뻗친 중성 트렌드의 여파로 미국 젊은이 중 상당수는 남친·여친과 연애할 줄도 모르고, 둘이 지속적으로 키워나가야 할 부부생활과 가족에 헌신하는 방법에도 문외한이 되고 말았다. 그들이 인생의 가장 큰 행복을 놓치고 있어 애석하기 짝이 없다.

페미니스트 이론 및 행동에 관한 그래글리아 여사의 분석은 암울하지만, 끝은 희망적인 논조로 마무리했다. 그녀는 여성이 바그너의 브룬힐데Brunnhilde같은 전사의 역할을 버리고, 지크프리트Siegfried처럼 고귀하고 대담하고 사내다운 남자의 품에 안기며 "나의 기쁨이요, 부와 세상이자, 나의 모든 것"이라 고백하며 각성할 수 있기를 소망한다.

그래글리아 여사는 아내와 엄마의 경력이 직장보다 훨씬 큰 보상을 가져다준다는 논지를 인상 깊게 변론한다. 아울러 젊은 여성에게는 단정한 행실을 재발견하고 여성다운 면모를 각성해 부부의 사랑과 백년해로의 보람을 누리라고 설득한다.

오늘날 젊은 여성은 (또래와 미디어의 끊임없는 압력으로 강화된) 페미니즘 운동의 사회적 명령에 저항할 수 있을까? "세상에는 두 종류의 사람이 있다. 타인의 실수로부터 실리를 얻는 사람과, 자신의 실수를 고집하는 사람뿐이다." 어느 현인의 말이다. 젊은 여성은 심리적인 무장이 필요하다. 조지 길더의 『남자와 결혼』을 읽어 남성을 이해하고, 『가정의 평온』으로 여성을 이해하라. 두 책은 무질서하고 불안한 세상에서 정신력을 유지하는 고성능 무기가 될 것이다.

전통과 가족을 지키는 여성이라면 굳이 자신의 정체성은 찾을 필요가 없다. 가치관이 잘 정립되어 있기 때문이다. 그녀는 하느님을 믿고 가족에 헌신하며, 우리가 정착하게 된 이 위대한 나라에 감사한다. 그리고 페미니스트와는 달리, 남의 이익을 빼앗는 대가로 자신의 영달을 꾀하지 않는다. 알다시피, 월등한 기회의 땅 미국에서는 여성이 원하는 것은 무엇이든 이룰 수 있다.

1998

결혼세 개혁의 두 얼굴

결혼세 페널티(marriage tax penalty, 결혼 후 과세에 따른 불이익을 가리킨다—옮긴이)를 폐지하겠다는 공약은 정치 후보자의 선거 유세 현장에서 항상 큰 박수를 받는다. 하지만 이처럼 겉만 번드르한 공약을 자세히 살펴보면 대개는 두 가지 개혁안에 감춰진 정책이 있다.

결혼세는 법령에서 구두로 명시된 정책이 아니라 숫자 속에 묻혀 있는 개념이다. 세법에서 '결혼세'로 명시된 항목은 없다. 소득세에서 부부를 두 사람이 아닌 1.67명으로 취급해서 빚어진 결과다.

결혼세를 바로잡는 것은 단순한 돈 문제가 아니다. 여기에는 이데올로기가 걸려 있다. 결혼세를 낮추려는 목적이, 아주 늦은 감은 있지만 이제라도 사회의 근본적인 제도—결혼과 육아—를 존중하기 위해서일까? 정부가 세금으로 인간의 행동에 영향을 주어 국가의 경제 계획에 관여하려는 건 아닐까?

전자가 목적이라면 소득이 같은 모든 부부에게는 동등하게 세금을 부과해야 한다는 결론이 나온다. 의회는 2000년에 외벌이 부부와 맞벌이 부부에게 똑같이 세금을 부과하는 법안을 통과시켜 문제를 공정하게 처리했다. 하지만 클린턴 대통령이 거부권을 행사해 법으로 제정되지는 못했다.

반면 맞벌이 부부에게만 감세 혜택을 주는 방안은 결혼세 페널티를 전대미문의 전업주부 페널티로 대체하자는 것이나 진배없다. 혼인을 장려하는 데 별다른 관심이 없는 정치인이라 해도 외벌이 부부보다 맞벌이에 더 유리한 세제라면 불쾌감을 느껴야 하는 게 인지상정이 아닐까.

그러나 일부 영향력 있는 정치인들은 맞벌이에 혜택을 주고 외벌이 가장·전업주부에는 불이익을 주는 것이 경제적으로 득이 되는 세법이라고 주장한다. 경제학자들도 맞벌이 부부에게 세금을 더 감면해 줘야 한다는 입장이다. 기혼 여성의 노동력 참여를 유도해 국내총생산GDP을 끌어올릴 수 있기 때문이란다.

서던캘리포니아대학교의 법학 교수인 에드워드 맥카페리Edward McCaffery는 헤리티지 재단이 결혼 페널티를 분석한 내용을 긍정적으로 인용했다. "세법 특성상, 잠재적 근로자가 노동력을 기피한다는 사실은 적격 자원을 최대한 활용하지 못하고 있다는 방증이다. 그러면 국가 전체가 경제적 잠재력을 발휘하지 못해 소득과 생산량과 국제 경쟁력은 감소할 것이다." 즉, 국가가 경제적 잠재력을 발휘하려면 아내와 엄마가 노동에 참여해야 한다는 것이다.

허드슨 연구소의 앨런 레이놀즈Alan Reynolds는 1999년 『내셔널 리뷰 National Review』에서 미국 경제가 "일할 의사와 능력이 있는 노동자가 부족"한 이유는 높은 한계 세율(marginal tax, 일정한 소득이 있는 상태에서 소득이 더 증가했을 때 증가한 소득에 적용되는 세율—옮긴이) 탓에 "쓸만한 기혼 여성이 노동시장에서 이탈하고 있기 때문"이라고 주장했다. 전업주부는 경제에 기여하지 않는 데다, 경제적 욕구에도 무관심하다는 것이 근거였다.

결혼 세제를 둘러싼 두 가지 개혁안이 가계 예산에 어떤 영향을 주는지 살펴보라. 예컨대, 한 부부가 경제적인 문제로 어려움을 겪고 있는 가운데, 출산으로 생계비가 더 필요하게 됐다고 치자. 어떤 대안이 있을까?

한 가정은 맞벌이를 결심했다. 직장에 취직한 아내가 아이를 어린이집에 맡긴다. 의회가 논의 중인 계획에 따르자면, 이 부부는 아내가 받는 급여의 10퍼센트(최대 3만 달러)를 공제받고, 가족의 연방 소득세 고지서상에는 최대 990달러(33퍼센트 세율 적용 시)까지 감면되는 데다, 육아비에 대한 기존 세제 혜택도 최대 960달러까지 받을 수 있을 것이다.

반면, 어떤 가정은 남편이 야간 알바를 하고 아내가 집에서 자녀를 돌본다 치자. 이들은 현행법상 10퍼센트의 결혼 세액 공제나 육아비에 대한 세금 혜택도 받을 자격이 없다.

알바는 남편이 민간 어린이집 대신 전업주부에게 아이를 맡기기 위한 방편 중 하나일 뿐이다. 남편은 직장에서 초과 근무 수당을 받을 수도 있고, 좀더 노력해서 보수가 더 높은 곳으로 이직할 수도 있으며, 승진을 위해 야간학교에서 교육을 받을 수도 있다.

남편과 아내는 두 번째 가정에서도 첫 번째 못지않게 열심히 일할 터인데, 왜 동일한 가족 소득에 대해 연방 소득세를 최대 1,950달러나 더 내야 할까? 과세 권한으로 외벌이 가장·전업주부 커플에게서 세금을 뜯어내, 민간 보육 서비스를 이용하는 맞벌이 부부에게 보조금을 쥐어 주려는 관료와 정치인은 과연 누구일까?

세법에서 결혼 페널티는 부당한 정책이나, 맞벌이 부부에게만 세금을 깎아주는 것으로 해결해서는 안 된다. 정부가 주부의 가사 노동을 무가치한 것으로 보고, '비근로non-working' 아내와 엄마의 역할이 직장 일보다는 사회적으로 덜 유익하거나 가치가 떨어진다는, 급진 페미니스트식 메시지를 전파하기 때문이다.

2001

어린이집이 온 마을을 뒤흔든다

"아이 하나를 키우려면 온 마을이 필요하다(It takes a village to raise a child, 속담이지만 힐러리 클린턴이 쓴 책을 가리키기도 한다—옮긴이)"는 사람들은 힘든 한 해를 보내고 있다. 어린이집에서 하루 대부분을 보내는 아이가—주로 엄마의 손에서 자란 아이보다—유치원에서 말썽을 일으킬 확률이 3배나 높다는 연구 결과를 반박하기 위해 안간힘을 쓰고 있기 때문이다.

주당 30시간 이상을 어린이집에서 보내는 아이들은 더 까탈스럽고 난폭한 것으로 나타났다. 어린이집 아이들은 다툼과 학대, 괴롭힘, 심술, 수다 및 떼쓰기 등의 항목에서 비교적 높은 점수를 받았다. 어린이집에서 보내는 시간이 아동의 공격성 및 반항심과 직접적인 관계가 있다는 사실이 연구를 통해 밝혀진 것이다. 이 같은 결과는 어린이집의 유형이나 서비스 품질, 아동의 성별, 가족의 사회경제적 지위, 혹은 엄마의 육아 수준과 관계없이 일치했다.

사회학 연구가 현실을 검증하고 있다는 것이 발작할 일인가? 진정한 과학은 항상 현실을 검증한다. 쓰레기 과학이라면 이데올로기에 근거한 허깨비를 만들어내겠지만 말이다.

연구팀은 친척이나 보모를 통한 보육부터, 유치원과 대형 어린이집에 이르기까지 모든 보육 환경에 노출된, 1,100명 이상의 어린이(10개 도시)를 추적·관찰했다. 재정은 1996년 친보육 보고서를 작성한 미국립보건원 산하 국립아동건강·발달연구소National Institute on Child Health and Human Development에서 지원받았다.

'마을 육아'를 두둔하는 사람들은 언론을 통해 허술한 반론을 쏟아내고 있다. 예컨대, 서비스가 더 나은 어린이집은 좋은 결과를 낳을 수 있다거나, 맞벌이 부모의 피로와 스트레스가 진짜 문제라거나, 혹은 앞선 연구가 엄격한 전문가 검토peer reivew를 거치지 않았다는 것이다. 물론 텔레비전 시청 시간이나, 이혼 여부, 혹은 아버지의 육아 수준도 발달에 영향을 주겠지만, 현재까지 가장 포괄적인 것으로 알려진 이 연구는 어린이집이 상당히 미흡하다는 사실을 밝혀냈다.

수석 연구위원인 제이 벨스키 박사—1986년 「어린이집은 골칫거리인가?Infant Day Care: A Cause for Concern?」라는 논문으로 아동발달학계에 큰 파문을 일으킨 바 있다—의 연구 결과가 확증된 것이다. 어린이집에서 장시간을 보내는 아이가 훗날 말썽을 일으킬 가능성이 크다는 증거가 쌓이고 있다.

당시 보육서비스업계와 아동발달 분야의 '마을 육아' 지지자들은 연방정부의 재정 지원 및 규제를 받는 어린이집—중산층 시설로 새롭게 부상한—에 대해 전국적인 홍보 캠페인을 준비하고 있었다. 그들은 벨스키가 발표한 논문에 위협을 느꼈다(당시 그는 펜실베이니아 주립대학교에 재직 중인 풋내기 부교수에 불과했다).

보육업계는—직장맘의 자아실현을 위해서는 영리 보육시설이 반드시 필요하다는—페미니스트식 발상에 감히 도전장을 내민 신진 교수의 인기를 잠재웠다. 돌연 지령이 퍼지기 시작했다. "벨스키가 쓴 교재는 사지 말 것," "학술대회서 만나도 말을 섞지 말 것," "그를 여성혐오주의자로 낙인찍을 것."

보육 이슈가 이렇게나 격렬한 반목을 불러일으키는 까닭은, '마을'에 육아를 맡겨 정부의 사회 서비스를 확대하려는 리버럴에 이의를 제기했기 때문만은 아닐 것이다. 보육 문제는 페미니즘 이데올로기의 핵심—사회가 엄마에게 육아를 기대하는 것 자체가 여성 탄압이다—과도 맞물려있다. 따라서 영리 어린이집이 엄마의 육아보다 열악하다는 증거는 모두 인멸되어야 하며, 이를 전파하는 메신저는 비난받아 마땅한 것이다.

놀랍게도, 벨스키는 어중이 학자들과는 달리, PC주의 게슈타포에 굴하지 않았다. 그는 현재 런던대학교 교수 자격으로, 학계에서 가장 존경받는 아동발달 전문가들과 함께 연구에 동참했다.

1997년 힐러리 클린턴은 어린이집의 '위기'를 자신의 '개혁과제 frontier issue'로 내세우려 했다. 그녀는 아동보호기금의 메리언 라이트 에덜먼Marian Wright Edelman을 비롯하여, '마을'이 아이를 키워야 한다는 '유력한 용의자usual suspects'를 모두 백악관에 초청해 단독 행사를 주최하려 했다. 하지만 국민은 "위기"라는 외침에 귀를 막았다.

보육에 대한 보수적인 해결책은 항상 세액공제였다. 즉, 엄마가 아이를 기르든 어린이집에 맡기든, 육아비는 제 돈으로 충당하고, 몸소

자녀를 기르는 엄마의 지갑을 털어 직장맘 보모에게 보조금을 쥐어
줘서는 안 된다는 것이다. 다행히 자녀의 세액공제를 소득세법으로
제정하는 데는 어느 정도 진전이 있었다.

2001

UN 아동권리협약

1995년 빌 클린턴이 서명했지만 미 상원에서 비준되지 않은 UN
아동권리협약The United Nations Convention on the Rights of the Child은 힐러
리 클린턴과 아동보호기금에 포진된 지인들을 비롯하여, 부모가 아
닌 '마을'이 아이를 길러야 한다고 믿는 사람들의 숙원 사업이다.

이 협약이 연방 법안으로 상정된다면 의회와 국민은 이를 즉각 거
부할 것이다. 어린이와 가족 및 학교에 대해 수용할 수 없을 정도
로 폭넓은 권한을 연방정부에 넘기기 때문이다. 그런 권한이 우리 정
부에도 허락되지 않을진대 자칭 '전문가'라는 해외 관료에게 권한을
부여한다는 이야기가 과연 필요할까?

이 UN 협약은 아동이 "어떤 문제든" 자신의 의견을 "자유롭게"
표현할 권리와, "자신이 선택한 미디어"를 통해 모든 종류의 정보
를 얻을 권리, "종교의 자유," "사생활 … 혹은 통신에 대한 간섭"
으로부터 보호받을 권리, 국내 및 "국제" 정보에 접근할 권리, "자
신의 언어"를 사용할 권리, "휴식과 여가"를 누릴 권리를 명시하고

있다. 이는 미국 헌법보다 더 긴 UN 협약 54개 조항에 흩어져 있는 수십 개의 신규 '아동권리' 중 일부에 불과하다.

저녁 밥상머리에서 부모에게 하고 싶은 말은 뭐든 다 할 권리를 모든 아이에게 보장해야 할까? 숙제는 안 하고 텔레비전을 시청("미디어 접근권")하겠다면? '휴식과 여가'에 방해가 되니 집안일은 하지 않겠다면? 부모 교회에 안 가고 사이비cult에 들어가겠다면? 공립학교에서 영어로 소통하지 않겠다면 그 권리도 인정해야 할까?

정부의 횡포로부터 국민을 보호하는 권리만을 명시한 미국 헌법과는 달리, UN 협약은 부모와 가족, 민간 기관 및 사회 전체에 대한 아동의 권리를 선언하고 있다. 협약은 '미국 최고법'의 일부가 되는 법률 문서이므로, 비준되면 리버럴계 변호사들이 시험사례로 운동권 판사activist judges를 설득해 협약의 적용 범위를 최대한 넓힐 것이다.

현행법상 연방정부는 학교 커리큘럼에 관여하지 못하지만, 아동에 관한 UN 협약은 커리큘럼을 시시콜콜한 것까지 규정하고 있다. 예컨대, 협약은 "UN 헌장에 명시된 원칙"을 비롯하여, "자국과는 다른 문명국의 국가적 가치"와 "관용"과 "남녀평등" 및 "자연환경"을 존중하는 마음을 가르치라고 요구한다.

UN 협약을 따르자면, 각국 정부는 아동이 "가용 자원의 최대 범위"에서 "의식주"를 포함한 "적당한 생활수준"을 누릴 권리를 보장해야 한다. 또한 협약은 보육 기관과 시설 및 서비스 "개발을 보장"하라고 요구할 것이다. 돈이 없으면 이행할 수 없는 조항인데, 그렇다면 법원은 정부에 의무 이행을 위한 신규 과세 도입을 주문할까?

협약이 "의료서비스 접근권"과 "예방차원의 건강관리," "가족계획 교육 및 서비스," "출산 건강 서비스" 및 "프라이버시" 등, 낙태를 두둔하는 표현을 순화해도 우리는 속지 않는다. 또한 '남녀평등'은 미국 법원의 페미니스트들이 줄기차게 써먹은 권리로, 그들은 이를 내세워 주정부가 메디케이드 낙태비용을 부담해야 한다고 주장해왔다.

물론 광범위한 UN 협약의 목표는 국제 관리·행정조직의 도입 없이는 완성될 수 없으므로 제43조에 따라 소위 '전문가' 10인으로 구성된 위원회가 설치될 것이다. 하지만 위원회에 미국인이 포함되리라는 보장도 없거니와, 전문가 하나라도 미국의 제도와 전통에 민감한지도 모를 일이다.

미국과 소말리아를 제외한 모든 국가가 협약에 비준했다는 조롱만큼이나 협약이 위선임을 보여주는 증거는 없으리라. 협약에 비준한 국가들은 아이를 노동에 투입하고 노예를 부리고 학대를 일삼는가 하면, 소년·소녀를 매춘업자에게 팔아넘기는 짓을 시시때때로 반복하고 있다. 여기에 합류하고 싶은 생각은 추호도 없다.

UN 아동권리협약은 모든 면에서 미국인에게 악한 협약이므로 상원이 비준하지 않기를 바란다.

2001

감수 · 해제

오세라비

저술가 | 칼럼니스트 | 강사 | 사회평론가 | 독립연구자 | 시민사회단체 활동가

저서

『그 페미니즘은 틀렸다』(2018)
『그 페미니즘이 당신을 불행하게 하는 이유』 공저(2019)
『페미니즘은 어떻게 괴물이 되었나』 공저(2020)
『성인지감수성 트러블』 공저(2020)
『도박에 빠진 청소년』 공저(2020)
『사지로 내몰린 청소년들』 공저(2023)

옮긴이

유지훈

전문번역가. 저서로 『남의 글을 내 글처럼』 등이 있으며, 옮긴 책으로는 『좋은 사람 콤플렉스』를 비롯하여 『심리전이란 무엇인가?』, 『가이 포크스 트릴로지』, 『크리스천의 강적들』, 『왜 세계는 가난한 나라를 돕는가?』, 『전방위 지배』, 『퓨처 오브 레스』, 『맨체스터 유나이티드』, 『미 정보기관의 글로벌 트렌드 2025』, 『걸어서 길이 되는 곳, 산티아고』, 『베이직 비블리칼 히브리어』, 『팀장님, 회의 진행이 예술이네요』외 다수가 있다.